国际消费中心城市建设的政策创新研究

田蕾 著

湘潭大学出版社
XIANGTAN UNIVERSITY PRESS

图书在版编目（CIP）数据

国际消费中心城市建设的政策创新研究 / 田蕾著
. -- 湘潭 : 湘潭大学出版社, 2023.9
ISBN 978-7-5687-1265-1

Ⅰ. ①国… Ⅱ. ①田… Ⅲ. ①国际性城市—城市建设—研究—中国 Ⅳ. ①F299.2

中国国家版本馆 CIP 数据核字（2023）第 187328 号

国际消费中心城市建设的政策创新研究

GUOJI XIAOFEI ZHONGXIN CHENGSHI JIANSHE DE ZHENGCE CHUANGXIN YANJIU

田蕾 著

责任编辑：姚海琼
封面设计：于 扬
出版发行：湘潭大学出版社
社　　址：湖南省湘潭大学工程训练大楼
电　　话：0731-58298960 0731-58298966（传真）
邮　　编：411105
网　　址：http://press.xtu.edu.cn/
印　　刷：长沙鸿和印务有限公司
经　　销：湖南省新华书店
开　　本：710 mm×1000 mm 1/16
印　　张：15.5
字　　数：255 千字
版　　次：2023 年 9 月第 1 版
印　　次：2023 年 9 月第 1 次印刷
书　　号：ISBN 978-7-5687-1265-1
定　　价：56.00 元

前　言

随着我国经济总体实力的增强和居民生活的改善，消费作为拉动经济的“三驾马车”之一，对经济发展的基础性作用逐步增强，是推动经济社会发展的重要力量。2019 年 10 月，商务部联合 14 部门印发《关于培育建设国际消费中心城市的指导意见》，首次明确界定“国际消费中心城市”这一概念：“国际消费中心城市是现代国际化大都市的核心功能之一，是消费资源的集聚地，更是一国乃至全球消费市场的制高点，具有很强的消费引领和带动作用”。意见提出，利用五年左右时间，基本形成若干立足国内、辐射周边、面向世界的综合性国际消费中心城市，带动形成一批专业化、特色化、区域性国际消费中心城市。

2021 年 7 月，上海、北京、广州、天津、重庆·五个城市被批准率先开展国际消费中心城市培育。同年 10 月，随着商务部《培育国际消费中心城市总体方案》的发布，五大试点城市相继制定并启动五年实施方案和专项行动计划，正式开启我国培育国际消费中心城市的新篇章。在推动经济高质量发展和新一轮高水平对外开放的背景下，建设国际消费中心城市被赋予了形成强大国内市场、增强消费对经济发展的基础性作用、更好满足人民日益增长的美好生活需要的重要使命。经济社会发展正处于结构调整、动力转换的关键时期，培育和建设国际消费中心城市，是进一步扩大和提升消费基础性作用、发挥消费对产业升级与转型的牵引作用、加快融入和服务发展新格局的重要途径。

如今，国际消费中心城市建设首批试点已有两年，各地在推进国际消费中心城市建设方面取得阶段性进展，总结梳理阶段性现状与发展特点，围绕遇到的痛点难点深入分析制约因素，关注相关政策演变与转向，有助于在新发展理念下明确政策创新路径，更好融入新发展格局、推动经济高质量发展。

本书共分为七个章节。绪论部分简要介绍问题提出背景及研究意义，在国内外研究现状基础上厘清从“生产城市”到“消费城市”的转变、从消费城市到国际消费中心城市的发展脉络，归纳总结国际消费中心城市的指标评价体系与培育路径，阐明研究思路和方法后，把握消费变革趋势，提出我国建设国际消费中心城市的基本内涵。

第二章梳理总结纽约、巴黎、伦敦、东京等国际大都市成为全球领先的消费市场、不断聚集全球消费资源和实现消费创新的重要经验。全球闻名、特色鲜明的标志性商圈，是全球消费地标、国家形象的代表和城市文化的名片，也是提升城市消费能级和促进地方产业升级的重要载体，更是激活内循环发展潜能中至关重要的突破口。伦敦与新加坡通过科学的商业空间规划，构建层次结构清晰、空间布局高效、功能业态完整的商业消费空间体系。除了基础设施建设、规划布局、业态融合等与商业密切相关的硬件因素，决定世界级商圈竞争力的因素还包括历史建筑景观、文化创新环境、社会活力等软性因素。以主街为“条状”，以“块状”为分支分流，主辅配合形成差异化、多元融合、业态齐全、时尚与活力兼备的“后街经济”。伦敦牛津街商会、巴黎香榭丽舍委员会等管理协会与市政府和相关利益者在城市更新中构建差异互补、多元融合互动的商业生态，延续潮流地标形象，推动商业街区协同治理。作为时尚产业的发源地，大多拥有完整的高端时尚产业链，是国际知名品牌的汇聚地，更是全球新产品、新服务、新技术、新业态、新模式的首发地，拥有在时尚消费领域的定价权和话语权。悠久的发展历史、独特的建筑风格、丰富的文化艺术活动和集群发展的博物馆、美术馆等文化设施，是独一无二的历史地标和文化地标，是吸引全球游客的重要文化资源，从根本上保证了国际消费中心城市人文魅力、文化形象和经济韧性。新加坡和迪拜坚持开放发展，叠加“国际空港枢纽”“自贸港”优势，聚集全球各类贸易资源与要素。

第三章对首批试点城市出台的相关政策进行解构分析，对政策力度、政策工具、政策协同和建设成效进行横向比较。两年间，上海、北京、广州、天津、重庆五大试点城市根据自身发展优势和制度创新机遇，纷纷出台了《培育建设国际消费中心城市实施方案》，进一步细化工作目标和重点任务，同时相继启动各类专项行动计划，在商圈改造提升、首店经济、夜间经济、文旅商体融合以及消费新模式探索方面，为方案落实提供了全方位政策保障和制度支撑。随着实践不断升级迭代，呈现出政策转向趋势：从注重消费到强调生产到消费的传导与支撑；从注重首店集聚转向建设首店服务体系；从重视品牌资源引进到本土品牌培育；以开放发展推动国际消费环境优化。

第四章总结归纳推进国际消费中心城市建设的重要进展及痛点堵点。一是全球要素集聚与资源配置能力不够，国际游客流向面临分化，消费结构亟待优化，人才支撑政策体系尚不完善，对海外人才与国内人才的吸引力有限，高端外籍人才比重有待提高。航空货运枢纽对消费资源配置能力的支撑作用不足，航空货运国际竞争力有限，亟待畅通国际航空货运通道，提升航空货运专业化运营和国际物流服务保障能力。二是消费与生产的双向牵引有待增强，文化软实力支撑力不足。消费对产业体系的牵引路径不明确，与城市特色产业体系之间呈现出匹配性不足的问题，生产与消费的关联性较弱。城市文化软实力对消费支撑力不足，服务业数字经济渗透率有待提高。新型消费领域冷热不均。三是数字经济赋能有限。数字技术推动消费环境治理的作用有待提升，深入推进“放管服”和营商环境改革过程中，尚未充分发挥数字技术对服务效率、服务标准、服务监督等方面的迭代升级作用，新场景需求与技术创新的双轮驱动格局不明朗，内容生态和应用场景在全方位探索拓展阶段，探索消费新模式新业态新场景方面才刚起步。四是商业品牌集聚动能较弱。首发首秀发展体系尚未形成，政策依然处于零打碎敲的阶段，但缺乏体系化、平台化的支持政策和贯穿上游产业链条的政策。国际品牌资源集聚差距较大，本土中高端品牌距离国际奢侈品还有很远的路要走，在品类、质量及消费环境上都存在很大提升空间。新品牌创业活力不足。五是消费环境体制机制有待突破。消费环境体制机制亟待创新突破，相关法律法规有待逐步健全，健全对新业态的包容审慎监管制度刻不容缓，文化新消费相关监管政策滞后。消费信用体系建设刚刚起步，线上线下、市场监管与行业监管等跨部门协同监管机制尚不完善，难以营造出安全、放心、诚信的消费环境。

第五章以迈向国际一流商业街区的王府井地区和打造新兴国际消费地标的环球－大运河文旅体验区为案例进行深入研究。以故宫－王府井－隆福寺组成的“金三角”坚持“大国风范和人文风采的展示窗口、国际交往和扩大开放的服务窗口、国际化高品位市民休闲目的地”功能定位，历史文化底蕴深厚，消费规模与业态结构不断优化，高端消费品质日益提升。针对若干改造提升难题，亟待强化规划引导，探索多元化、市场化治理模式，打造本土品牌与国际品牌高地，增强彰显人文魅力的文化内核，促进城市更新与品质消费有机结合，推动主辅街业态互补联动发展，提升公共空间品质。“环球影城×大运河”国际消费体验区是北京建设国际消费中心城市的重要支点，也是北京城市副中心夯实文化旅游功能定位的关键。充分发挥环球影城的经济溢出效应，提升商圈影响力，带动周边商业繁荣与消费活跃，与大运河文旅资源联动，建设成为富有文化底蕴和生态魅力、面向世界、有活力的世界级旅游度假区和国际消费体验区。

第六章聚焦消费背后的文化软实力因素研究。深入分析文化促进消费的作用机制和路径，把握新一代信息技术变革为文化产业带来的产业链重组、产业结构演变和空间集聚态势，审视当前文化产业体系的特点和趋势，向后一步探索支撑消费的更本质更深层的文化软实力问题。激发消费新动能，要以核心文化产业融合发展为关键支撑点，推动数字文化产业的高质量发展，为激发消费潜力提供新引擎；夯实国际文化贸易竞争力，扩大我国文化的国际影响力和消费新引力。数字文化产业的高质量发展是激发消费潜力的新引擎。在文化产业和数字经济融合发展的新阶段，通过扩大优质数字文化产品供给促进消费升级，挖掘数字文化产业生态失衡问题，提升我国数字文化产业国际竞争力。围绕贸易规模、出口结构、市场占有率、贸易竞争力等多个维度，全面分析中国文化产品与文化服务贸易发展状况，综合评估文化贸易竞争力，重新审视文化贸易实力与国际消费吸引力之间的牵引关系。

第七章提出推进国际消费中心城市建设的政策创新路径。以新一轮高水平开放发展为契机，用好制度创新优势，提升要素配置力、品牌引领力、文化创新力、技术支撑力和制度保障力，以消费引领经济体系加快向供应链、产业链、价值链高端迈进，以消费增强城市功能支撑。一是提升要素配置力，以消费服务夯实国际交往功能。发挥双机场对要素资源的汇集引流功能，畅通流通配置通道，增强高品质国际化供给，推动国际会展创新发展，以展促贸、以展兴产。统筹国际国内资源，丰富文商旅体消费供给。二是提升品牌引领力，促进本土创新把牢商业话语权。建设品牌首店首发发展体系，引导本土品牌和中华老字号入驻重点商圈，培育“中国制造”和“中国服务”品牌。优化品牌创新创业发展环境，扶持发展国潮时尚品牌，促进多元化消费场景融合创新。三是提升文化创新力，以创意策源引领消费创新。增强文化产业融合力与渗透力，优化数字文化产业创新生态，重塑数字文化产业集群竞争力，构建富有创新活力城市形象。四是提升技术支撑力，以新场景提升数字消费能级。加快人工智能、大数据、区块链等新兴数字技术在城市消费空间的布局和应用，培育技术应用新场景引领新消费，推动传统服务消费数字化，营造具有国际竞争力的消费环境。五是强化制度保障力，协同建设国际一流消费环境。推动政策集成创新发挥服务标杆示范效应，注重促进消费相关政策与促进文化贸易、商务服务、跨境投融资、国际人才服务等方面政策的衔接与协同，优化提升数字文化产业创新生态，坚持首善标准和质量体系营造良好的消费环境，提升新型产业监管效率，着力完善社会多元治理能力。

目 录

第一章　绪论

随着我国经济总体实力的增强和居民生活的改善，消费作为拉动经济的“三驾马车”之一，对经济发展的基础性作用逐步增强，是推动经济社会发展的重要力量。“十四五”规划和2035年远景目标纲要提出坚持扩大内需战略基点，并对全面促进消费作出了一系列重大部署，“培育建设国际消费中心城市”是其中一项重要任务。

第一节　问题的提出及研究意义

一、问题的提出

2019年10月，商务部联合14部门印发《关于培育建设国际消费中心城市的指导意见》（商运发［2019］309号），首次明确界定“国际消费中心城市”这一概念：“国际消费中心城市是现代国际化大都市的核心功能之一，是消费资源的集聚地，更是一国乃至全球消费市场的制高点，具有很强的消费引领和带动作用”。2021年7月，上海、北京、广州、天津、重庆五个城市被批准率先开展国际消费中心城市培育。2021年10月，商务部又印发了《培育国际消费中心城市总体方案》，提出“用5－10年时间，以规划引导、市场驱动、标准对接、制度创新为着力点，赋予城市新功能定位，让环境更优美、商业更繁华、业态更丰富、城市更智慧、消费者更满意，培育建设若干具有全球影响力、竞争力、美誉度的国际消费中心城市，带动形成一批各具特色、辐射周边国家及地区的区域性国际消费中心城市”。随着商务部《培育国际消费中心城市总体方案》的发布，五大试点城市相继制定并启动五年实施方案和专项行动计划，正式开启我国培育国际消费中心城市的新篇章，为国际消费中心城市培育建设按下快进键。

如今，国际消费中心城市建设试点已经两年，各地在推进国际消费中心城市建设方面取得阶段性进展，总结梳理阶段性现状与发展特点，围绕遇到的痛点难点深入分析制约因素，关注相关政策演变与转向，有助于在新发展理念下明确政策创新路径，更好融入新发展格局、推动经济高质量发展。

二、研究意义

一是有助于提高政策的精准度和实施效果。着眼于扩大消费规模、提升消费品质、引领消费趋势、吸引消费回流、促进消费升级等主要目的，围绕各地政府密集出台的一系列意见和文件，评估国际消费中心城市建设相关政策设计的科学性、落地实效性以及各地、各级政策之间的协同性，有助于提高政策的精准度和实施效果。通过厘清国际消费中心城市的基本内涵和地区特色，研究国际消费中心城市在不同城市形成的自身条件与外部环境，有助于进一步完善国际消费中心城市的评价维度和指标体系，推动消费对经济发展的基础性作用相关研究。

二是有助于加快形成消费引领产业转型升级的新发展格局。当前经济社会发展正处于结构调整、动力转换的关键时期，培育和建设国际消费中心城市，顺应国际城市发展和消费升级新趋势、新特点，发挥我国制度、产业和市场优势，推动政策创新，有助于进一步扩大引领消费，发挥消费对产业结构升级与转型的牵引作用，加快深化供给侧结构性改革，更好满足人民美好生活需要，加快融入和服务发展新格局。

三是有助于更好服务于制造强国、质量强国、航天强国、交通强国、网络强国、数字中国建设。党的二十大报告指出："坚持把发展经济的着力点放在实体经济上，推进新型工业化，加快建设制造强国、质量强国、航天强国、交通强国、网络强国、数字中国。"而消费是经济社会生产活动的起点也是终点。在推动经济高质量发展和新一轮高水平对外开放的背景下，国际消费中心城市建设涵盖了从生产制造到贸易出口，从交通基础设施到网络空间，到品牌质量的全方位多层次宽领域的发展格局。以政策创新推动国际消费中心城市建设，有助于推动经济高质量发展，培育全球竞争新优势。

第二节 国内外研究现状

一、从“消费城市”到“国际消费中心城市”

消费是国民经济循环中的重要组成部分，不仅是生产的最终目的，也是生产的动力，直接体现了人民群众对美好生活的需求。“消费城市”的概念最早由马克思 韦伯于1920年提出，与“商人城市”“生产城市”相对，是指依靠君侯、官僚、地主等特权阶层（吃租息者或大消费者）购买力的城市。此时的消费城市是前工业化时期，社会生产力普遍落后，城市生产属性不显著，存在阶级剥削和消极意义的传统消费城市①。韦伯认为，城市在经济本质上是一个“市场聚落”。

工业时代生产城市初步形成。随着第一二次工业革命的兴起，生产力出现飞跃发展，促使自然经济加速解体，商品经济日益繁荣，全球交通体系逐渐成型，世界市场开始形成。工业化生产还推动了城市化进程，劳动力、资本、技术等要素开始向城市集中，城市逐渐成为工业生产中心，又称为“生产城市”，为商业繁荣和国际贸易奠定基础。

马克思关于“消费需求决定生产”的论述是国际消费中心城市理论的逻辑起点，现代中心城市、城市群、都市圈等城市发展阶段与发展理论以及消费文化理论构成逻辑内容，为国际消费中心城市的发展奠定了研究基础（姜薇和刘士林，2022）。根据马克思主义政治经济理论，将生产与消费的关系表述为三个方面：一是生产决定消费，消费是生产的一个功能，任何现实的消费活动总是要以生产、分配、交换环节提供的生产资料为基础与对象。二是“消费也是生产”，生产、分配、交换、消费是一个有机的整体，生产与消费的相互作用并非简单的机械作用关系。第三，消费的需要决定着

① 汪婧．国际消费中心城市：内涵和形成机制［J］．经济论坛，2019（05）：17－23.

生产。马克思以其所在的时代为观察对象，认为以工商业与市场经济为基础的工业社会，逐步显现出了“消费”对“生产”的反作用以及对整个社会再生产的推动作用。消费与生产是互为存在的矛盾的统一体。城市的产生与发展既是生产与消费走向对立与更高矛盾状态的始因，也是推动社会生产从“生产”走向“消费”环节的主要机制与力量。

后工业化时代城市功能从生产转向消费，消费城市成为未来城市的发展方向。随着后工业化社会的到来，发达国家的城市体系由产业分工转向功能分工，大城市成为管理、决策、咨询中心，服务业的发达程度往往被作为衡量城市竞争力的标志（Henderson，2006；Puga，2005）。进入 21 世纪，随着社会生产力和财富水平的提高，消费在城市发展中发挥着日益重要的支撑和推动作用。城市不仅提供丰富的商品和服务，而且拥有宜人的环境和富有美感的建筑，成为商品和服务的消费中心。大都市发展越来越依赖作为消费中心的城市功能①。现代消费城市理论的奠基人 Glaeser 和 Kolko（2001）系统地从消费视角探讨了城市未来发展的框架，认为在人口聚集、收入增加和交通、信息技术快速发展的趋势下，企业生产组织的选址和就业地点将更加灵活多变，城市间的生产优势差距将逐渐缩小消弭，消费舒适性逐渐取代生产和就业，成为人们尤其是高级人力资本群体和创意阶层选择居住城市区域的主要权衡因素，通过人力资本外部性强化了思想交流和知识技术溢出，进一步促进了城市发展。大都市的增长会越来越依靠消费中心这样的城市功能与定位。根据经济学家格莱泽（Glaser）等对消费城市的研究，认为消费城市应该具有以下四个特征：第一，多样的商品和服务；第二，丰富的娱乐设施和宜人的自然环境；第三，优质的公共服务；第四，便利的交通设施。国际消费中心城市至少包括三层含义：一是消费的国际性，二是消费的多样性，三是消费的中心化。

随着大都市的城市形态从生产导向型向消费导向型开始转变，传统的城市研究范式不能很好地解释消费城市的形态。Clark（2010）认为城市发展

---

① 刘涛，王微．国际消费中心形成和发展的经验启示［J］．财经智库，2017，2（04）：100－109＋141－142.

要素不仅仅依赖区位、土地、劳动、资本和管理技术等，还要重视生活娱乐－文化－设施组合形成的城市场景。城市作为一种生活场景，具有吸引高素质人力资本的能力，也是以消费为主的后工业城市形态的优势体现。收入提高、技术变革与创意阶层是城市形态发生根本性转变的三种基本力量。从主导产业来看，都市休闲娱乐产业已经取代传统工业，成为伦敦、巴黎、东京等大城市新的动力引擎，消费城市也因此被喻为“娱乐机器”。交通通信网络的日益发达，弱化了时空阻隔，降低了消费成本，也加速了人员流动与信息传播，促进了消费观念的渗透融合，从而形成全球消费导向。

全球化与服务经济孕育出国际消费中心城市。在消费全球化进程中，一些处于一国或区域领先的消费城市，凭借发达的消费市场、多样的消费服务业、通达的交通网络和良好的贸易环境，成为全球消费资源的主要汇聚地和带动全球消费发展的龙头，实现了从一般消费城市向具有强大向心力的国际消费中心的跃升。随着欧美国家进入工业化后期，生产力水平大幅提高，技术进步加快，商品和服务供给更加丰富，推动经济发展的主要动力逐步由投资转向消费，国际消费中心城市逐步发展起来。一方面，中等收入群体规模不断壮大，要求更高的商品品质和更好的服务体验，推动全社会消费水平持续升级，促进中高端商品和服务供给增长；另一方面，伴随城市化水平的提高和城市群的形成，丰富的消费资源逐步向城市，特别是人口规模大、区位条件好、经济水平高、基础设施完善的大城市集聚，推动了这些城市消费市场的繁荣扩张，成为一国乃至全球领先的消费中心①。

二、国际消费中心城市评价指标体系

国际消费中心城市的基本特征包括经济整体实力强、社会开放水平高、服务体系发达、具备联接全球的交通、信息、物流等设施体系、城市宜居宜游性高、思想交流活跃、创新能力强等方面（汪婧，2019）。在评价体系方面，叶胥界定义了消费城市的内涵和特征，系统地分析了消费城市的运行机理和影响因素，结合消费城市内涵、影响因素等理论分析和城市发展转型的

① 王微．从供给侧建设国际消费中心城市［J］．经济，2021（09）：80－84.

经验，提出我国消费城市发展现状和潜力测评指标体系以及测评方法，建立了由消费发展水平、消费集聚力和消费推动力三个维度构成的现状和潜力评价体系。钟陆文（2018）从能力、供给、环境、维权四个维度构建了消费城市评价指标体系。

魏颖（2020）基于规模、商圈、品牌、业态、创新五个维度建立我国国际消费中心城市的评价体系，发现与伦敦、纽约、巴黎等世界城市相比，在对境外游客吸引力、主力商业街租金水平、国际品牌吸引力、消费服务体系等方面存在较大差距。在国内，北京、上海是建设国际消费中心城市的第一梯队，在全球城市体系网络中也处于领先节点位置，有能力瞄准全球引领型顶级消费中心城市目标。汪婧（2020）从城市规模实力、消费吸引物竞争力、消费设施支撑力、消费服务竞争力及消费实现能力五个方面构建一级指标，对我国的36个潜力城市进行实证研究，发现东部城市普遍得分更高，经济基础优良，而内陆省会城市的行政功能强大，资源配置能力突出。2021年商务部在《培育国际消费中心城市总体方案》里从国际知名度、消费繁荣度、商业活跃度、到达便利度和政策引领度五个维度衡量国际消费中心城市建设水平（表1－1）。

表1－1　国际消费中心城市评估指标体系

序号	维度	具体指标
1	国际知名度	全球城市竞争力排名
2		入境游客接待量/国别
3		国际组织数量/世界500强企业进驻数量
4		国际国内重大活动和展会数量
5		世界文化遗产数量
6		4A5A级景区数量
7	消费繁荣度	社会消费品零售总额
8		居民人均消费支出
9		国内国际旅游花费
10		服务业增加值
11		消费品进口额

续表

序号	维度	具体指标
12	商业活跃度	标志性商业街区数量
13		国际知名商品和服务品牌进驻数量/中华老字号数量
14		免税店和离境退税商店数量
15		三星级及以上旅游饭店床位数
16		第三产业固定资产投资
17		消费者满意度
18	到达便利度	国际国内航班通达城市、航线班次数量
19		高铁/动车直达城市、车次数量
20		地铁运营总里程
21		高速公路途经条数
22		网约车数量
23	政策引领度	领导组织和部门协调机制
24		规划、目标、实施方案
25		政策创新和配套措施

三、培育建设国际消费中心城市的主要路径

研究学者分别从消费升级与城市建设角度探讨建设国际消费中心城市的具体路径。梁威等（2020）立足消费国际化发展趋势，提出大幅提升国内国际消费资源的整合与集聚能力，推动本土商品供给结构升级，丰富国内中高端商品供给，优化国内进口商品消费环境，促进国内零售企业跨国经营，健全免退税服务体系，推动扩大入境旅游等建议。黄卫挺、刘涛等（2017），王青等（2017）分别从不同角度提出了建设国际消费城市的相关建议。有学者对上海如何建设国际消费城市进行了研究，李锋等（2018）从抓住全球最新经济社会发展趋势的角度探讨了打造国际消费城市的对策，朱春林（2019）考察了上海建设国际消费城市以及打响“上海购物”品牌的难点。也有学者探讨了其他城市建设国际消费城市的对策，如段蓉

(2017）提出了宁波打造国际消费城市的建议，王洪丰（2018）探讨了北京建设国际消费城市推动北京城市副中心高质量发展的举措。

培育国际消费中心城市要立足国内、辐射周边、面向世界，以本地消费强劲、周边消费聚集、跨区域消费活跃为布局方向，需要同时用好“看得见的手”与“看不见的手”（周勇，2022）。刘元春、张杰（2021）将培育和发展国际消费中心城市的6个内在支撑条件归纳为：全球历史文化和现代城市文明充分融合发展的典型城市；全球领先的持续性高品质产品的设计、生产、制造支撑体系；全球的旅游、商务、会务中心城市；全球领先的电子商务和现代物流体系；全球高度开放性城市；全球经济发展中心城市。

历史传统文化、价值观、高度发达现代城市文明和经济发展水平是影响国际消费能级的综合性因素。有学者认为消费品牌与品牌所属国家形象密切相关，是文化软实力和经济实力的彰显，消费别国高端产品、品牌产品和奢侈品的行为本身背后隐含的是消费者对他国经济实力、科技创新能力的高度认可和对他国历史传统文化及价值观的尊重。此外，数字化转型推进消费方式、消费业态和消费模式变革，促进国际国内一流品牌集聚，有助于提高消费供给品质，打造地域品牌（马玥，2021）。因此，国际消费中心城市的建设问题，是综合性、系统性问题，是国家文化软实力和经济基础硬实力合二为一的融合体现。

四、研究评述

目前国内外学术界对消费城市、国际消费中心城市相关研究成果在理论和实践上进行了初步的研究探索。我国国际消费中心城市试点工作刚刚启动，研究成果整体偏少且较为零散，系统化研究不足，聚焦政策创新方面的研究不多，相关研究工作亟须深化。

国际消费中心城市是消费城市的高级形态，是经济全球化、消费市场一体化时代背景的产物。随着生产和贸易全球化进程加快，全球商品和服务流通范围扩大，丰富了世界各地消费者的偏好选择。全球信息化水平的提高，信息传播与人员流动加速，多元消费观念渗透融合，凸显出消费潮流引领力，形成全球消费导向。这种吸引力和资源配置力，与文化软实力密切相关，与高效经济供给体系密切相关。在新一轮高水平开放发展背景下，借鉴国际建设经验，聚焦我国正在推进的五大国际消费中心试点城市建设培育工作，加快梳理成效与问题，深入挖掘制约因素，探寻政策创新路径，推进国际消费中心城市建设，无疑具有一定的前瞻性意义。各试点城市在产业基础、影响因素和政策保障等方面，既有共性又有个性特征，需要用系统性、动态性视角重新审视。我国培育建设国际消费中心城市存在哪些制约因素？推动政策创新的着力点有哪些？这些问题的解答，亟需结合现有理论基础和发展实践展开深入研究。

第三节　研究思路和方法

一、研究思路

本书以北京、上海、天津、广州、重庆五大国际消费中心试点城市为研究对象。首批试点城市总体消费能级较高，高端消费资源聚集，消费方式多样化，具有优越的消费环境，能吸引全球消费者，对全国具有引领示范和带动作用。

遵循国际经验借鉴－现状比较－核心问题－案例分析－对策建议的研究思路，围绕国际消费中心城市建设，首先梳理伦敦、纽约、巴黎、东京、新加坡、迪拜等国际消费中心城市形成的历史脉络与发展的阶段性特征，然后研究五大试点城市的政策部署与实践探索，比较各自政策内容、政策工具、政策协同与政策转向，初步把握相关政策脉络与布局。在此基础上，深入挖掘制约国际消费中心城市建设的痛点难点，从全球要素配置力、消费－生产双向牵引、数字经济支撑、品牌集聚能力和体制机制优化等方面展开。随后，聚焦王府井国际一流商业街区与环球－大运河国际消费体验区开展重点案例分析，研究区域商业布局演变、面临的问题与制约因素，明确具体突破路径。然后，从文化产业、数字文化、文化贸易三个方面分析我国发展消费背后实际的文化软实力水平，分析文化产业体系、数字文化生态、文化贸易竞争力等方面存在的系列问题。最后，科学把握新一轮高水平开放发展要求，从提升要素配置力、品牌引领力、技术支撑力、制度保障力四个方面提出政策创新的主要方向，为政府科学决策和精准施策提供依据，为政策制定提供参考。

二、研究方法

一是采用文献调研法。搜集整理国内外相关文献，追踪最新研究成果，对比分析国际消费中心城市建设发展规律与阶段性特征。采集近年来国家各部委及五个试点城市发布相关政策文本，研读相关研究论文、报告和专著，挖掘政策焦点与转向特征。在政策创新体系研究阶段，归纳总结提炼政策集成创新需求框架，为政策制定提供依据。

二是案例分析与对比分析法。在经验借鉴研究阶段，总结归纳伦敦、纽约、东京等城市在消费中心功能发展的共性特征，并在对比分析的基础上，结合时代背景、制度差异和市场环境对我国建设国际消费中心城市进行差异化吸收借鉴。在案例分析阶段，将研究视角从城市聚焦到国际消费体验区和建设国际消费中心城市两大重要载体上，进行深入、全面的剖析研究。

三是实地调研法和访谈分析法。在实践与探索阶段，赴五大试点城市开展实地调研活动，面向核心商圈、演艺新空间、临空枢纽等重点区域和空间，市商务局、市发改委等重点主管单位，网络游戏、设计创意、数字出版等业内重点企业开展调研，与商户、管委会负责人、居民进行深度访谈。

第四节　我国培育建设国际消费中心城市的应有内涵

一、把握急剧变革时代消费新趋势

全球经济正处于急剧变革的动荡时期。新冠疫情对世界经济、全球产业链和供应链产生重大的影响，也对全球消费市场带来持续冲击。世界银行最新《全球经济展望》报告显示预计2023年全球经济增长率约为2.1%。在全球宏观经济不确定性较大等因素影响下，全球消费市场或将呈现出新的特点①。从需求趋势来看，人工智能、智慧城市等新技术、新业态、新平台蓬勃兴起，在线办公、网上购物、远程医疗等“非接触经济”获得广阔市场，数字化内容消费与实物消费之间的融合性进一步增强。从供给趋势来看，市场供应主体主动应变、化危为机，正逐步适应新的消费趋势。消费者对消费便捷性和实时性的更高要求，数字化、智能化、高效化成为整个零售生态系统转型升级的方向，同时区域经济一体化进程加速，也为各国跨境电商创造了更多机遇。

数字技术激发消费潜力，新消费、新业态、新模式层出不穷，线上线下消费深度融合，引领全球经济复苏。在技术革命的催化下，世界范围正经历着零售革命的爆发、零售业态的形成和业态内部变革（李飞等，2018）。随着服务经济的兴起，短缺经济、交换经济逐渐转型，更注重多样性、参与性的服务经济日益兴起，产品经济日渐式微，百货商店逐渐衰退，商圈的核心业态更迭，在数字技术的浪潮推动下迎来以服务体验为根基的商圈生态多样性。以数字贸易为例，在全球贸易遭受严重冲击的情况下，2020 年全球数字贸易出口逆势增长 3.8%，对服务出口增长的贡献率高达 98.3%。根据 Salesforce 的数据，2021 年第三季度全球电商销售额同比增长 13%。依托跨境平台所建立的新零售模式，依靠大数据和算法技术精准对接国际消费市场，在降低国际贸易成本、优化供应链管理与品牌建设等方面发挥了重要作用。新零售的兴起与繁荣对传统零售形成了新的挑战。新消费将支撑世界经济形成新增量，是推动高质量供求平衡、畅通经济循环的重要动力。

建设国际消费中心城市必须顺应消费升级新趋势新要求，创造经济红利的同时，提升创新能力，建立供需匹配的高质量发展体系，清除数字消费网络障碍，全面改善优化消费环境，创新消费监管方式，并加大对消费领域的违法违规惩戒力度，将全球消费市场新业态转化为更加科学完整、更有针对性的新消费体系，从而充分激发新消费潜力，为世界经济复苏带来持久动力。

---

① 杨啸林．疫后全球消费需提质升级［N］．经济日报，2022－01－24（004）．

二、我国建设国际消费中心城市的基本内涵

国际消费中心城市是现代化国际大都市城市功能的内核，集聚全球消费资源，具备强大的消费引领力，在扩大消费、推动城市转型、促进经济增长中发挥着巨大作用。国际消费中心城市的内涵集中在三个关键词，“国际”“消费”“中心城市”，指的是全球消费的制高点、消费资源的集聚中枢、消费配置和带动能力突出，有消费创新和引领功能的城市。

首先，国际消费中心城市是一个具有国际包容性的城市。国际化城市既包括人口的国际化，也包括商品和服务的国际化。人口的国际化意味着，具有友好便捷、透明高效的涉外服务和国际化营商环境，国际交往活动密切，人员跨境往来频繁，投资贸易便利化水平较高。商品和服务的国际化意味着城市中的商品和服务是全球性的，不仅仅是本地人消费全球生产的商品，也包括消费者在本地购买全球生产的商品。本地消费者足不出城就能购买到全球最新发布和最时尚的产品，享受到国际化的服务；国外旅行者或者常住人口也能够在本地很容易购买到本国或自己喜欢的商品和服务。本土企业设计、创造和制造全球高质量品牌产品，不仅在国内市场备受青睐，更能引领国际市场潮流，对国际消费者产生较强的吸引力。

其次，国际消费中心城市应该是全球消费资源的集聚地，能够满足消费者的多样性需求。国际消费中心城市利用其独特的魅力，吸引全球商品和服务在本地提供，成为全球消费的集聚地。这里既有全球高端的知名品牌，也有本地特色产品；既有有形的产品消费，也有无形的商品服务；既能购买各类商品，也能享受高质量的公共服务，如便捷的交通，宜人的环境，优质的金融服务，优质的基础教育和医疗服务等。

最后，国际消费中心城市应具有全球范围的资源配置能力和引领能力，发挥其网络的中心作用。过去几十年中，全球化造就了纽约、伦敦、巴黎、东京等标杆城市在全球生产和消费网络中的中心地位。例如，纽约是全球金融中心和全球影视中心，伦敦既是全球第二大金融中心（仅次于纽约），也是全球的创意中心，巴黎是全球的时尚产业中心，东京的高端制造业、生产性服务业则居于全球领先地位。纵观这些全球标杆城市，国际消费中心城市

需要在某些领域具有独一无二的引领作用，能够有效配置生产资源，成为全球产业链中的创新中心，成为新产品的首发地、新技术以及新商业模式的发源地，占领全球消费市场的制高点和成为全球消费的风向标。

第二章　国际消费中心城市建设的国际经验

消费城市代表了后工业化时期城市发展的高级形态，是现代国际化大都市的核心功能之一。回顾纽约、伦敦、巴黎、东京等全球城市在消费中心形成、发展与演进的经验，从空间规划体系、标志性商圈、文旅融合、自贸港建设等方面总结归纳关键要素，为推进我国国际消费中心城市建设提供借鉴和反思。

第一节　聚焦空间联动与层级分工制定商业规划

国际消费中心城市的“中心”，意味着消费相关的人、财、物、信息、资本要素集聚和枢纽，在城市更新与开发振兴中处于核心地位，是经济效率和竞争力的体现。科学的商业规划，包括谋划商业发展方向与目标，层级体系及空间布局，是构建层次结构清晰、空间布局高效、功能业态完整、品质的商业消费空间体系关键的步骤之一，也是建设国际消费中心城市必不可少的环节。

一、伦敦商业空间体系

商业是城市活力的来源，也是吸纳就业、促进区域振兴的必经之路。20世纪七八十年代以来，商业改善区（Business Improvement District），或称为商业改进区（Business Improvement Area）或商业振兴区（Business Revitalization Zone）等模式引入欧美等国家的城市更新中，其根部逻辑则是发挥多方共治优势，提升区域保障经济发展的公共服务水平，营造富有吸引力的商业社区。

伦敦商业活动的主要空间集中在中央活动区（the Central Activities Zone, CAZ）和一系列“城市中心”（town center）。前者仅23万居民，却容纳了伦敦三分之一的就业岗位，创造了英国近10%的产出，不仅是国家政治外交、国际交往、国际金融和商务中心，也是国际健康、教育、法律等领域发展高地，还承担着文化、艺术、娱乐、夜间经济与旅游等战略功能，是面向英国乃至世界的门户区域。而后者主要服务于伦敦本地居民。2021版大伦敦规划①突破了原有行政区划的限制，依据商业面积、商品类型和服务范围，将CAZ划分为国际中心、大都市中心、主要中心、区级中心和邻里中心。

中央活动区（CAZ）内的“西区”（West End，包括牛津街、摄政街、邦德街和大西区零售及休闲特别政策区）和“骑士桥”（Knightsbridge）凭借无与伦比的规模和超高的产品与服务品质被评为国际中心，是“全球知名的零售和休闲目的地，奢侈商品和专卖店种类丰富，与高品质建筑环境相融，周边分布着国际公认的休闲、文化、遗产和旅游景点，有极好的公共交通可达性。”规划提出进一步夯实“伦敦西区”的国际购物和休闲目的地与“骑士桥”国际中心的地位，重视中央活动区（CAZ）的零售业集群，增强文化艺术、休闲娱乐、夜间经济和旅游等功能的独特性、集中度和多样性。

这一规划明确了若干潜在发展区域，为不同级别的中心发展留足了“后备军”，还规定下级规划必须遵守保证地方零售业的供给量，充分考虑本地消费量、居民活动、互联网等影响，主动调节商业过剩地区的中心功能，鼓励更加多元混合的开放，提升大型中心再开发项目里新兴零售业态的吸引力和可达性等。根据商业层级标准划分区域，并明确各级商业中心、消费中心相关功能定位和开发原则，实现功能定位与区域振兴的有机结合(表2-1)。

① The London Plan：Thc Spatial Development Strategy for Greater London, Greater London Authority. 2021.

表 2-1　大伦敦规划关于中央活动区的划分标准 2021 年

类别	中心个数	标准
国际中心（International）	2	全球知名的零售和休闲目的地，奢侈商品和专卖店种类丰富，与高品质建筑环境相融，周边分布着国际公认的休闲、文化、遗产和旅游景点，有极好的公共交通可达性
大都市中心（Metropolitan）	14	服务范围覆盖多个行政区（boroughs），有至少 10 万平方米以上的零售、休闲和服务建筑面积，高端商品比例很高，公共交通可达性较好，就业、服务和休闲功能突出，拥有重要的市政、公共和历史建筑群
主要中心（Major）	36	主要在内伦敦，服务范围达到外伦敦等区域，一般有 5 万平方米以上的零售、休闲和服务建筑面积，高端商品比便利商品多
地区中心（District）	149	分布相对更加广泛，主要为周边社区提供便利商品和服务，公交、自行车和步行可达性较好，一般有 0.5 万—5 万平方米的零售、休闲与服务建筑面积，偶尔也有专卖店功能
邻里中心	未明确	服务社区，可自行车和步行到达，有商业和休闲功能，提供便利商品和服务。通常集聚超市、邮局、药房、洗衣店等功能
CAZ 零售群	22	位于中央活动区内的多用途建筑群，以零售为主，其规模可与主要中心或地区中心相媲美

二、新加坡商业中心体系

新加坡是世界上最有竞争力的商业发展之地，其商业的繁荣发展不仅得益于自由贸易政策、良好的营商环境，以及完备的法律保障，也得益于科学严谨的城市规划，包括城市商业中心体系规划。从 1963 年“环状城市”概念雏形乍现，经过 1971 年版新加坡概念性规划的深化，新加坡基本经济格局确立。随着工业化和城市化的不断发展，1991 年版规划首次确立集中与分散并行的商业布局理念，“规划建设 1 个具有国际水准的城市中心、重点建设 4 个区域中心、建设 5 个次区域中心和 7 个边缘中心”①。由此形成了四层级的城市商业中心规划布局。四级城市商业中心体系（城市中心 - 区域中心 - 次区域中心 - 边缘中心）和三级新镇商业体系（新镇中心 - 小区中心 - 邻里中心）构成了新加坡的 7 级商业中心规划布局体系。

中部区域的城市中心区（Central Area）是新加坡规划的最高等级城市商业中心，空间规模不断扩大，商业零售、商务办公、娱乐休闲、社会服务、公共交通等功能配置更加复合多元。1958 年仅有 5. 25 平方千米被规划为城市中心区，中心区内商业主要布局于珊顿大道北侧沿线、桥南路—桥北路沿线及其主要横向连接道路两侧。后经填海造地将城市中心区规模扩展到 7. 14 平方千米，新加坡河两岸的货栈、码头仓储功能在城市更新中转变为现代休闲功能，贫民窟和棚户区转型退出，引入现代金融中心功能。到 19 世纪 80 年代，牛车水、甘榜格南、小印度、克拉码头等历史文化街区的商业开始繁荣起来。1991 年新加坡概念规划提出建设环滨海湾世界一流商业区，城市中心区面积遂扩展至约 16. 5 平方千米，乌节路、小印度、新加坡河西段等地区纳入其内。由此，零售购物、历史文化、行政商务、金融会展、休闲娱乐等多种功能单元不断集聚丰富发展，在空间上经由步行交通网络、新加坡河、商业街区等串联成片，形成多条商业走廊，成为活力多元的中央活动区（CAZ）②。

随着“城市中心”的发展壮大，新加坡 2013 年版概念性规划又将其分为商业和就业两类，前者注重与人口分布和居住相匹配，后者注重对北部和南部滨海地区带动发展。2019 版总体规划草案亟须将城市中心按功能分为四大类型：产业中心（16 个）、商业商务节点（12 个）、高等教育中心（5 个）、交通运输枢纽（2 个）。其中，商业商务节点又可分为 CBD、区域中

① 转引自 晏龙旭，王德，张尚武等．国际大都市中心体系规划的经验与借鉴——基于五个案例城市的研究［J］．国际城市规划，2022，37（02）：88 - 96. DOI：10. 19830/j. upi. 2020. 065. p40.

② 仕赵旦，王登嵘．新加坡城市商业中心的规划布局与启示［J］．现代城市研究，2014（09）：39 - 47.

心和其他节点，产业中心分为工业区（industrialestate）和商务园（business parks）。随着规划的调整，CBD、东部门户（围绕樟宜机场）、北部和南部门户（支撑产业发展带的商业商务中心）集聚发展水平不断提高，CBD 的国际吸引力不断增强，城市活力、多样性、旅游休闲和历史文化品质日益彰显。

丰富的层级体系使新加坡的各级商业中心在占地规模、商业营业规模、服务人口和半径等方面能实现较为平缓的过渡，不仅能使商业服务更加均衡地覆盖、辐射整个城市地区，还能使不同频次的商业服务需求与不同等级的商业服务能力在空间上实现较好的平衡，在满足各级商业中心运营人流需求的前提下，使商业中心最大限度地接近城市居民，提高城市商业服务的便捷性①。

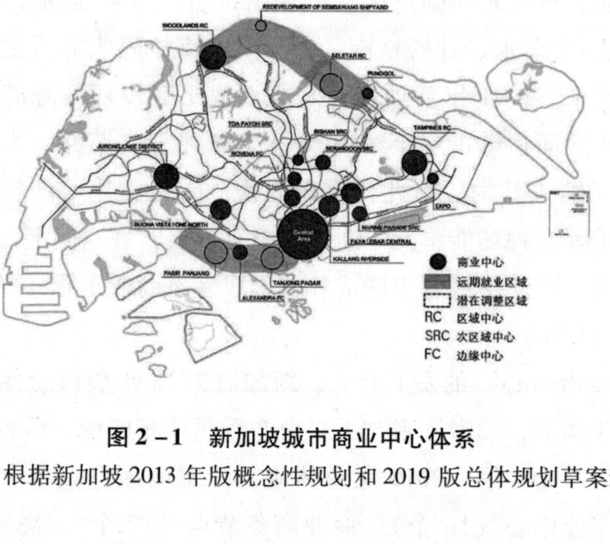

图 2－1　新加坡城市商业中心体系

资料来源：根据新加坡 2013 年版概念性规划和 2019 版总体规划草案绘制

① 任赵旦，王登嵘．新加坡城市商业中心的规划布局与启示［J］．现代城市研究，2014（09）：39－47.

表 2－2　新加坡商业中心层级体系

商业中心	商业规模	服务人口	服务半径	业态与布局特征
城市中心区	1650 hm^2	——	——	集聚零售购物、历史文化、行政商务、金融会展、休闲娱乐等多种功能单元，成为中央活动区（CAZ）； 全球金融和商贸枢纽，东南亚乃至全球最为著名的总部聚集地之一
区域中心	40—70 hm^2	50 万—100 万	5—8km	集聚零售购物、商务办公、娱乐餐饮、教育培训、社会服务等多种功能； 以新镇中心和购物中心为主要商业设施，配置多个购物中心，单个购物中心的总零售楼面面积约 3 万—4 万 m2，近期新建的购物中心单体总零售楼面面积约 5 万—8 万 m2； 注重购物体验，一站式、主题式、货仓式（Big Box）等成为购物中心业态配置模式
次区域中心	10—20hm^2	20 万—40 万	2—3km	以新镇中心和单个购物中心为主要商业设施，综合设置社会服务设施，巴耶利巴次区域中心内的购物中心数量将扩大； 购物中心总零售楼面面积约 3.5 万—6 万 m2
边缘中心	——	1.5 万就业人口	——	突出商务办公职能，分解承担城市 CBD 的商务职能，城市中心区的组成部分

续表

商业中心		商业规模	服务人口	服务半径	业态与布局特征
	新镇中心	约 $10hm^2$	15 万—30 万	1.3—1.5km	采用组合式街区布局模式，部分开始引入购物中心商业形态
新镇	小区中心	2—4 hm^2	1.5 万—2 万	350—500m	采用“独立商业 + 住宅底商”的模式进行配置；面积0.5 万—1 万 m2) 以农贸市场、餐饮中心为主力店，经营中档商品为主； 新建新镇的小区中心逐步向购物中心转化，以餐饮中心、超市为主力店
	邻里中心	——	约0.3 万	——	商住混合，以住宅底商形式配置； 以经营生活必需品为主，包括普通日用商店、餐馆等

第二节　以迭代更新激发世界级地标性商圈活力

商圈（trading area），在企业微观视角下，是指以零售商店为中心沿着一定的方向和距离扩展，吸引顾客的辐射范围，其大小根据吸引顾客到商店来的时间、距离、占有率来划分。而基于城市宏观视角，区域内不同的商业业态聚集形成的地理范围，与城市的商业辐射力等概念相近，反映了商业活动聚集发展的形式与规模特征。2021 年商务部发布的《城市商圈建设指南》（征求意见稿）里，将“城市商圈”界定为一定经济区域内，由若干个商业综合体和商业设施构成商业集聚区，并以商业集聚区为中心向周边扩展，具有一定消费力、集聚力和辐射力的商圈。“世界级商圈”是指以国际著名商业街综合体和商业设施为核心，与周边街区形成紧密分工的区域范围。

20 世纪以来，纽约第五大道、伦敦牛津街、巴黎香榭丽舍大街、东京银座大街等一批云集一线品牌、引领世界潮流的高端商业街开始从单一的零售商业区走向成熟，文化、娱乐、休闲、多功能产业发展，成为全球消费地标、国家形象的代表和城市文化的名片。全球闻名、特色鲜明的标志性商圈，是一座城市经济、文化、活力的缩影，也是提升城市消费能级和促进地方产业升级的重要载体，更是激活内循环发展潜能中至关重要的突破口。

纵观世界级商圈的形成与发展脉络，可以发现三个基本特征：

一是多元共治共管能力是世界级商圈自我纠偏、自我革新升级的重要保障。伦敦西区牛津街、纽约第五大道、巴黎香榭丽舍大街在历史上都曾经历过低谷时期，或是街区形象混乱，或是业态存在同质化竞争，或是客流量大引发的维稳安保问题。但最终均通过政府、商业协会或公司的管理、运营和协调予以解决。20 世纪是世界级商圈形成的关键时期。20 世纪 80 年代末，经过“拯救香榭丽舍计划”的改造升级，巴黎香榭丽舍大街避免了走向嘈杂商业街的命运，成为“世界上最美丽的散步大道”。

二是从高级住宅区集聚高端消费资源，然后发挥时尚标杆性作用，引领形成商业区、综合商业区，乃至世界级商圈。无论是第五大道、牛津街还是香榭丽舍大街最初都是贵族或高级住宅区，奠定了早期商业繁荣的基础。20 世纪 70 年代以后，随着制造业的外迁，纽约曼哈顿中城逐渐形成新的中央商务区，与全球商业联系日渐紧密的生产性服务业不断繁荣，为第五大道走向国际商业街区夯实了经济基础。

三是决定世界级商圈竞争力的因素呈现出多元化趋势。当商业街区走上世界舞台，商圈业态的逐步丰富，商圈功能的不断演进，决定世界级商圈竞争力的因素不再局限于基础设施建设、业种布局、业态组合等与商业密切相关的因素，还涉及历史建筑景观、文化创新环境、社会活力等软性因素。

一、东京银座

银座街区是明治初年为提升东京作为近代国家首都的国际形象，效仿西欧大都市而全新建成的，是东京市内首个独具特色的近代化街区[①]，也被视

① 中岛直人，傅舒兰．东京中心城区的规划历程及其现状——探索迈向成熟都市的阶梯［J］．上海城市规划，2013，No.109（02）：60－67.

为日本文明开化的象征。1872 年的大火后，东京银座再复兴重建成具有红砖以及拱券的西式街区，加上临近的筑地地区有接待外国人的宾馆和邻近新桥站交通枢纽，银座集聚了当时新的城市文化最流行的元素，是西洋文化流行“新事物”的发源地和传播中心，银座开始成为当时东京的玄关口，迎来快速的发展。

银座商业中心总占地面积约 39.5 公顷，北起京桥，南至新桥，南北长约 1100—1200 米，东西宽 500—600 米，由若干纵横街道组成。零售和餐饮业态总面积约 25 万平方米。大道两旁的百货公司和各类商店鳞次栉比，专门销售高级商品。银座大道后街由特色饭店、小吃店、酒吧、夜总会等娱乐休闲业态组成，保留着日本传统的歌舞剧，集中了日本四分之一的画廊，还有百年文具老店伊东屋（Itoya）、日本第一间面包店——木村屋总本店。从 1970 年 8 月起，银座大道禁止一切车辆通行，成为步行商业街。银座的核心地段四丁目坐落着现代、时尚的 DIOR，GUCCI 总部大楼，与古朴典雅的三跃、和光等百年老店形成了和谐共生共融的商业空间。东京银座中央大道的后街群，是夜生活与老字号两个看似不搭边的概念的混合体，完好保存了各类日本老字号，与主街的现代商业氛围呈现强烈反差。

在城市更新中构建差异互补、多元融合互动的商业生态。从功能上看，步行街为代表的商圈建设从最早保持商业吸引力为主要目标，逐步发展到关切人性化、绿色化发展，再到如今营造城市社会交往空间，这一演变过程体现了不同业态组合的更新与迭代，展现出不同历史阶段激发商圈活力的关键要素。不同于伦敦西区的业态，东京银座百货店占 62%，餐饮和娱乐业占 26%，时尚品牌专业类占 6%，奢侈品旗舰店占 3%，其他的专业专卖店占 3%。地方商业的发展与公共资源的集聚有很大关系。20 世纪 90 年代，随着东京都厅政府从银座迁至新宿，为了避免衰落，银座开始实施新的振兴计划。这些计划主要表现在三个方面：第一，商店外立面建筑的改造和内部提升；第二，国际品牌旗舰店的进驻；第三，传统建筑的保留和保护，并对街区进行了城市更新。日本成立步行街发展基金，支持商业街区的修缮街道景观、智能化设施布局、绿色开放空间布局等，提升消费环境和体验。

在城市更新中延续潮流地标形象。2018 年 8 月重新开业的银座索尼公园是城市更新项目之一。Sony Building 建设于 20 世纪 60 年代，是索尼集团在东京的总部，是日本后现代建筑的代表作。但随着索尼的业务范围不断扩张，这座“电子产品制造商索尼”的展示大楼，已没有办法代表索尼。2013 年 5 月，索尼大楼开始决定改建。2017 年 Sony Building 被逐层拆除后，将原大楼的地下四层及地上部分，设计成一座绿地公园，取名——Sony Park。该公园连接地铁大厅和西银座地下停车场，被视为一个三维结构的地下空间。建设一个新的索尼品牌推广中心，为人们提供互动的新体验，让大家在繁杂的都市生活中感受到一抹绿色，还能兼顾娱乐购物，让银座成为一个更舒适的街区，让 Sony Park 成为东京新的潮流地标。

在城市更新中推动商业街区协同治理。1998 年，为应对银座地区受限于容积率而发展停滞情形，亟须改建更新面临老化的建筑群，挽救银座的商业魅力。地区自治主体“银座通联合会”在地区规划的基础上制定了《银座街区远景》导则，其核心理念是用“银座滤镜”[①] 保护好银座街区的高品质，坚守“既有活着的历史感，又兼具新事物的跃动感”“适宜于步行”“经济发展由社会文化的价值支撑”等基本原则。2004 年首次银座街区营造会议召开，强调了保留银座各个历史阶段孕育出的文化特性和人文精神的重要性。在 2006 年的银座街区营造会议中，根据中央区的市街成立了由银座街区营造会议的核心成员、建筑师、街区的町会和通会等主体组成“银座设计协议会”。凡是在银座地区内超过 100 平方米的土地上进行的各种标识和广告等建设项目，须由银座设计协议会审议其设计方案。银座设计协议会在财政上完全独立，虽然在法律的层面上并非有法律约束效力，但由于其母组织的影响力和约定俗成的导则，成了实际负责并主导城市更新的审议机构。

二、纽约第五大道

第五大道（Fifth Avenue），是美国纽约曼哈顿一条重要的南北向干道，

① “银座内在生成的、自然且不可思议的自律力（也就是说只要是不符合银座特质的东西就不能通过的滤镜）。”

南起华盛顿广场公园，北抵第138街。第五大道上景点众多，由南至北有帝国大厦、纽约公共图书馆、洛克菲勒中心、圣帕特里克教堂以及中央公园等。此外，由于中央公园附近有大都会艺术博物馆、惠特尼美术馆、所罗门·古根海姆美术馆、库珀·休伊特设计博物馆等著名的美术博物馆等，因此被称为“艺术馆道”。在60街到34街之间的第五大道，则被称为“梦之街”，因这里聚集了许多著名的品牌商店，是高级购物街区。根据戴德梁行发布的《2022全球主要商业街租金报告》（Main Streets Across The World 2022），美国纽约上第五大道具有强劲的发展韧性，2022年租金以年增长7%的速度，增长到每平方英尺2000美元，超过尖沙咀（Tsim Sha Tsu）成为全球租金最高的街区。

第五大道的发展历史伴随着城市功能的迭代与更新，尤其是第五大道协会发挥了重要作用。第五大道在19世纪初不过是片空旷的农地，在19世纪末20世纪初，随着第一个商铺、第一家百货公司的成立，纽约曼哈顿第五大道开始从高端住宅区开始走向商业区的转变。到1907年，地产商、经纪人和零售商等集资约180万美元自发组成第五大道协会，为商业街提供服务，并填补政府服务的空白，逐渐成为一股有力的社会自治力量，抵抗着工业化所带来的仓库和工厂的“入侵”，逐步形成高端商业环境的定位。1916年纽约颁布了美国历史上第一个综合性分区决议，决定性地塑造了曼哈顿的天际线，为第五大道商业街区营造出清朗有序的建筑景观。从20世纪70年代初开始，纽约市政府成立非营利性机构第五大道商业促进区（Business Improvement District，BID①），开始对第五大道的商业布局进行规划和调整。商业促进区由第五大道协会（商家，成立于1907年）、第五大道商业促进区（主要成员为业主，成立于1993年）与纽约市政府协作共同管理②，通过自筹资金，开始对第五大道的商业布局进行规划和调整，对治安、卫生和购物环境进行治理。第五大道商业促进区服务经费支出结构主要公共清洁和

---

① 比市和区更小的城市管理模块，包括中心商务区和商业廊道，是企业的倡导者、政府的联络人和社区领袖，提供就业培训、组织节庆活动、激活闲置店面等服务，保障商业街区发展活力。

② 陈丽芬．国际著名步行街的建设经验［J］．时代经贸，2018（31）：12－20.

卫生（25%）、公共安全（16.5%）、商业发展和社会服务（13.6%）、市场营销（13.5%）、街道景观提升（8.1%）。20 世纪 70 年代初开始，纽约制造业开始外迁，生产性服务业逐步兴起，在曼哈顿中城形成中央商务区，为第五大道创造了优越的商业发展环境。在这一阶段，商业零售、商务办公、文化艺术、科技创新等功能迅速涌现，将科技、文化、商务、生产与消费深度融合，形成复合型消费空间。

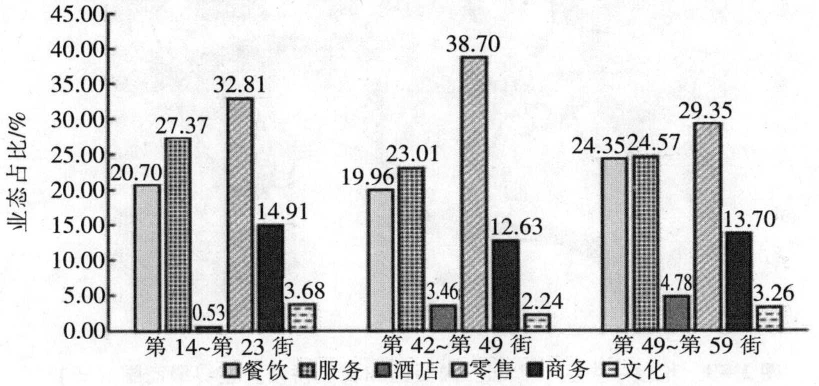

图 2-2　纽约第五大道核心区段业态分布①

三、伦敦西区

伦敦西区（West End），包括牛津街、摄政街、邦德街和大西区零售及休闲特别政策区（West End Special Retail Policy Area，WESRPA），是英国两大全球知名的零售和休闲目的地之一，奢侈商品和专卖店种类丰富，与高品质建筑环境相融，周边分布着国际公认的休闲、文化、遗产和旅游景点，有极好的公共交通可达性。据统计，2019 年伦敦西区营业额突破 100 亿英镑。以牛津街为例，每年游客量高达 2 亿人次，其中国际游客消费占比高达 20%。2020 年 9 月出台的《伦敦西区振兴计划》指出：英国国际游客消费总额有54%留在了首都伦敦，而其中约四分之三的消费流向伦敦金融城、威斯敏斯特（国家行政中心），肯辛顿和切尔西的皇家自治市等热点区域。

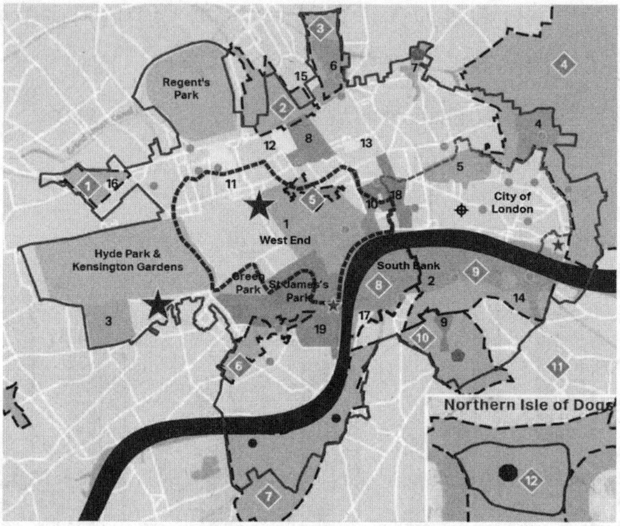

图2-3　伦敦中央区（CAZ）内西区和骑士桥两大世界级商圈（★）

时尚与活力兼备的“后街经济”是世界级商圈不可或缺的重要组成部分。伦敦、巴黎、纽约、东京等世界城市的国际著名商业街，多采用鱼骨结构的商业空间机理，以主街为“条状”，以“块状”为分支分流，主辅配合形成差异化、多元融合、业态齐全、时尚与活力兼备的“后街经济”。“一枝独秀不是春，百花开放春满园”。世界级商圈的形成，从来不是仅仅依靠一两条主街实现的，后街经济更是关键。

伦敦牛津街的后街群，不仅与主街一道形成多样化的零售业态体系，涵盖大众品牌、高端轻奢品牌、一线奢侈品牌在内的梯度化品牌组合，而且承担着餐饮、住宿、娱乐休闲、文化体验等功能，是展现街区活力和文化魅力的重要空间。伦敦西区后街群和市场具有突出的个性化和特色化特征，如萨维尔街和杰米恩街以裁缝店和男装闻名，苏荷区的餐馆、俱乐部和酒吧，考文特花园附近的剧院和精品店，科克的艺术画廊街道，在一个相对较小的地理空间内形成了丰富多样的场景体验。尤其是考文特花园和苏荷区作为伦敦西区零售和休闲特别政策区（WERLSPA），被赋予了零售应与这些区域的战略文化、休闲、晚间和夜间经济角色相补充。这些街区特色的形成，历经百余年的历史变迁和文化积淀。巴黎香榭丽舍大街通过后街群实现了业态合理布局，随着主街的商业功能和旅游功能逐渐增强，人文艺术和休闲娱乐功能向后街转移。

市政府、管理协会和公司，不仅要合作致力于商业街的发展和国际化影响力的扩展，还要平衡商业街与周边区域之间的投资关系，针对产权分散等痛点难点问题，通过规划形成商圈发展的统一愿景和共识，吸引社会资金加入，共同推进商圈更新迭代。

20 世纪初，牛津街上的商家通过合作组建了以协调管理为目的牛津街商会，制定行业标准，设立进入牛津街商家的门槛；通过统一营销，以提升整条商街的知名度；督促商家改善经营环境，改造和维修沿街的公共设施；对违反行业公序和过度竞争的商家实施制裁等。自治商会的存在，有力地保证了牛津街的品质。政府对牛津街的改造计划都需与商会商榷后方可进行。同时商会也给予政府的规划与调整，以及项目的改造以最大的支持。如今，伦敦西区由政府、协会和新西区公司（2005 年成立，前身是牛津街商会）共同进行管理。新西区公司是与伦敦威斯敏斯特区政府合作的担保责任有限公司，前身为牛津街商业协会，代表了伦敦西区 82 条街道和 600 多家企业，负责牛津街、邦德街及摄政街的商铺和道路的管理、商业宣传、商业环境改善等事务。这一公司旨在使伦敦西区的国际中心成为多样化、可持续和鼓舞人心的旅游和商业中心，威斯敏斯特政府、伦敦交通局和伦敦市场办公室也会派员作为观察员参与决策过程。

四、巴黎香榭丽舍大街

法国巴黎的香榭丽舍大道位于卢浮宫与新凯旋门连心中轴线上，又被称为凯旋大道，是世界三大繁华中心大街之一，也被人们称作世界十大魅力步行街。横贯首都巴黎的东西主干道，全长 1800 米，最宽处约 120 米，为双向八车道，东起协和广场，西至戴高乐广场（又称星形广场），东段以自然风光为主；两侧是平坦的英氏草坪，恬静安宁；西段是高级商业区，世界名牌、服装店、香水店都集中在这里，火树银花、雍容华贵。

香榭丽舍田园大道始建于 1616 年，当时的皇后玛丽·德·美第奇（Marie deMedicis）决定把卢浮宫外一处沼泽田地改造成一条绿树成荫的大道。到 19 世纪，随着法国资本主义的快速发展，香榭丽舍西段顺应经济发展的需要，成为重要的商业大道。1914 年，由入驻商家“路易·威登”牵头成立了“捍卫香榭丽舍委员会”，反复更名后成为“香榭丽舍委员会”，旨在“捍卫世界上最美步行大道的声誉”。这一委员会属于民间性质的非营利组织，由街区商家和居民代表共约四百人组成的“大管家”，通过会员缴纳的会费来运营，独立于第三方。该委员会自 1985 年起，开始调查研究香榭丽舍大道曾经面临的严重破坏情况，并于 1989 年提出“拯救香榭丽舍计划”。该计划意在改善混乱的行人和车流关系、拥堵的交通、各类艺术形式混杂的街景等问题。在委员会的推动下，街区改造整修工程于 1994 年完工，被誉为法国最具景观效应和人文内涵的大道。巴黎香榭丽舍大街避免了走向嘈杂商业街的命运，成为“世界上最美丽的散步大道”。

良好的自治与管理保持了香榭丽舍大街高端、有魅力的形象。香榭丽舍委员会和市政府合作致力于香街的发展和国际化影响力的扩展，保持和改善香街的整体形象，组织香街的重大活动，如每年一度的圣诞彩灯、电影周、马拉松比赛等活动。委员会也负责帮助新店家融入香街，监督管理商家的照明、室内外装潢等与整条大街风格相融合①。

① 陈丽芬．国际著名步行街的建设经验［J］．时代经贸，2018（31）：12－20.

表 2－3　国际著名步行街情况

商业步行街	业态	历史文化景观	街长及商业面积
纽约第五大道	服装、珠宝、钟表、玩具、家具、皮具、书店	帝国大厦、纽约公共图书馆、洛克菲勒中心、圣帕特里克教堂、广场饭店、中央公园、大都会艺术博物馆、纽约城市博物馆、所门·古根海姆美术馆、犹太人博物馆等	主要商业街长约1500米，有近20座3万平方米以上的商业大厦
巴黎香榭丽舍大街	商品销售、餐饮和文化体育娱乐	保存拿破仑三世统治时期建设的路灯、花园；新加种的梧桐树、设计的候车亭、卖报亭等，旨在恢复二百年前老香街散步大道的风格	长约1200米
伦敦牛津街	国际品牌旗舰店、奢侈品精品店、家居用品、配饰和珠宝店	有13栋二级保护建筑，这些建筑保留着其上百年前的原貌，突出了牛津街的历史文化底蕴	长约2000米，商业面积50万平方米
东京银座大街	零售商店，餐厅、茶馆、咖啡馆、酒吧，画廊、展览馆、博物馆		由八个街区组成，均有13座购物中心，25万平方米

续表

商业步行街	业态	历史文化景观	街长及商业面积
迪拜购物中心	工艺美术、餐饮、休闲娱乐、金融服务、美妆和饰品、文具用品、培训、通信器材和电器、眼镜、服装、奢侈品、花卉、家居用品、酒店住宿、珠宝首饰、音像等	紧邻世界第一高塔哈利法塔，是所有入境游客必经之地	建筑面积 55 万平方米
新加坡乌节街	奢侈品店、有可议价的小店；高级餐厅、快餐店和大排档；万豪、希尔顿、文华等五星级酒店，会员制俱乐部，电影院、剧场等游乐设施	长约 2200 米，约 80 万平方米	

第三节　文旅融合共筑消费品位与城市魅力

悠久的发展历史、独特的建筑风格、丰富的文化艺术活动和集群发展的博物馆、美术馆等文化设施，是独一无二的历史地标和文化地标，是吸引全球游客的重要文化资源，从根本上保证了国际消费中心城市人文魅力、文化形象和经济韧性。

一、历史文化为底色提升国际吸引力

戏剧产业是伦敦西区、第五大道商业生态系统的重要组成部分。伦敦西区是与纽约百老汇齐肩的世界两大戏剧中心之一。海马克特街（Heymarket）和沙福兹伯里街（Shaftsbury）两个街区不足 1 平方公里的范围内，汇聚了

四十多家剧院，每年推出 200 部以上新剧，吸引游客 1500 万人次，年度票房收入高达 8 亿英镑。伦敦西区剧院收入占全国剧院年收入的 60%。事实上，很多游客把剧院区与伦敦西区等同联系在一起。三分之二的英国游客把到西区观看演出作为伦敦旅游的重要原因，而四分之三的海外游客更把去西区看演出作为赴伦敦旅游的重要选项。报告显示，到访伦敦西区看剧的国外观众里超过 80% 会在西区购物或有购物打算，对于伦敦以外的本国戏剧观众而言，这一比例为 50% 以下。

纽约百老汇是曼哈顿中城第六大道到第八大道 40 街到 54 街之间的剧院区，坐落着 41 家剧院，每年吸引观众约 1462 万人次，上座率高达 94%，其中国际游客约 280 万人次，占比约 19%。2019 年大约 35% 的观众来自纽约大都市区，46% 来自美国国内其他地区。这两个地区戏剧产业集聚区，不仅带动了当地旅游等相关产业的发展，还塑造并提升了世界城市文化形象，打下文化底色。

表 2-4　伦敦西区与纽约百老汇剧院 2019 年票房收入对比

	剧院数量	总票房	观众人次	上座率
伦敦西区①	49	7.98 亿英镑	1532 万人次	80.7%
纽约百老汇	41	17.58 亿美元	1462 万人次	94%

数据来源：百老汇联盟官网 www.broadwayleague.com. 伦敦剧院联盟官网 www.solt.co.uk.

此外，博物馆、美术馆群等全球著名文化设施充分彰显国际消费中心城市的文化魅力和城市形象。纽约第五大道从 82 街到 110 街坐落着大都会艺术博物馆、纽约自然历史博物馆、惠特尼美术馆、库珀—休伊特博物馆等众多著名文化设施，被称为“博物馆大道”（Museum Mile）。博物馆群为第五大道注入了源源不断的活力和独特的文化魅力，有助于营造出良好文化艺术氛围。同样，香榭丽舍大街，不仅仅是一条商街，还拥有丰富的历史资源，是巴黎东西历史轴线的重要组成部分，贯穿起卢浮宫、协和广场、凯旋门等

① https://solt.co.uk/about-london-theatre/press-office/2019 box office figures-released-by-society-of-london-theatre

全球闻名的法国著名景点，是法国历史的有机串联，是国家形象的表征。随着去工业化进程和文化变革加剧，在20世纪60年代，新型人造纤维和制造技术的扩散加快了服装工艺整合和产品多元化发展，提升了服装制作效率，让时尚走入寻常百姓家，成为大众消费品。1972年伦敦维多利亚与艾尔伯特博物馆（V&A博物馆），当今世界上最大的装饰艺术和设计博物馆，举办“Fashion：An Anthology by Cecil Beaton”，尝试与时尚展览融合发展，将城市的商业时尚文化，如亚文化、街头文化带入博物馆空间，使博物馆成为伦敦作为时尚之都的重要商业和社交空间①。

法国文化塑造了其国际形象，是文化旅游的灵魂。2009年11月，法国文化部和主管旅游的国务秘书处共同签署的《文化和旅游框架协议》强调了文化在旅游业发展中的重要作用：“文化旅游在法国居于特殊地位，对于外国游客，特别是新兴发展中国家的游客来说，吸引他们的首先是法国的文化，包括历史、古迹和生活方式等。”根据巴黎旅游与会议促进署（Paris Convention and Visitors Bureau）统计，2017年到访博物馆与纪念馆（62个文化景点和68个临时展览）的游客高达7020万人次，同比增长5.9%，主要是外国游客到访量增长达9.7%，贡献度较大。

2007年发起的“大巴黎计划”（Grand Paris）在丰富文化资源、缓解文化发展不平衡布局方面做出重要部署，全面提升了法国文化魅力和氛围。首先是新建一批重大文化设施，包括路易威登创意基金会、赛甘岛音乐城和文化中心、国家视听学院、哥布兰学院的影视与多媒体中心，现代艺术前沿的MAC VAL博物馆、圣德尼的电影城、布尔日的文化科技中心，织密了文化空间，把文化推向大众。其次，在重点地区和车站交汇处增设10座博物馆、20处展览场所和画廊、40处演出场所，以及20个电影院，50多所音乐、舞蹈、戏剧、马戏学校等。通过这一计划，塞纳河成为巴黎的文化之轴，北岸的国际商业繁华与南岸的文艺格调形成融合，让现代法国文化与传统法国

① Bethan Bide (2021) Fashion City or Museum of Fashion? Exploring the Mutually Beneficial Relationship between London’s Fashion Industry and Fashion Exhibitions at the Victoria and Albert Museum, GeoHumanities, 7: 1, 217 - 234.

文化交相辉映。此外，巴黎时装周等享誉国际的专业节庆活动也成为文化吸引力的一部分。独特的文化魅力、高端的商业形态、完善的交通路网、丰富的节庆活动，让巴黎成为首屈一指的国际休闲旅游目的地。

二、品牌创新为引领主导时尚潮流

纽约、伦敦、巴黎、东京等城市本身都是时尚产业的发源地，大多拥有完整的高端时尚产业链[①]。不仅是国际知名品牌的汇聚地，更是全球新产品、新服务、新技术、新业态、新模式的首发地，引领着国际消费理念和消费潮流，拥有在时尚消费领域的定价权和话语权[②]。例如，伦敦西区的牛津街、邦德街、骑士桥等地区，历经几百年的历史文化、商业文化和时尚文化洗礼，聚集了一批服装设计、珠宝设计、高端定制等领域的专业工作室或机构，产生了很强的品牌效应和潮流风向标效应。据统计，伦敦西区 2016 年至 2020 年有 450 个品牌在伦敦扩张。这一数字超过了巴黎（276 个）、纽约（245 个）和中国香港（200 个）[③]。以这些时装设计师为核心或主导的伦敦时装周吸引了来自全球的时尚买手，每年产生的直接价值在 200 亿英镑以上。世界顶尖品牌的引领力和持之以恒的品牌创新，使国际消费者将伦敦与高端奢侈品、时尚和设计师服装联系在一起，认为“一切都是最新最时尚的”。在国际消费者印象中，高端、优质、奢侈的格调，特色鲜明的专业商店和古董、艺术品交易集群，“更大更好的商店”，无一不成就了伦敦国际时尚之都的地位。

欧洲是世界最大奢侈品产地。根据德勤发布的“2020 全球奢侈品力量排行榜[④]”，意大利有 22 家企业上榜，美国有 15 家企业上榜，英国有 10 家

① 曹静，冉净斐．推进国际消费中心城市建设的瓶颈与经验借鉴［J］．区域经济评论，2022（2）：74－80.

② 朱春临．上海国际消费城市建设及打响“上海购物”品牌难点研究［J］．科学发展，2019（4）：45－55.

③ fDi Markets，2021

④ 2020 全球奢侈品百强企业的入围门槛为 2.38 亿美元，共有 51 家奢侈品企业的奢侈品销售额超过 10 亿美元，包括 7 家奢侈品销售额超过 100 亿美元的企业。

企业上榜，瑞士有10家企业上榜，法国有9家企业上榜，中国有8家企业上榜，日本有6家企业上榜。而中国上榜的企业奢侈品零售额总和仅仅相当于全球最大奢侈品企业路易威登的52.8%。中国奢侈品企业有7家为珠宝类，仅有利邦一家为服装类；有5家企业在中国香港，内地仅3家，且均为珠宝类企业。

纽约世界时尚中心的国际地位，离不开时尚产业的繁荣，尤其是从服装业向时尚业的成功转型。19世纪60年代至20世纪初期从小作坊式服装定制起步，逐步发展到大批量服装生产阶段。在20世纪四五十年代，开始向以设计为重心的设计合作阶段转型。随着生产成本的上升和运输及通信技术的进步，制造商能够将标准化的服装生产活动、中低端环节转移到纽约大都市区的边缘地带，如新泽西州和宾夕法尼亚州。随着经济全球化的发展，全球时尚产业在生产网络、营销运营、市场信息等方面分工细化，装配和低端生产继续转向亚洲和东欧，设计敏感环节和高端制造商则留在曼哈顿，利用其设计人才和营销机构优势（Helfgott，1959）。2005年，曼哈顿远西区对时尚商业促进区进行了重新分区规划，调整用地性质，鼓励建设办公用地和时尚设计展示用地，通过微型制造、垂直制造、共享生产空间等模式，努力保护服装、创意、设计的生产制造空间，通过制造平衡战略维护其在全球时尚业生产链、商品链及价值链的领导地位。这些举措有助于巩固时尚产业竞争力，提高区域商业活力，吸引更多有才华的设计师入驻，保持纽约世界时尚中心的国际地位。在寸土寸金的曼哈顿地区，都市工业作为城市发展的一抹亮色，为各种小批量、非标准化、周转时间短、创意性强、需要快速反应的中小型公司保留发展空间。第五大道第34街到第60街之间聚集了众多品牌商店。一街之隔的纽约时尚中心商业促进区（BID），聚集了400多家成衣制造公司，事定制编织、镶嵌切割、样品制作等，以各种小批量、非标准化、周转时间短、创意性强、需要快速反应的中小型公司为主。第五大道附近的服装区成为全球仅存的包含设计、制版、染色、剪裁、装饰、销售等整条时尚产业链的区域，技术工人和专业供应商生态系统完备，是纽约时尚产业的基石。

纽约时尚产业的特殊性在于其商业与艺术的高度交织，决定了纽约从服装产业向时尚产业转型的内在驱动力①。如1962年创立的美国时装设计师协会，参与创办一年两次的“Seventh on Sixth”时装周，展示高级定制和成衣品牌的秀场，提升纽约当地设计师的知名度。设计师打造自主创新品牌，在文化产业中的角色扮演着越来越重要的角色，从产业协同联结的角度驱动纽约时尚产业体系往更专业化和系统化的方向演进。

表2－5　纽约时尚产业发展阶段

时间	阶段	产业形态	空间组织
1860—1910年	成衣兴起	设计来自巴黎，由于材料和自动化生产系统限制，产品无法完全复制	集中在曼哈顿到下东区，尤其是Bowery和Chatham
1920—1930年	产业集聚	设计效仿巴黎，但已开始鼓励自主设计。基本完成定制到成衣的转型，出现“批发商”	零售商北移，制造商区位转移曼哈顿中城西侧服装区
1940—1960年	设计合作	设计实力增强，时尚地位受到国际认可；产业内各部门合作加强（如材料商和设计师的合作）；时尚教育兴起	标准化生产活动转移至新泽西州和宾夕法尼亚州；产业的低端部分迁出纽约服装区
1960—2000年	时尚进化	设计师从幕后走向前台，开始运营自有品牌，设计成为独立部门。广告和logo加速时尚产品市场化，亚文化运动、健身等因素促进个性化消费兴起，给新锐设计师带来机遇，产业从商业模式转向艺术模式	生产网络、营销运营、市场信息全球化趋势显著，打板等与设计紧密相连的部门、高端产品、设计敏感部分留在纽约当地。装配和低端生产转向亚洲和东欧

① 刘丽娴，徐颖洁．十九世纪以来商业文化与当代艺术的交织——聚焦纽约时尚体系［J］．浙江理工大学学报（社会科学版），2020，44（01）：81－87.

续表

时间	阶段	产业形态	空间组织
2000年至今	都市制造业转型	第五大道附近的服装区成为全球仅存的包含设计、制版、染色、剪裁、装饰、销售等整条时尚产业链的区域，技术工人和专业供应商生态系统完备，是纽约时尚产业的基石	遭到办公空间的挤压，努力通过微型制造、垂直制造、共享生产空间等模式，努力保护服装、创意、设计的生产制造空间

资料来源：根据 Ranisi（2004）及最新资料总结

第四节　自贸优势夯实空港型消费枢纽的根基

新加坡和迪拜以城市自身的地理区位条件为基础，叠加“国际空港枢纽”“自贸港”优势，聚集来自全球各类贸易资源与要素，包括消费品与游客的集聚，形成国际消费中心城市。

一、阿联酋迪拜：旅游+自贸港激发消费活力

迪拜位于欧亚非三大洲交会点，自古就是连接三大洲的商贸中心之一。20世纪80年代起，迪拜在硬件设施上投入大量资金，兴建机场、酒店、商场、娱乐场所等，为吸引全球消费者创造条件。迪拜机场跑道上，高峰期平均每80秒就有一架飞机起飞；航站楼内，占地5400多平方米的免税店24小时开放，不同语种的导购推销着来自全球约3万个类别的产品，吸引着来自世界各地的旅客停下脚步……国际机场的繁忙景象，正是阿联酋迪拜作为极具吸引力的国际消费中心城市的缩影。

迪拜以建设国际旅游目的地为核心，全球旅游消费中心的优势逐步凸显①。2019年接待国际游客1619.76万人次，国际旅游收入321.08亿美元，位居全球前列。2019年，迪拜免税店全年交易总量达2428.4万笔，商品销

① 周鲷．阿联酋迪拜 创新营销吸引世界目光［J］．决策探索（上），2021（11）：78.

售总量超过 6457. 8 万件。当年迪拜免税店销售额达到 20. 15 亿美元，约占全球机场免税店市场销售总额的 7%。

自贸港建设是迪拜城市发展的重要一环。1985 年，依托海空港口优势，迪拜发起建立阿联酋首个自由贸易区——杰贝阿里自由贸易区，目前区内入驻企业超过 7000 家，贸易额占迪拜非石油贸易总额的比重超过 25%，已成为迪拜的经济中心和世界 500 强企业聚集地。来自各国的产品加上自由免税的贸易环境，带动了区域内消费市场的进一步活跃。经过多年经营，迪拜境内已有各类自贸区 30 多个，涉及商贸、金融、医疗、媒体、互联网等多个领域。

周到完善的服务则是提升迪拜口碑的软实力所在。迪拜对许多国家游客采取免签、落地签或中转免签政策，机场通关便捷畅通；景点常见多语种指示牌与介绍材料，工作人员可以用不同语言提供热情细致的服务；酒店设有旅游柜台，为客人提供多样化的旅游产品；商场里则设有银行、电信运营商甚至移民局的办事柜台，游客可以在休闲购物的同时办理延长签证、兑换外币等业务。

二、新加坡：服务 + 自贸港建设全球枢纽

新加坡从转口贸易起家，发展出口加工型工业，再成为金融中心，最后依托金融、免税和交通等优势成为国际消费中心城市。新加坡樟宜国际机场是东南亚最大的国际航空枢纽之一，占地面积达 13 平方公里，其旅客吞吐量常年位居世界前列。有 100 多家航空公司提供服务，共运营 146 个直飞航点，以国际航线为主，飞往全球 380 个城市。因此，过境旅客流量大，客群具有文化多元、需求多样的特点。2017 年的零售营业额突破了 122 亿元人民币，创下历史新高。独特的地理区位，便捷的国际交通条件（尤其是亚洲枢纽的空港优势），樟宜机场独特的设计以及便利的自贸港政策是新加坡成为国际消费中心城市的关键因素。

新加坡机场是从机场发展到超级购物中心的典型案例。樟宜机场被誉为东南亚最现代化的国际机场，连续多年获评“世界最佳机场”“亚太区最佳机场”“世界最受欢迎的机场”等称号。2014 年，新加坡樟宜机场耗资约

85亿元，在其第一航站楼前方，建立了集航空设施、购物休闲、住宿、景观花园等多功能于一体的临空综合性商业体：星耀樟宜。2017年，樟宜机场的零售额达到25亿元，其网络免税购物平台iShop@ Changi的销售额同比增长60%。独具匠心的空间功能设计优化消费环境，全球化营销享誉世界。星耀樟宜在建设之初，就明确了打造具有环球吸引力的世界级休闲中心定位，并邀请世界知名建筑设计团队联合设计。其总建筑面积为13.4万平方米，其中零售餐饮商店超过280家，占地9万平方米，占总面积的67%。最为特殊的是其室内花园及景点占地达到了2.2万平方米，为总建筑面积的16%。在商业综合体内，建设了天空之网（SkyNets）、迷宫世界（Canopy Mazes）以及奇幻滑梯（Discovery Slides）等游乐景点设施，还有高达约40米的中央瀑布，各种植物错落有致地分布在室内花园（星空花园），还成了新加坡规模最大的室内植物展示地之一。新加坡将星耀樟宜打造成文化旅游IP，面向世界宣传。星耀樟宜频繁出现在各类社交媒体中，吸引了大量关注。瀑布雨漩涡、星空花园等游乐景点设施吸引了大量游客前往打卡。不少旅行社将其称为新加坡必去景点之一，并为其设计了专门的旅行线路。星耀樟宜还聘请了奥美新加坡公司为其制作品牌电影，花费了整整一年的时间完成它的品牌电影《First Visitors》，该电影在Facebook、Instagram和YouTube等多个社交媒体上播出，大大提升了其知名度。此外，在设计上与一号、二号及三号航站楼相连接，旅客可以步行至航站楼，从而没有紧迫感地轻松休闲购物。星耀樟宜一楼还提供“Early Check In”服务，可提前办理登机牌，并进行行李托运。旅客可以根据不同的航空公司提早3—24小时办理登机牌与行李托运。在消费配套方面，新加坡采用极为便捷的离境退税模式。

此外，新加坡国际消费中心的形成与高度开放的自由贸易港密不可分。新加坡于1969年在裕廊码头内划设了第一个自由贸易区，依托数字化物流体系建设和大力度人才引进，新加坡已逐渐发展成为一个高度开放的贸易自由港。新加坡政府与全球众多国家和地区签订了自由贸易协定，通过减免中转货物的货物管理费、仓储搬运费等举措吸引各国船运公司在该地设立航线，不断拓展扩大海运网络，促进集装箱国际中转业务飞速发展，成为全球瞩目的国际航运中心。新加坡实行的自由港政策，实现了自由通航、允许境外货物与资金的自由进出，对大部分的货物免除关税，拥有完全开放的资本市场。在1990年新加坡就投资建立了全国EDI贸易服务网，通过垂直联合，已经与5000多家公司的管理信息系统实现联网，确保信息流的畅通。因此新加坡港也成为世界上最繁忙的港口之一，平均每12分钟就有一艘船舶进出。相当于一年之内世界现有货船都在新加坡停泊了一次。其实，减免消费税只是新加坡自贸区的政策优势之一。

另一个不可忽视的优势是它的地理位置，尤其是与海港和机场的邻近。新加坡地处马六甲海峡的咽喉要道之地，天然深水港的优势赋予了其东西方海上枢纽的战略地位。在新加坡现有的8个自贸区中，新加坡港务集团有限公司管理着5个，它们分别为布拉尼货物集散站、岌巴集散处、巴西班让货物集散站、三巴旺码头以及丹绒巴葛货物集散站和岌巴货物集散站。裕廊海港则由裕廊海港私人有限公司管理。另外两个自贸区则分布在机场附近，相应地由樟宜机场集团管理。新加坡海港和机场与外界的连接效率夯实了自贸区枢纽功能。

第五节　启示与展望

国际经验表明，城市文化底色与经济特色是建设国际消费中心城市的关键因素。国际消费中心城市从经济、社会、文化三个层面实现消费集聚、辐射和引领带动。“国际”一方面意味着消费的主体包括本地居民、国内游客和国际访客，另一方面意味着消费对象来自国际国内多个渠道，涉及商品和服务多项内容。“消费”不仅具有满足人类生存性和功能性需要的自然属性，而且消费主体、观念和行为本身具有社会属性。“消费中心”，作为区域内消费需求的聚合与满足，在经济层面上表现为生产力的聚合和消费力的彰显，意味着强劲的市场供需和充沛的经济增长动力；在社会层面，以消费为纽带反映出不同的社会条件和社会关系；在文化层面上，意味着社会文化的引领，掌握着国际国内消费文化的风向标。决定国际消费中心城市竞争力的因素不仅仅是与商业密切相关的经济基础，包括历史建筑景观、文化创新环境、社会活力等文化软实力因素。

纽约、伦敦、巴黎、东京等全球城市消费功能的形成与强化，与经济全球化的发展、消费结构的不断升级、生产要素的全球流动息息相关，商业辐射和要素吸纳范围逐步突破了国界地域限制扩大到全球，而全球市场的兴起和需求的多样化发展又推动了产业创新，构建起更加稳固的产业生态优势。当前我国推进国际消费中心城市建设的全球化时代背景、技术环境、经济基础、产业结构、消费需求不可同日而语，消费新业态新模式层出不穷，消费逻辑和动力机制正在发生改变，数字化治理改变着消费行为的选择。这注定了我国要在新消费时代的变革中探索出一条适合国情道路，建设体现时代特点、展现中国特色、彰显文化软实力的国际消费中心城市。

第三章　我国推进国际消费中心城市建设的实践与探索

2016 年，国民经济和社会发展第十三个五年规划纲要提出“培育发展国际消费中心”，正式拉开了中国积极培育国际消费中心城市的序幕。同年出台的《国务院办公厅关于进一步扩大旅游文化体育健康养老教育培训等领域消费的意见》聚焦文旅体和康养教育等具体领域的消费提振问题。2018 年印发《中共中央国务院关于完善促进消费体制机制进一步激发居民消费潜力的若干意见》重在理顺促进消费发展的体制机制，优化消费环境。2019 年印发的《国务院办公厅关于加快发展流通促进商业消费的意见》以及同年商务部等 14 部门联合印发的《关于培育建设国际消费中心城市的指导意见》等指导意见密集出台，进一步明确了培育建设国际消费中心城市的目标和重点任务，提出中国将形成若干立足国内、辐射周边、面向世界的综合性国际消费中心城市。

“国际消费中心城市是现代国际化大都市的核心功能之一，是消费资源的集聚地，更是一国乃至全球消费市场的制高点，具有很强的消费引领和带动作用”。在推动经济高质量发展和新一轮高水平对外开放的背景下，建设国际消费中心城市被赋予了形成强大国内市场、增强消费对经济发展的基础性作用、更好满足人民日益增长的美好生活需要的重要使命。

2021 年，“培育建设国际消费中心城市”被正式写入中国“十四五”规划和 2035 年远景目标纲要草案，北京、上海、天津、杭州、广州、成都、西安等 20 多个城市纷纷掀起打造国际消费中心城市的热潮。同年 7 月，上海、北京、广州、天津、重庆五个城市被批准率先开展国际消费中心城市培育。五个城市基础条件较好，消费潜力较大，国际化水平较高，带动辐射作用突出，率先开展培育建设，不仅有利于形成强大国内市场，更好满足人民日益增长的美好生活需要，也有利于促进相关产品、服务、人员、资本等要素双向流动，推动形成更加开放竞争的市场格局，服务构建新发展格局。同年10月，商务部印发《培育国际消费中心城市总体方案》，明确提出，“用5－10年时间，以规划引导、市场驱动、标准对接、制度创新为着力点，赋予城市新功能定位，让环境更优美、商业更繁华、业态更丰富、城市更智慧、消费者更满意，培育建设若干具有全球影响力、竞争力、美誉度的国际消费中心城市，带动形成一批各具特色、辐射周边国家及地区的区域性国际消费中心城市，打造成为提升城市发展水平、发挥中心城市引领作用、促进区域协调发展的重要引擎，推动消费升级、增强消费对经济发展的基础性作用、畅通国内大循环的重要载体，推动高水平开放、促进内外需协调发展、畅通国内国际双循环的重要枢纽”。这标志着我国国际消费中心城市建设进入全面实施阶段。

两年间，上海、北京、广州、天津、重庆五大试点城市根据自身发展优势和制度创新机遇，纷纷出台了《培育建设国际消费中心城市实施方案》，进一步细化工作目标和重点任务，同时相继启动各类专项行动计划，为方案落实提供了全方位政策保障和制度支撑。两年来，首批试点城市在商圈改造提升、首店经济、夜间经济、文旅商体融合以及消费新模式探索方面，均取得了显著成效。2022年，上海、北京、广州、天津、重庆五个城市以全国8%的人口，创造了13.2%的消费规模①，发挥了“领头羊”作用，逐步形成立足国内、辐射周边、面向世界的消费枢纽。

优化培育建设国际消费中心城市既是一项长期系统工程，需要全面协调统筹推进，久久为功。这项系统工程需要全市统筹、跨部门协同和市区联动，形成发展合力，还对政府履职能力、创新能力和监管能力提出了更高的要求。五大试点城市围绕各自的发展目标，探索建立适合自身发展特点的政

① 新华社中国经济信息社编制.《2023全球消费中心城市发展报告》

策体系，并在实践中推动政策体系不断完善。

第一节　北京建设国际消费中心的实践与探索

开展国际消费中心城市培育建设以来，北京以落实“四个中心”首都城市战略定位为指引，以扩大内需改善民生为导向，坚持高位统领，聚焦“国际”，紧扣“消费”，突出“中心”，消费规模不断扩大，总体消费品质显著提升，国际影响力、消费带动力、中心辐射力不断增强，消费对经济发展的基础性作用持续增强，培育建设取得阶段性成效。

一、高位统筹完善政策支撑体系

2021年8月，《北京培育建设国际消费中心城市实施方案（2021—2025年）》发布，明确工作目标，提出“十大专项行动”，包括40类共173项具体措施，搭建起国际消费中心城市培育建设的“四梁八柱”，明确了任务书、时间表和路线图。国际消费中心城市建设涉及面广、融合度强，亟需通过跨部门协同和组织调度统筹推进。市领导高位部署、高频调度的“一办十组”领导小组工作体系成立，并将国际消费中心城市建设纳入市政府绩效专项考评任务。在总体实施方案的统领下，领导小组办公室、十个专项工作组、各区立足各自定位，推出“1个总体+10个专项+17个区域”实施方案体系，创建并动态调整任务清单、项目库、创新政策。

例如，北京市市场监管局牵头消费环境优化提升工作组印发的《优化提升消费环境推进北京国际消费中心城市建设工作方案》；北京市经济和信息化局作为数字消费创新引领工作组组长单位，在2021—2022年连续出台了《北京培育建设国际消费中心城市数字消费创新引领专项实施方案（2021—2025年）》和《北京市数字消费能级提升工作方案》等文件；北京市商务局发布《北京培育建设国际消费中心城市消费服务品质提升工作方案》，均体现了以目标为导向的跨部门联合特点。又如，2022年6月1日施行《北京市单用途预付卡管理条例》，7月1日实施《北京市知识产权保护条例》，经开区“一业一证”改革试点扩容至20个行业50个场景，紧紧围绕提振供给端市场主体信心和强化监管端消费环境。“地标品牌渠道”协同发力、“科文体医教展”统筹推进、“促改革强服务”齐抓并举，打造独具特色的国际消费中心城市示范区、主承载区、消费新增长极、空港型国际消费枢纽等。

“首店3.0版”“夜经济3.0版”、时尚零售、数字消费能级提升、跨境电商创新发展、“双枢纽”国际消费桥头堡建设等相关政策密集出台，部门综合施策力度不断加大，多部门联合发文显著提升跨部门合作效果，政策范围从消费升级延伸到流通创新，政策工具逐步从关注制度设计的环境型转向面向要素保障的供给型，政策创新与协同更加精准有效、实用可操，对市场主体与社会组织形成明确预期性引导和撬动效应。

表3－1　北京推进国际消费中心城市建设相关政策

序号	政策文件	颁布单位	时间
1	《关于促进全民健身和体育消费推动体育产业高质量发展的实施意见》	北京市人民政府办公厅	2021年6月
2	《促进顺义区航空货运发展的若干措施》	北京市顺义区人民政府办公室	2021年6月
3	《北京市“十四五”时期商业服务业发展规划》	北京市商务局	2021年8月
4	《北京培育国际消费中心城市实施方案(2021—2025年)》	北京市商务局	2021年8月
5	《关于支持综合保税区高质量发展的实施意见》	北京市人民政府	2021年11月
6	《关于进一步推进跨境电子商务创新发展的若干措施》	北京市商务局	2022年1月
7	《打造“双枢纽”国际消费桥头堡实施方案(2021—2025年)》	北京市人民政府办公厅	2022年1月
8	《关于进一步促进商圈发展的若干措施》	北京市商务局等10部门	2022年2月

续表

序号	政策文件	颁布单位	时间
9	《促进首店首发经济高质量发展若干措施》	北京市商务局等10部门	2022年3月
10	《北京市促进夜间经济繁荣发展的若干措施》	北京国际消费中心城市领导小组办公室	2022年7月
11	《北京市数字消费能级提升工作方案》	北京市经济和信息化局、北京市商务局	2022年7月
12	《关于加快引导时尚类零售企业在京发展的指导意见（2022—2025年）》	北京市商务局	2022年8月
13	《北京市商业消费空间布局专项规划》	北京市规划和自然资源委员会、北京市商务局	2022年11月

二、消费能级稳步提升商业活跃繁荣

（一）重点商圈提质升级改造，凸显文商体旅融合发展

从“一店一策”单点推进到商圈整体规划同步提质升级，从引进旗舰店、首店到深挖商圈文化内涵与艺术气质，北京重点商圈正瞄准国际化、品质化、便利化要求，在统一规划、运营管理、周边治理、业态升级、安全保障等方面探索新路径。2021年末，全市商业综合体（按照国家统计局统计标准认定的）达到84个，分别较2019年末和2020年末增加21个和8个，实现销售额（营业额）首次超千亿元，同比增长33.6%。全市监测的52个重点商圈限额以上商业单位实现零售额同比增长12.8%，高于全市社零总额增长水平。22个传统商圈和20家“一店一策”试点企业基本完成升级改造。王府井步行街获评国家级示范步行街。消费体验、业态融合、文化氛围

都成为传统商圈升级的“关键词”。国贸、西单和三里屯等商圈消费业态丰富，促消费活动多样，商业氛围浓厚。根据北京市商务局和戴德梁行联合发布的《北京市商圈活力研究报告》，CBD 商圈、王府井商圈和三里屯商圈活跃度最高。这也意味着建设千亿规模世界级商圈的种子选手由此产生。

《北京市商业消费空间布局专项规划》规划打造王府井×西单×前门、CBD×三里屯、环球影城×大运河、丽泽×首都商务新区四片国际消费体验区，整体形成“国际消费体验区、城市消费中心、地区活力消费圈和社区便民生活圈”四级商业消费空间结构。立足四大国际消费体验区各自优势与特点，依托国际交往功能区建设，集聚国际与本土优质消费资源，加强资源联动与规划协同，优化国际化服务环境，吸引集聚国际组织、跨国公司地区总部、研发中心、国际人才等高端要素。

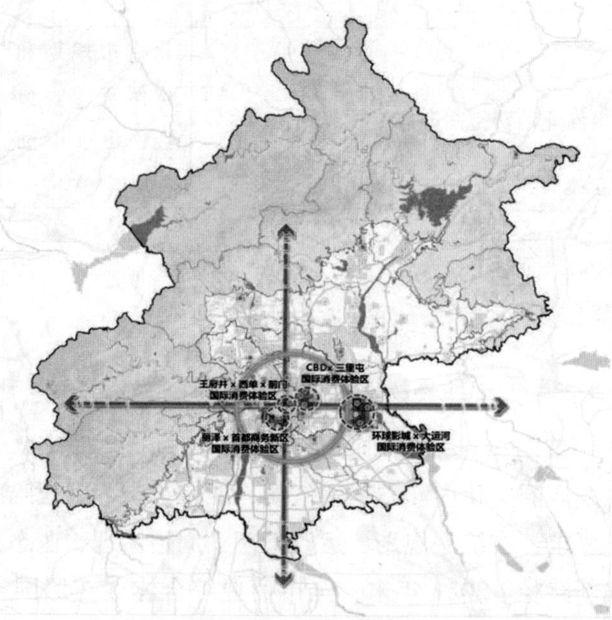

图 3－1　北京市四大国际消费体验区规划示意

健全的统计监测评估指标体系是推进国际消费中心城市的重要保障。聚焦国际知名度、消费繁荣度、商业活跃度、到达便利度、消费舒适度五个维度共42项关键监测指标，开展月度、季度、年度动态监测评估，科学指导培育建设工作。形成“五个一批”标志成果，打造一批地标性消费项目、培育一批引领性消费品牌、升级一批多元化消费业态、推出一批创新型消费政策、举办一批高人气消费活动等。

（二）首店经济爆发增长，引领消费能级提升

随着首店政策的推进，2019年—2002年北京新增2774家首店①。2021年新落户首店（含旗舰店）达到901家，是2020年入驻首店数量的近5倍，其中全球首店3家、亚洲首店7家、中国首店59家，国际品牌占比15%。2022年共有812家品牌首店落地，其中中国品牌714家，占比约88%，国外品牌98家，占比约12%，来自20多个国家。其中，餐饮是第一大业态，约470家，占比约58%；零售业态以213家位居第二，占比约26%。餐饮与零售业态占比达到84%，远远高于休闲娱乐、儿童体验、生活服务等业态。从入驻区位高度集中于北京朝阳区和东城区，两者占比约65%。2022年朝阳引进433家首店，以53%优势位居第一，数量是东城区的四倍多。第一批全球首发中心除了王府井商业街，其余五家751D·PARK、三里屯太古里、北京SKP、SKP－S、国贸商城均在朝阳。CBD商圈以新增首店121家数量遥遥领先，三里屯商圈（63家）、双井商圈（43家）、朝青商圈（38家）、望京商圈（35家）、王府井商圈（34家）等紧随其后。

（三）引领性消费品牌进入培育阶段

在首店政策的推动下，为更好地满足人民群众品质化、多样化、个性化消费需求，北京坚持“市场主导、政府支持，机构孵化、分类培育”的原则，打好“基金＋基地”“首店＋首发”“线上＋线下”组合拳，建立健全新消费品牌孵化培育链条。北京市已初步建立新消费品牌孵化体系，立足科技与文化双重优势，建立品牌库、基地库、机构库、场景库、政策库等五库。在朝阳区、东城区设立6个新消费品牌孵化试点基地，包括郎园Station、三里屯#024、望京小街、南阳共享际、王府井19号府、红桥市场，孵

① 戴德梁行：《2022城市首店经济观察》

化出了观夏、ffit8、端木良锦、“单立人－牙花子厂牌”等近60个新消费品牌。其中郎园Station在孵品牌32家，覆盖设计生活美学、餐饮娱乐等多个品类，通过打造沉浸式消费空间和全新的文化、潮流、艺术地标，吸引创新业态，加强新消费品牌聚集。本土新品牌活跃，商业模式和消费模式创新速度加快，潮牌消费持续升级，小众品牌走俏，特色内容品牌不断丰富。2021年落地901家首店中国际品牌占比15%，剩余均为国内本土品牌。迪卡侬、屈臣氏等5家时尚消费品牌跨国公司地区总部在北京获得认定。北京老字号扩至206家，老字号触网率达75%。《关于加快引导时尚类零售企业在京发展的指导意见（2022—2025年）》围绕引进、培育、资金支持、活动助力等提出10项措施，旨在提升品牌集聚力，引领潮流风向标，融合产业链创新链。

（四）夜经济点亮消费活力

2021年以来，北京先后共有11个项目入选第一批和第二批国家级夜间文化和旅游消费集聚区名单①。亮马河国际风情水岸实现通航，集游船、沿岸商业、城市景观、灯光演绎于一体的综合夜游项目开始推进。环球城市大道、三里屯太古里西区、首钢六工汇等热点项目均实现开业运营。根据北京国际消费中心城市领导小组办公室发布的夜经济3.0版政策，“北京范”“时尚潮”“文化芯”“科技核”等特征凸显，打造包容多元、业态融合、动静相宜、安全便捷的“夜京城”，更好地满足人民群众高品质、多层次夜间消费需求。

① 截至2022年9月，仅包含第一批和第二批。

表 3－2　北京市国家级夜间文化和旅游消费集聚区

批次	序号	所在地	项目名称
第一批	1	东城区	前门大街
	2	西城区	天桥演艺区
	3	朝阳区	798—751 艺术街区
	4	朝阳区	亮马河风情水岸
	5	海淀区	华熙 live · 五棵松
	6	密云区	古北水镇
第二批	7	东城区	王府井
	8	朝阳区	北京欢乐谷
	9	朝阳区	朝阳大悦城
	10	通州区	北京环球城市大道
	11	昌平区	乐多港假日广场

表 3－3　北京建设国际消费中心城市的关键指标

序号	五大维度	2021 年主要指标
1	国际知名度	世界 500 强企业数量 57 家居全国首位，跨国公司总部数量达 201 个。大型外资商业企业 180 家，较上年增加 25 家
2	消费繁荣度	2021 年全市总消费、服务消费、社零总额分别同比增长 11%、13.4% 和 8.4%，消费市场整体恢复至疫情前水平
3	商业活跃度	2021 年以来新落地首店近 1300 家，处于全国首店经济第一梯队；离境退税商店数量超 800 家居全国首位
4	到达便利度	2021 年首都国际机场和大兴国际机场进出港航班 49.9 万架次，旅客吞吐量合计 5769 万人次，分别较上年增长 17.6% 和 12.2%①
5	消费舒适度	基本便民商业网点超 9 万个，实现全市社区基本便民商业服务功能全覆盖。

① 关　文．“北京消费”提质升级全面增效［N］．北京城市副中心报 2022－07－14.

三、“双枢纽”国际消费功能区启动建设

国际消费功能聚合与空间布局方案落地。2022 年 1 月，《打造“双枢纽”国际消费桥头堡实施方案（2021—2025 年）》以“双场 + 双区”为主要空间载体，布局高品质消费设施，落地高能级市场主体，培育高标准消费品牌，加快建设国际消费功能区。依托“双枢纽”客群流向通道及沿线，串联带动市域内若干国际消费微中心功能提升，构建“2 + 2 + N”圈层递进、辐射联动的国际消费空间布局。

“双枢纽”机场巨量的客流为国际消费桥头堡建设奠定基础。首都国际机场旅客吞吐量 2019 年突破 1 亿人次，居全国第一、全球第二，入驻 93 家航司，通航 65 个国家和地区的 293 个航点。大兴国际机场自 2019 年开航以来至 2021 年 12 月 31 日，累计入驻航司 39 家，开通航线 256 条，通达 178 个航点。2021 年，两场进出港航班 49. 9 万架次，较 2020 年增长 17. 6%；旅客吞吐量合计 5769 万人次，较 2020 年增长 12. 2%。

航空货运的流通支撑力不断增强。2021 年 6 月，北京市首个航空货运产业扶持政策《促进顺义区航空货运发展的若干措施》出炉，填补了北京市与顺义区在航空货运政策方面的空白，对集聚和优化北京航空要素资源配置、提升航空货运企业国际国内竞争力、促进民航业和物流业持续健康发展具有重要意义。2021 年，首都国际机场、大兴国际机场货邮吞吐量合计 158. 7 万吨，比 2020 年增长 23. 3%；在民航局的大力支持下，新增第五航权货运应用航线“日本大阪 - 北京首都机场 - 日本大阪 - 美国安克雷奇”，截至 2021 年底，该航线货运吞吐量为 8340. 4 吨，显著拓展了本市国际货运航线网络，促进了与亚太和北美市场的贸易往来①。

临空区国际消费枢纽建设稳步推进。首都国际机场、大兴国际机场北京免税店和离境退税商店数量大幅增加，由 2020 年的 553 个增长到 2022 年的 726 个。其中离境退税商店数量为 717 个，增加 173 个，数量稳居全国首

① 杨月涵．吕银玲．张怡然．瞄准国际消费桥头堡 北京“双枢纽”这样做［N］．北京商报．2022 - 03 - 02.

位，已实现52个重点商圈全覆盖，共设有6个“即买即退”试点商店，数量较2020年增加1倍。2021年，首都国际机场、大兴国际机场商业资源面积共达到13万平方米。

新型业态培育错位发展。2021年11月，《关于支持综合保税区高质量发展的实施意见》发布，支持北京天竺综合保税区以服务贸易为特色，构建医疗健康纵向一体化发展的全平台、文化贸易的主口岸、中高端消费供给的新渠道，打造成为管理模式创新的试验田和探索自然人移动模式创新的实验港。支持北京大兴国际机场综合保税区探索以离岸服务为特色，推动实现新模式、新业态、新场景、新体制落地，打造成为京津冀协同发展的新典范。鼓励有条件的综合保税区建设高端消费品展示交易区。凭借空港优势，顺义区在全国首创“保税、免税、跨境电商相衔接”模式，不少免税商品进入跨境电商平台销售，促进了国际消费回流。首创跨境电商进口医药“北京模式”，扩充医药产品范围，消费者实现通过跨境电商购买海外医药产品；王府井免税品数字零售公司入驻天竺综保区；探索开设外资高端医疗机构，推进天竺国际运动医疗中心项目和首都医科大学医学特检实验室项目落地①。

四、数字赋能消费创新生态初步形成

促进数字消费发展的顶层设计框架确立。2021—2022年，北京市经济和信息化局作为数字消费创新引领工作组组长单位牵头，连续出台了《北京培育建设国际消费中心城市数字消费创新引领专项实施方案（2021—2025年）》和《北京市数字消费能级提升工作方案》等文件，提出建设成为全国“数字消费首善之城”的目标，完善数字消费基础设施，丰富数字消费产品和服务，拓展信息消费新业态，鼓励直播电商等数字消费模式创新发展。

数字消费能级初步提升。信息内容消费作为链接产业的“北京服务”四大创新之一，以国际消费中心城市建设和全国首批综合型信息消费示范城

① 马婧．顺义临空国际消费升级扩容［N］．北京日报．2022－08－16.

市建设为契机，以数字赋能消费创新发展为主线，促进“文化 + 科技”深度融合发展，加大数字化智能化产品和服务创新①，建设原创精品游戏与世界级电竞平台，利用人工智能、人机交互等技术建设支持信息消费体验服务。我市数字经济增加值占地区 GDP 比重、软件和信息服务业产业规模均位列全国各省市之首，软硬件技术处于全国领先地位。2022 年一季度，北京市数字经济实现增加值 3873.6 亿元，同比增长 7.2%，占全市 GDP 的比重达到 41.2%，同比提高 0.5 个百分点，其中核心产业增加值增长 8.7%，占数字经济比重接近 60%②。北京将提升数字消费能级，力争到 2025 年实现信息内容消费收入超 5000 亿元。

“新”消费发展势头较好。在传统实体零售业态经营总体趋缓背景下，网上零售近年来发展迅速。2021 年，全市限额以上批发零售业和住宿餐饮业实现网上零售额 5392.7 亿元，同比增长 19%，占全市社零总额的比重为 36.3%，较 2019 年提高 13 个百分点。服务性“新”消费边界持续拓展，全市在线娱乐、在线体育、在线游戏和互联网出行等新消费领域实现平台交易额 6150.5 亿元，同比增长 25%，其中在线体育和在线娱乐同比增速均在 30% 以上。

“数字 +”消费新生态初步形成。北京汇集了抖音、快手、京东等多个直播电商平台头部企业以及大量的批发和零售企业，为有效释放头部直播电商平台的技术和聚集优势，将产业优势有效转化为商品交易规模。数字消费基础设施不断完善，获评全国首批“千兆城市”，北京坊 52 个市级重点商圈和市内重点景区 5G 网络全覆盖，形成了全球首个“5G + 华为河图”智慧商圈。数字消费内容供给方面，打造“5G + 8K”文体直播新生态，积极营造精品原创游戏和电子竞技产业生态，培育形成 15 家信息消费体验中心，涵盖人工智能服务、反向定制生产、“数字技术赋能 + 传统零售线下改造”

① 北京市人民政府关于印发《北京市“十四五”时期高精尖产业发展规划》的通知［EB/OL］. 北京市人民政府公报. 2021 - 09 - 18

② 马婧. 北京将建成 2 到 3 个世界级商圈［N］. 北京日报. 2022 - 07 - 14.

等多个特色应用场景[1]。全球首个无人全自动餐厅在北京冬奥会亮相，超40余万个冬奥场景可使用数字人民币。智慧医疗健康16个关键应用场景启动规划。“南中轴元宇宙产业基地”揭牌成立。

五、会展资源整合加速推进

展会辐射带动效应初步显现。近两年受疫情影响，北京入境游客人数、国际体育赛事数量及接待国际会展数量出现下降，但也为补齐设施短板、提高展会审批效率、提升展会品牌影响力带来契机。2021年11月发布的《北京培育建设国际消费中心城市消费服务品质提升工作方案》围绕打造配套完善的服务环境、加快补齐会展设施短板和提升展会辐射带动效应方面提出重点举措。雁栖湖国际会都配套功能加快完善，场馆智能化、信息化、网络化改造持续推进。

北京国际会展商务区建设持续进行。依托首都机场“再造国门”计划和新国展一二三期规划建设，切实发挥临空经济资源禀赋优势，辐射带动周边5公里范围内商务会展上下游产业发展，着力打造一个“会展+临空”双引擎、“商务+消费”双节点、“品质高端+国际领先”的国际会展商务区[2]，构建全球领先临空会展EBD生态体系。顺义新国展二期会展项目和三期住宅项目正式启动建设。新国展二期会展项目预计2024年建成投入运营，将成为北京市单体规模最大、功能最完善的综合型会展场馆，为首都北京会展经济的进一步提质增效提供充分的基础设施支撑，进一步吸引国际展、新兴展、专业展落地。该项目总建筑规模约61万平方米，建成后，核心功能包括不小于20万平方米的净展览面积、约2.5万平方米净会议面积及近500间客房的配套酒店。新国展三期将打造国际领先的会展消费新高地，划分为体验式商业、品质生活和商务办公三类风貌区，对标国际高端消费供给，将规划建设商业综合体、星级酒店、商务写字楼、精品公寓和住宅等业

① 曹政．今年上半年 数字经济占全市GDP比重达43.3%［N］．北京日报．2022－07－28.

② 朱松梅．首都机场周边2025年建成千亿级商圈［N］．北京日报．2022－08－26.

态，提升参展、观展、商务、休闲、消费等功能，成为北京东北部最具代表性的消费新地标，全力打造国际领先的会展消费新高地，为国际会展商务区提供高端特色的国际消费供给支撑。

大兴机场临空经济区“会展+消费枢纽”形成初步架构。根据规划，大兴国际机场国际会展中心坚持“展览为主，会议为辅”的功能定位，将围绕“国家战略展”“国际知名展”“国际品牌展”“新兴科技展”四大主题，谋划高精尖产业专业展，在航空服务、生命健康、智能制造、数字经济、服务贸易等领域培育旗舰展会。以“会展+商业综合体”为载体，实现“会展+六大功能”综合发展模式。

会展业支持政策和措施进一步完善。围绕会展品牌影响力不断提升、品牌展会加快提质升级、会展创新发展等方面，支持展览与会议融合、关联展会整合、展会国际宣传等项目。鼓励引进国际展会，与国际展览行业协会（UFI）、国际大会及会议协会（ICCA）总部畅通联系，争取品牌展会、会议落地北京①。北京将推进会展活动“一窗受理”改革，梳理形成“我要办展览会”主题事项；探索告知承诺、容缺受理等改革措施，加快提升会展审批网办深度，优化会展审批流程。同时，高水平筹办中国国际服务贸易交易会并推动成果转化，巩固拓展中关村论坛相关功能，持续提高金融街论坛的影响力。

第二节　上海建设国际消费中心的实践与探索

2021 年 8 月，上海颁布了《上海市建设国际消费中心城市实施方案》,（以下简称《实施方案》）。《实施方案》以规划引导、市场驱动、标准对接、制度创新为着力点，坚持政府引导、市场主导，突出特色、创新融合，科学布局、区域联动的基本原则，明确了打造全球新品首发地、全球消费目的地，全面打响“上海购物”品牌，力争到“十四五”末率先基本建成具有全球影响力、竞争力、美誉度的国际消费中心城市的总体目标。围绕七个

① 裴超．北京亮出 16 大举措提升消费服务品质［N］《中国会展（中国会议）》．2021－11－30.

方面，提出28项具体任务。上海作为国际消费大都市，通过加快完善消费基础、优化消费环境、发展新兴业态，已成为我国建设国际消费中心城市的前沿标杆。近年来，上海全社会消费品零售总额引领全国，2021年超过了1.8万亿元，规模稳居全国首位，消费对经济增长的贡献度达到60%以上。

一、系统推进持续优化政策体系

上海以《培育建设国际消费中心城市实施方案》为统领，强调规划引领，推动相关政策体系完善优化。2022年8月，上海市建设国际消费中心城市领导小组办公室印发《激发创新动能 引领时尚潮流 加快上海国际消费中心城市建设的若干措施》，强调对标国际最高标准、最好水平，积极打造消费新场景，丰富品牌供给，建设高标准的现代流通体系，推进商业数字化转型，全面激发创新动能，提出十二条措施。从举办“五五购物节”、实施商业空间布局规划、放大进博会溢出效应、本土品牌出海、新零售新业态、汽车美食消费、绿色消费等方面加强部署，完善金融支持、人才引育、环境优化等配套政策。2023年3月，上海市建设国际消费中心城市领导小组办公室又印发《关于我市进一步促进和扩大消费的若干措施》，提出十五条措施，支持购物节和消费季联动，支持首发经济政策链条化，支持品牌总部经济和品牌集聚，支持夜间经济、直播经济有序发展，支持新兴消费示范，推动文体旅服务消费创新扩容，延续补贴措施夯实汽车消费、绿色消费，提升地标性商圈和便民商圈品质，还提出强化宣传推介、优化消费市场环境、推动跨区域消费平台建设等具体举措。整体上看，上海推进国际消费中心城市建设的相关政策，围绕打造消费新空间、构建消费新生态到培育消费新场景新热点，以节庆激发消费新活力，多措并举优化制度保障，培育消费新动能，推动消费环境不断优化。

法治保障先行护航国际消费中心城市建设。《上海市商业空间布局专项规划（2021—2035年）》规划了基本商业格局。《上海市南京路步行街区管理办法》出台，废除1999年制定的政府规章《上海市南京路步行街综合管理暂行规定》，对标一流商圈，为促进商业业态转型、打造世界级高品质综合型商业街区，明确功能定位，强化规划引领，以城市更新推动街区更新，发展后街经济特色商业业态，促进商旅文融合和数字化升级改造，提升城市软实力。此外，为营造良好商业环境，规范发展商业经营，强化街区环境整体提升，加强活动秩序维护，实施安全风险评估、动态监测报告和预警，为建设国际消费中心城市提供法治保障。上海的国际零售商和国际知名品牌集聚度不断提高，成为国内消费市场规模最先迈入万亿级的消费城市之一。2020 年围绕上海“建设国际会展之都”的目标要求，《上海市会展业条例》作为全国首个会展业地方性法规实施，创新突破和固化提升举办进博会的成熟经验，对本市会展业优化营商环境、赋能行业发展、加强服务保障、办好进博会等方面进行了全面规划设计。2021 年《上海市会展活动备案暂行管理办法》印发，提出展品通关便利化措施，确立了大型会展活动保障机制。显然，会展业产业链条长，产业关联度大，涉及海关、出入境管理、商务、文化旅游等部门和会展行业组织等众多主体，以立法形式推进引进、申办、许可、服务、保障等流程规范化、便利化、联动化，提升会展业质量和水平，有利于放大会展对贸易及经济发展的助推作用。

二、首发经济独树一帜

首发经济政策持续优化，支持范围逐步从新品首发覆盖到首店、总部的首发经济生态链。黄浦、静安、浦东、徐汇等区围绕服装鞋帽、黄金珠宝、化妆品、汽车等重点领域，错位打造“全球新品首发地示范区。”2023 年《关于我市进一步促进和扩大消费的若干措施》提出支持首发经济提质升级，“支持打造从新品发布到首店、总部的首发经济生态链，将当年在沪新开设的高能级首店、旗舰店，以及开展具有影响力的全球首发、首秀、首展活动的国际品牌和引领性本土品牌纳入本市消费市场创新支持政策范围”。

首店经济是引领时尚、定义潮流的风向标。上海消费市场年度报告显示，2022 年上海市新设了 1073 家首店，新增规模继续领跑全国。从能级上看，全球首店 8 家，亚洲首店 4 家，中国（内地）首店 133 家，高能级首店数量达到 145 家，占比 13.5%；上海首店 928 家，占比约 86.5%。来自 23 个境外国家和地区的首店落户上海，包括来自保加利亚和越南的品牌。从业态来看，餐饮领域首店达 747 家，占比约 70%，零售业态 251 家，占比约

23%，两者共占首店总量的93%。从区域分布来看，高能级首店向静安区、黄浦区、浦东区和徐汇区等核心商圈集聚。尤其是南京西路商圈，2022 年引入全球和亚洲首店 4 家，占上海全市三分之一。

国内外品牌加速集聚。推进浦东“全球消费品牌集聚计划”，发布《浦东新区国际消费中心空间布局规划》和支持政策。上海全球零售商集聚度达55.3%，成为仅次于纽约的全球品牌集聚地。跨国流通企业地区总部数量20 余家，拥有首屈一指的国内外消费品牌覆盖率和辐射带动力。

三、夜间经济活力繁荣有序

夜间经济政策不断完善升级。2019 年上海市商务委等九部门《关于本市推动夜间经济发展的指导意见》，建立夜间经济发展协调机制，打造地标性空间载体，丰富文娱供给，优化管理模式与市场监管，出台交通组织、灯光造景、城管等保障政策，为夜间经济的发展搭建起完备的制度框架。《2023 年上海建设国际消费中心城市工作要点》提出实施 2022 年《上海市夜间经济空间布局和发展行动指引（2022—2025）》，提出点亮“一江一河”特色空间，完善“1 + 15 + X”夜间经济空间布局体系，串联起丰富的夜间载体和活动，着力打造滨水夜间经济活力带，塑造 24 小时活力城市。

夜间经济的生态丰富，夜购、夜食、夜读、夜娱、夜秀等与文化相关的业态完善。本市共有 400 多家夜间商场、8 万多家夜间餐厅、4000 多家夜间娱乐场所、3700 多家 24 小时便利店、800 多家星级酒店。上海的剧院、展馆、文化艺术中心以及新兴展演空间数量领先全国。同时，Livehouse、脱口秀剧场等新兴的展演载体在上海迅速发展，2020 年到 2021 年，这类场馆从 50 家左右增加到 144 家，已占到全部展演场馆的三分之一。

“限时步行街”成为上海独创夜间经济的名片。政府部门与商业主体深度创新合作，协力“设景造节”，有序拓展阵容形成特色鲜明的限时街区体系。初步形成水岸、街区、邻里三大夜生活场景；安义夜巷、外滩枫径是最早一批限时步行街，已是知名的夜间经济标杆；长宁区凯田集荟、黄浦区圆明园路、静安区茂名路、杨浦区大学路等限时步行街纷纷升级加入。

培育建设“上海夜生活节”城市级营销活动 IP，激发夜间消费活力。

经过四年的发展，在沿袭过去特色的基础上，聚焦南京路、淮海中路、豫园核心商圈，整合文化演艺资源、夜间运动场景和饮食文化，挖掘新场景，拓展新领域，联动新平台，引领新潮流。有数据显示，2023 年一季度，上海市全天消费额的六成发生在夜间，尤其是以展览、文化活动为代表的夜间经济发展潜力巨大。上海 19 点以后依然开放的景点有 837 家，少于北京的 1069 家。对标国际城市，上海的夜间主力消费人群规模大概是纽约和伦敦的 3 倍，拥有非常广阔的消费市场，市民的夜间消费需求正在被广泛激活。

四、会展经济与跨境电商联动发展

2023 年《上海市推进跨境电商高质量发展行动方案（2023—2025 年）》和《上海市推动会展经济高质量发展 打造国际会展之都三年行动方案（2023—2025 年）》发布，充分发挥跨境电商对外贸创新发展的支撑带动作用，增强上海会展经济的全球影响力和国际竞争力。打造跨境电商自主品牌，强化龙头培育，加快集聚跨境电商主体、持续推进跨境电商示范园区建设和实施“出海优品”行动计划。支持模式创新，培育增长新动能，推动出口规模化发展、推动进口消费升级、强化专业配套服务和提升跨境电商物流效能。推动海外仓建设，支持多元主体共建共享海外仓、搭建海外仓综合服务平台、引导企业优化海外仓布局；优化监管服务，打造更优营商环境，提升跨境电商公共服务能级、提升通关便利化水平、加快落实税收政策、优化跨境资金结算服务、支持企业加强汇率风险管理、加大金融支持力度；加强交流合作，营造良好行业生态，培育集聚行业人才、推进行业交流合作。

上海是最早开展跨境电商试点的口岸城市之一。依托国家级跨境电商综合试验区，上海跨境电商快速发展，实现百亿级到千亿级规模发展。国际性跨境电商平台、本土电商平台、自建站加速发展，跨境电商相关物流、支付和运营等专业服务体系完备。2022 年上海跨境电商进出口 1841 亿元，同比增长 38.6%。全市企业累计建设海外仓超 138 个、建设面积达 179 万平方米。从 2018 年上海跨境电商一般出口落地，成为全国首批实现跨境电商零售进出口双向通路的综试区，到 2020 年跨境电商 B2B 出口模式在上海全面落地，上海跨境电商出口呈现爆发式增长。跨境电商内容构成方面，个护护理彩妆、营养保健、鞋靴箱包、进口食品、时尚服饰进口占比最大，而出口商品已超过《跨境电商零售进口商品清单》海关商品类目的三分之二，初步实现了“买全球、卖全球”。

会展经济呈现快速增长态势。上海是全球最重要的会展城市之一。2023年，上海市区两级政府持续出台扶持政策，着眼最高标准、最好水平，打造开放层次更高、辐射带动更强的重要会展载体，部署提升全球资源配置能力、建设会展经济新生态，放大会展经济综合带动效应，优化会展经济营商环境五大任务。2023年上半年上海市主要展馆办展面积已恢复至2019年同期八成以上水平。上海举办展会数量、展览面积等指标居国内首位、跻身世界前列。

五、制度创新集成营造优良消费环境

推动政策集成落地关键区位。针对浦东新区，在《中国（上海）自由贸易试验区专项发展资金支持消费中心发展实施细则》支持下，依托全球新品首发地示范区建设和化妆品产业创新发展相关政策，推进进口贸易便利化和个性化定制消费，推动保税区域内外贸一体化试点。黄浦区依托“上海市夜间经济精细化治理示范区”建设，统筹市容环境卫生、交通安全、公共安全、消费需求等方面，探索建立政企共管共治夜经济发展政策体系；深化“新片区+黄浦区”模式创新，落实《关于推动上海市淮海新天地进口贸易促进创新示范区建设的实施方案》，开展内外贸一体化方向国家级服务业标准化试点，培育新型商品进口模式；推动加快南京路、淮海路、豫园三大商圈改造，落实《上海市南京路步行街区管理办法》，推动街区运营管理机制创新，在城市更新、业态转型、整体营销推广等方面探索因地制宜的发展模式。静安区围绕营商环境优化，探索优化准入准营制度、规范企业监管执法、推动特色领域改革创新、提供便利高效政务服务等领域。

优化消费环境。新业态新模式发展的制度环境逐步完善，上海市场监管局出台食品经营领域“放管服”改革12条举措，有效破解“前证不销、后证不批”等难题。上海海关开展第三方采信试点工作，提升口岸验放速度。商业地标重塑行动有序铺开，南京路步行街入选全国首批步行街建设试点。

愚园路逐步形成生活美学街区新形象。发布支持海派特色小店发展10条措施。信用体系建设持续推进，发布“商圈信用指数”，推动线下实体店开展7天无理由退换货承诺活动，让消费者购物更加放心。在重点商圈、商业街区布局推动境外人员境内移动支付便利化探索相关措施。

表3-4 《上海市建设国际消费中心城市实施方案》的主要任务

序号	主要任务	具体任务
1	构建融合全球消费资源聚集地	打造全球消费品集散中心 建设浦东国际消费中心 集聚国际品牌 打响本土制造消费品品牌 发展零售自有品牌 重振老字号品牌
2	推动多领域服务消费提质扩容	打造国际美食之都 扩大文旅休闲消费 促进丰富体育消费 发展提升健康养老消费
3	打造引领全球消费潮流新高地	打造全球新品首发地 加快商业数字化转型 创新升级信息消费 点亮城市夜间经济
4	建设具有全球影响力标志性商圈	提升世界级商圈业态和功能 培育特色商业街区 打造“五个新城”商业地标 提升社区生活圈能级和水平

5	营造具有全球吸引力消费环境	完善综合交通物流体系 倡导绿色低碳消费 优化城市商业空间 优化消费市场环境 完善消费领域标准体系
6	完善国际消费政策和制度体系	大力发展免退税经济 增强外籍人士消费便利性 优化市场准入监管体系
7	构建区域协同产业联动新格局	加强国内大市场联动 加强“四大品牌”联动

表 3－5　上海市推进国际消费中心城市建设相关政策

序号	政策文件	颁布单位	时间
1	《上海市建设国际消费中心城市实施方案》	上海市人民政府办公厅	2021. 8
2	《上海市南京路步行街区管理办法》	上海市人民政府令	2021. 12
3	《上海市商务高质量发展专项资金管理办法》	上海市商务委员会 上海市财政局	2022. 3
4	《上海市数字经济发展“十四五”规划》	上海市人民政府办公厅	2022. 6
5	《激发创新动能 引领时尚潮流 加快上海国际消费中心城市建设的若干措施》	上海市建设国际消费中心城市领导小组办公室	2022. 8
6	《上海市时尚消费品产业高质量发展行动计划（2022—2025 年）》	上海市经济和信息化委员会等 6 部门	2022. 9
7	《上海市夜间经济空间布局和发展行动指引（2022—2025）》	上海市商务委员会	2022. 9

续表

序号	政策文件	颁布单位	时间
8	《关于进一步降低制度性交易成本更大激发市场主体活力的若干措施》	上海市人民政府办公厅	2022.11
9	《上海市商业空间布局专项规划（2022—2035年）》	上海市商务委员会 上海市规划和自然资源局	2022.12
10	《关于我市进一步促进和扩大消费的若干措施》	上海市建设国际消费中心城市领导小组办公室	2023.3
11	《浦东新区国际消费中心空间布局规划》	上海市浦东新区商务委	2023.4
12	《中国（上海）自由贸易试验区专项发展资金支持消费中心发展实施细则》	上海市浦东新区商务委 上海市浦东新区财政局	2023.6
13	《推进国际邮轮经济高质量发展上海行动方案（2023—2025年）》	上海市人民政府办公厅	2023.6
14	《关于推动上海市淮海新天地进口贸易促进创新示范区建设的实施方案》	上海市商务委员会 上海海关 黄浦区人民政府	2023.6
15	《上海市推动会展经济高质量发展 打造国际会展之都三年行动方案（2023—2025年）》	上海市商务委员会	2023.7
16	《上海市推进跨境电商高质量发展行动方案（2023—2025年）》	上海市商务委员会	2023.7

第三节　广州建设国际消费中心的实践与探索

广州锚定“国际”方向、“消费”功能、“中心”定位，聚焦国际知名度、消费繁荣度、商业活跃度、到达便利度和政策引领度这五大维度，深入推进培育建设工作。2021 年广州社会消费品零售总额、外贸进出口总额双双突破万亿元大关，成为“双万亿”第三城，城市消费的国际化水平和辐射能力明显提升。

一、政策引领合力推进规划与方案落实

2021 年广州市政府颁布《广州市加快培育建设国际消费中心城市实施方案》，建立市长担任组长的市培育建设工作领导小组，11 个区相应成立区级领导小组，结合实际分别制定行动方案，搭建起“1 + 11”工作方案和“3 + 11 + N”专项规划体系。省、市、区三级政府和各部门分别出台专项措施和配套政策，市、区各部门密集出台配套政策措施达 152 项，从战略、规划、落实三个层面搭建起纵向到底、横向到边的组织领导架构，培育建设实施方案任务清单、加快培育建设工作要点等文件，将培育建设工作任务项目化、项目清单化、清单责任化。两年来，广州各级部门和政府出台贸易、产业、招商、旅游、教育、人才等细化措施、配套政策约 150 项，成为培育建设工作的重要抓手和支撑。

2023 年，广州市专题编制了全国首部国际消费中心城市培育建设专项规划——《广州市建设国际消费中心城市发展规划（2022—2025 年）》。规划延续了《广州市加快培育建设国际消费中心城市实施方案》的建设目标，“计划用 5 年左右时间，基本建成‘湾区制造’引领、全球资源荟萃，错位互补协同、城乡生态包容，文商旅体融合、岭南文化凸显，自由便利流动、交向互济共进，面向世界的数智化、时尚化、现代化国际消费中心城市，焕发‘千年商都’的经典魅力与时代活力”。规划从“大消费”理念出发，立足广州实际情况和特色优势，深化了原有实施方案，将消费体系细分为产业型、流量型、服务型，突出了不同类型消费体系下广州的产业基础与优势。突破商圈、商业等范畴，从商品消费和服务消费两方面推动消费空间体系布

局、商圈布局与消费场景建设。为保障规划时间落地，广州市政府还同步出台了《广州市关于大力推进国际消费中心城市培育建设的工作意见》，围绕国际消费中心城市建设前期存在的痛点难点，提出针对性措施与办法，进行真金白银的金融财税政策扶持。

2023 年 4 月，出台《广州市促进消费提档升级若干措施》，提出 12 个领域 38 条措施，要求联动做好主题活动开展、消费券发放、零售增长奖励等工作，推动消防审核验收、外摆促销申请、促销活动审批等支持措施落地。《广州市重点商业功能区发展规划（2020—2035 年）》注重与国土空间规划和培育建设发展规划的衔接与支撑，科学谋划城市商业空间发展和布局，提出构建世界级、都会级和区域级三级商圈体系，打造“5 +2 +4 +22”的重点商圈格局。

二、打造三大广州特色消费体系

聚焦产业型消费体系建设，广州出台打造时尚之都三年行动方案、时尚产业集群高质量发展三年行动计划、汽车产业中长期发展规划、智能与新能源汽车创新发展“十四五”规划等。实现智能网联与新能源汽车等 6 个先进制造业集群产值超千亿元。聚焦流量型消费体系建设，打造广州北站、广州南站、番禺广场等多个 TOD 大型商业综合体，推动商业融合发展。第 133 届广交会展览面积和参展企业数量不断增加，带动消费 200 多亿元。2022 年，白云国际机场货邮吞吐量以 188 万吨位，居全国第二。2021 年社会消费品零售总额和外贸进出口总额首次双双突破万亿元大关，消费品进口额 765.3 亿元，呈持续增长态势。聚焦服务型消费体系，发挥服务业对核心产业竞争力的支撑作用，充分利用开展国际消费中心城市培育和服务业扩大开放综合试点的叠加优势，探索先进制造业与现代服务业融合发展，推动产业链向研发设计等价值链高端攀升，获批 5 个国家特色服务出口基地。吸引世界 500 强企业 330 家。

三、培育“商旅文体数”消费热点

消费与文体旅深度融合发展。打造夜间经济新地标，广州塔、长隆旅游度假区、正佳广场入选国家级夜间文化和旅游消费集聚区。开展传统文化特色与国际影响力兼具的国际龙舟邀请赛等活动，举办电竞文旅嘉年华，创新推出“电竞+美食”“电竞+酒店”“电竞+数字艺术”等消费场景①。星级旅游饭店达到123家，其中四星级五星级饭店共有55家。新增2个4A级旅游景区、9家3A级旅游景区、1个全国乡村旅游重点村。“羊城运动汇”全民健身品牌赛事活动体系不断完善，带动体育直接消费超6500万元。

“美食之都”建设加快。广州具有庞大且高质量的消费人群、餐饮发展全产业链条体系、链接全球的人流物流商流枢纽网络、完善的餐饮网点布局、优质高效的政府服务。据统计，广州拥有1100个餐饮连锁品牌，3.8万家粤菜门店，3.5万家茶饮咖啡店，1.1万家其他地方菜门店，7000家国际美食店，6500家火锅店，另有各类小吃、快餐店累计近10万家②。

地标性商圈建设集聚高能级品牌资源，城市消费能级显著提升。2023年一季度，广州重点商圈中的15家购物中心共引进26家首店。广州拥有551家专业批发市场，经营面积全国第一。天河路、北京路商圈入选首批全国示范智慧商圈。天河路商圈，高端商业面积超240万平方米，日均客流量约150万人次。正佳广场、正佳友谊商店、北京路新大新商店等三家商店入选首批全国示范智慧商店。

四、消费新业态新模式健康持续发展

跨境电商“六个率先”重塑“千年商都”商贸生态。数字赋能消费催生新场景新动能。网络购物等电商新业态、新模式蓬勃发展，网络消费成为消费市场主要增长动力。广州出台全国首个促进跨境电商创新发展的配套措施，在跨境电商领域已有135项经验被复制推广，参与制定国家、行业标准13项，出台便利化政策119项、促发展政策206项，累计投入2.2亿元财政资金支持跨境电商新业态的发展。2014—2022年，广州跨境电商进出口规

① 广州市商务局．广州市培育建设国际消费中心城市二周年成绩单．2023－08－09．https：//www.gz.gov.cn/xw/zwlb/bmdt/content/mpost_9151718.html

② 广州着力发展“首店经济”激发餐饮市场活力．中国新闻网．2023－04－17 https：//baijiahao.baidu.com/s？id＝1763402846622647515&wfr＝spider&for＝pc

模增长93倍，2022年达1375.9亿元，首次突破千亿元大关，进口规模连续9年稳居全国第一，跨境电商进出口额占外贸比重从2019年的4.4%提升至2022年的12.6%。目前，广州海关辖区内白云机场、南沙港等口岸已吸引了天猫、京东、唯品会、亚马逊、小红书、抖音、得物、洋葱等一批跨境电商龙头企业进驻，各类型跨境电商相关企业超过1200家[①]。直播电商节（中国·广州）与粤港澳大湾区消费季同期举行，实现同频共振。根据海关总署发布的《中国跨境电商贸易年度报告》显示，2022年，我国跨境电商进出口规模首次突破2万亿元，比2021年增长7.1%。我国跨境电商主体超过10万家，跨境电商货物进出口规模的外贸占比由5年前的不足1%上升到现在的5%左右。其中，出口1.53万亿元，增长10.1%，占全国出口总值的6.4%。广东占跨境电商进出口总值比重达到43.4%，远远高于浙江（13.5%）、福建（6.4%）和江苏（5.4%）。

广州直播电商生态更加优化、行业发展更趋健康、数字化转型不断加速，成为活跃消费市场、助力循环畅通的重要引擎。“直播电商之都”已成为广州新的城市名片。创新出台全国首个直播电商产业政策，举办全国首个以城市为平台的直播电商节，以“14个全国首创”引领直播电商制度创新，持续推动直播电商产业健康发展。广州直播电商的直播场次、主播数量、直播商品数均位居全国前列。广州市地方标准《直播电商营销与售后服务规范》于2022年10月14日正式实施，标志着广州市直播电商步入规范化发展新阶段。围绕网络市场监管与服务，强化政策引导和公共服务，从消费、品牌、转型、生态四方面推动电子商务高质量发展。

五、“广州服务”树立营商环境样板

作为国家中心城市和粤港澳大湾区区域发展的核心引擎，广州将优化营商环境作为“头号工程”，抢抓建设国家营商环境创新试点城市重大机遇，深化改革攻坚，着力打造全球企业投资首选地和最佳发展地。深入推进营商环境6.0改革。为强化改革创新推动，广州制定发布28个高于国家和行业

① 《广州蓝皮书：广州国际商贸中心发展报告（2023）》

标准的先进团体标准；对高新技术企业设置“包容审慎监管”标签，实施触发式监管。南沙近年来累计形成857项自贸区制度创新成果，搭建面向粤港的服务平台和对接渠道，在建筑、交通、税务等6个领域实现职业资格认可，推出“无证明自贸区”“交地即开工”等首创性改革，不断提高涉企服务的便捷度。

政策互通方面，加强与港澳地区消费维权合作与信息共享，探索性开展大湾区跨域消费纠纷网上调解工作。推出粤港、粤澳跨境电子账单直接缴费业务，推进港澳当地开立内地个人银行账户业务试点，提升大湾区支付服务便利化水平。为打造国际化消费环境，广州推动公共场所外文标识管理列入市立法计划，修订公共标识英文译法规范，成立市规范公共场所英文标识专家指导委员会，编制《广州市公共标识英文译法规范（2021版）》，修订编印《外国人在穗指南（2021）》。为持续提升入境消费便利，广州89条政务、公共服务热线和154个基层部门建立多语种公共服务平台，试点开通在线视频客服功能优化双向交互服务，平台建设项目入选“2021中国改革年度案例”。

表3－6　广州市推进国际消费中心城市建设相关政策

序号	政策文件	颁布单位	时间
1	《促进会展业高质量发展的若干措施（暂行）》	广州市商务局	2021.5
2	《广州市加快培育建设国际消费中心城市实施方案》	广州市人民政府	2021.11
3	《关于推进跨境电商高质量发展的若干政策措施》	广东省政府办公厅	2021.11
4	《广州市时尚产业集群高质量发展三年行动计划》	广州市工业和信息化局 广州市商务局	2022.8
5	《广州市支持数字贸易创新发展若干措施》	广州市商务局等8部门	2022.11
6	广州市支持商业网点建设若干措施	广州市商务局	2022.12
7	广州市建设国际消费中心城市发展规划（2022　2025年）	广州市人民政府	2023.2

续表

序号	政策文件	颁布单位	时间
8	关于推动化妆品产业高质量发展的实施意见	广州市人民政府办公厅	2023. 2
9	《广州市促进消费提档升级若干措施》	广州市商务局等	2023. 4
10	广州市重点商业功能区发展规划（2020—2035年）	广州市商务局	2023. 6

表3－7　《广州市加快培育建设国际消费中心城市实施方案》的主要任务

序号	主要任务	具体任务
1	实施“尚品”工程，构建全球消费资源集聚地	提升制造业价值品牌 拓展定制消费新领域 广聚国际高端消费资源 推动农产品双向流通
2	实施“提质”工程，打造全球消费潮流新高地	建设国际知名商圈 提升拓展都市特色商圈 发展国际化新型社区商业 提升商品市场能级 做强电商之都 培育新消费新场景
3	实施“强能”工程，建设多元融合服务消费引领区	提升城市文化消费品质 打造世界旅游消费目的地 建设国际康养高地 打造全球会展之都 建设世界美食之都 建设世界体育名城
4	实施“通达”工程，构建面向全球的交通网络	建设国际综合交通枢纽 构建国内直达交通网络 提升城市公共交通便利度 完善现代物流供应链体系

续表

序号	主要任务	具体任务
5	实施“美誉”工程，营造具有全球吸引力消费环境	提升城市环境品质 完善相关标准体系 优化消费市场监管 打造重大国际消费平台
6	构建共建共享体系，形成区域消费联动发展新格局	共建共享现代产业体系 共建共享国际消费枢纽 共建共享优质生活圈
7	完善政策制度体系，构建近悦远来的营商环境	建立与国际接轨的市场机制 优化商品进出口服务 加大项目落地支持力度 便利人员跨境消费 强化相关人才支撑

表 3－8　《广州市建设国际消费中心城市发展规划（2022—2025 年）》基本指标

维度	序号	具体指标	2021 年值	2025 年目标值	牵头单位
国际知名度	1	全球城市竞争力排名	中国社科院公布全球城市竞争力排名第 23 位	提升	市发展和改革委
	2	入境游客接待量	164.77 万人	200 万人	市文化广电旅游局
		入境游客接待国别	212 个	214 个	市文化广电旅游局
	3	国际组织（机构）数量	4 个	5 个	市委外办
		世界 500 强企业进驻数量	330 家	335 家	市商务局
	4	国际国内重大国际会议数量	41 场	45 场	市委外办
		展会数量及面积	688 场 684 万平方米	690 场 1200 万平方米	市商务局
	5	世界文化遗产数量	0 个	0 个	市文化广电旅游局
	6	5A 级以上景区数量	2 个	3 个	市文化广电旅游局
	7	4A 级以上景区数量	28 个	38 个	市文化广电旅游局
消费繁荣度	8	社会消费品零售总额	10123 亿元	11765 亿元	市商务局
	9	居民人均消费支出	47162 元	48100 元	市发展和改革委
	10	国内国际旅游花费	2886 亿元	6000 亿元	市文化广电旅游局
	11	服务业增加值	2.02 万亿元	2.53 万亿元	市发展和改革委
	12	消费品进口额	765.3 亿元	780 亿元	市商务局

续表

维度	序号	具体指标	2021 年值	2025 年目标值	牵头单位
消费繁荣度	13	批发零售业商品销售额	56679 亿元	60149 亿元	市商务局
	14	住宿餐饮业销售额	798 亿元	820 亿元	市商务局
	15	年营业额达百亿元的商贸企业数量	55 个	65 个	市商务局
	16	年营业额达亿元的住宿餐饮企业数量	54 个	63 个	市商务局
商业活跃度	17	标志性商业街区数量	42 个	45 个	市商务局
	18	国际知名商品和服务品牌进驻数量	2000 个	2200 个	市市场监管局、市工业和信息化局、市商务局
	19	中华老字号数量	35 个 138 个（广州老字号）	35 个 148 个（广州老字号）	市商务局、市国资委
	20	免税店和离境退税商店数量	76 个	300 个	市商务局、广州市税务局、市财政局
	21	三星级及以上旅游饭店床位数	4.27 万个	3.5 万个	市文化广电旅游局
	22	第三产业固定资产投资	7381.6 亿元	3000 亿元	市发展和改革委
	23	消费者满意度	根据中消协测评排全国第 28 名	排名全国 20 名以内	市市场监管局、市发展和改革委、市商务局

续表

维度	序号	具体指标	2021 年值	2025 年目标值	牵头单位
到达便利度	24	国际国内航班通达城市数量	通航点 208 个	通航点 240 个	省机场集团
		国际国内航班通达航线班次数量	起降架次 36.25 万架次	起降架次 50 万架次	省机场集团
	25	高铁/动车直达城市数量	163 个	170 个	市发展和改革委、中国铁路广州局集团
		高铁/动车直达车次数量	982 次	1080 次	市交通运输局、市发展和改革委、中国铁路广州局集团
	26	地铁运营总里程	590 公里	900 公里	市发展和改革委、广州地铁集团
	27	高速公路途经条数	40 条	49 条	市交通运输局
	28	网约车数量	12.05 万辆	21 万辆	市交通运输局
政策引领度	29	领导组织和部门协调机制	/	优化	市商务局
	30	规划、目标、实施方案	/	优化	市规划和自然资源局、市商务局
	31	政策创新和配套措施	/	优化	市委、市政府各部门

资料来源：《广州市建设国际消费中心城市发展规划（2022—2025 年）》

第四节　天津建设国际消费中心的实践与探索

天津正处于建设国际消费中心城市的重要战略机遇期和优势叠加的历史窗口期。虽然天津是首批五大试点城市中常住人口规模最少、经济基础最薄弱、社会消费品零售规模最小的城市，培育建设国际消费中心城市的底蕴和条件并不出众，但天津作为北方对外开放重要高地，肩负着推动京津冀协同发展、建设自贸试验区、共建‘一带一路’等重大任务。区位优势和功能定位赋予了天津建设面向东北亚、辐射俄罗斯和中东欧的特色型国际消费中心城市的重要使命。

一、立法保障与规划引领统筹推进

2021 年《天津市培育建设国际消费中心城市实施方案（2021—2025 年)》颁布，明确到“十四五”末，全球消费资源集聚特征明显，消费升级新高地效应突出，中心城市引领带动作用增强，形成在更大范围内需求牵引供给、供给创造需求的高水平动态平衡。再经过 3—5 年努力，构建起强大消费实现功能，成为具备高知名度和美誉度的国际消费目的地、全球消费资源聚集地、全国消费者向往地和展示国内大市场风范的靓丽名片。围绕主要目标，《实施方案》提出了六方面重点任务，例如，在打造消费地标方面，将以海河为轴建设国际级商业中心，塑造亲水游玩、“洋楼”文化、津味美食三张津城消费名片；在聚焦消费国际化方面，推进“买全球”“卖全球”，有序放宽健康医疗、教育文化等投资限制；在打造引领消费新高地方面，发展时尚消费和康养消费，扩容文旅体消费，做强会展消费，提升数字消费，提质夜间消费；在创建国际水准消费环境上，提升消费满意度、城市文明度、通达便利度和消费舒适度；发展邮轮旅客通关、入境消费支付、免退税购物等重点领域，构建国际消费自由便利制度环境；在构建区域消费联动发展新格局上，打造辐射“三北”的进口消费品平台。

2023 年，天津市率先制定立法，实施《天津市人民代表大会常务委员会关于促进和保障国际消费中心城市建设的决定》，理顺组织领导机制，明确了各部门的职责任务和重点发展领域，将总体方案中的政策以法律形式固定下来，将政策部署转化为法律规范，为推进国际消费中心建设提供法治保障。这将推进国际消费中心城市建设工作的顶层设计进一步完善，将极大提升部门协同力度和整体建设效率。2023 年 6 月《天津市加快建设国际消费中心城市行动方案（2023—2027 年)》（以下简称《行动方案》）印发，提出6个方面24项重点任务，标志着天津推进国际消费中心城市进入加速推进建设的新阶段。行动方案立足天津经济基础和发展特色，提出打造国际知名消费目的地、打造国际知名地标商圈、打造国际化消费品牌、打造国际化消费场景、打造国际化会展赛事、打造国际化消费环境六个重点任务。行动方案要求发挥天津市培育建设国际消费中心城市工作领导小组作用，加强“领导小组办公室+八专班”建设。

2023年，天津构建“8810+N”活动框架全力推进国际消费中心建设工作，即：抓好八项重点任务，实施八大行动，举办十项主题活动，组织N场各类促销活动。八项重点任务包括节庆活动、突出国际促消费、协同京冀促消费、多元融合促消费、新业态新模式促消费、会展拉动促消费、城乡互动促消费、政银合作促消费等。八大行动包括首店经济、保税展示拍卖、会展发展等政策引领助企行动；金街、佛罗伦萨小镇等重点商圈建设行动；品牌首店、旗舰店、体验店引进行动；新消费场景打造行动；串联“吃住行游购娱”的商旅文体融合行动；落实汽车流通、扩大汽车消费等传统消费升级行；拓市场、建渠道、引项目的招商攻坚行动；商业服务提升行动。

表3-9　国际消费中心城市试点的经济基本情况2021年

	常住人口（万人）	GDP（亿元）	第三产业增加值（亿元）	社会消费品零售总额（亿元）	人均GDP（元）	人均消费支出（元）	人均可支配收入（元）
上海	2489	43214.85	31665.56	18079.25	173623	48879	78027
北京	2189	40269.6	32889.6	14867.7	183963	43640	75002
广州	1868	28231.97	20202.89	10122.56	151167	41400	74416
重庆	3212	27894.02	14787.05	13967.67	86879	24598	33803
天津	1387	15695.05	9615.4	3769.2	113191	33188	47449

二、精品商圈建设助力品牌聚集

商贸行业对天津市经济增长贡献度持续增强，商业增加值占全市GDP比重超10%，占全市服务业比重超15%，对GDP增长贡献率达12%，居服务业各行业之首。天津网上零售额较“十二五”末翻了一番，年均增长20%以上；天津批发市场体系逐步形成了“一心、一环、十一集群”布局，交易额超亿元的交易市场达46个，建材、汽车、农产品等行业形成超百亿元市场6个；冷链物流产业规模快速增长，现有冷库容量超150万吨，位居全国第5位，万吨级以上的大型冷库占86%，人均冷库保有量约905公斤，位列全国第二。

打造地标商圈是天津建设国际消费中心城市的首要任务。金街、五大道、意风区、佛罗伦萨小镇、老城厢－古文化街、大运河公园、滨海亲海旅游是天津打造国际消费中心城市消费地标的重要承载区。按照“一区一中心”推动14个区级商圈改造提升。截至2022年年底，天津市已建成133座大型购物中心，累计建筑面积达1300万平方米。12座大型购物中心将陆续营业。预计到2023年底，天津全市购物中心将突破100个，总商业面积超千万平方米。累计建成大悦城、天河城、万象城等87个大型商业载体，商业面积820万平方米，打造和平路商业街、古文化街、意式风情区等38条繁华的商业街区，彰显城市时尚活力；津门夜间经济快速发展，累计建成夜市街区20余个，300个特色深夜食堂，700个24小时便利店、1000个酒吧。

首店经济、夜间经济发展良好。自2021年获批培育建设国际消费中心城市以来，天津累计引入了300余家知名首店，全市首店数量较培育前翻了一番，商业布局进一步完善，优质消费资源不断聚集。海信广场、万象城、大悦城、天河城等项目成为首店入驻的热门。夜间经济在拓展城市发展时空、提升城市魅力和影响力方面发挥重要作用，是服务民生、吸纳就业、支撑经济增长的重要力量。《行动方案》明确要打造“夜津城”场景品牌，培育夜间消费业态聚集地，打造哪吒体育嘉年华、“蓟北水乡·山中不夜城”等高品质夜间消费品牌。立足区位、文化、风貌建筑等资源禀赋，持续塑造能体现欧陆风情、时尚都市的文旅消费新场景，持续推动文旅商深度有机融合发展。

三、跨境电商引领贸易蓬勃发展

跨境电商产业发展生态逐步完善。2015 年天津成为国家跨境电商试点城市以来，贸易辐射带动能力持续增强，跨境电商进出口业务增长态势迅猛，年均增长达 2.7 倍。截至 2021 年底，天津在境外布局海外仓超过 40 个，进出口实际企业数量为 1.1 万家，比 2012 年高出 31.8 个百分点。围绕跨境电商发展的新特点、新趋势，加强与阿里巴巴、京东等知名跨境电商平台的合作，整合自行车、地毯、乐器、绢花等行业资源，开展了“产业带扶持计划”，促进企业转型升级，为中小企业提供一站式跨境电商整体解决方案。东疆综合保税区运用“自贸区 + 综保区 + 跨境电商试点城市 + 金融创新示范区”的独特优势，整合区内电商、仓储、物流、商业等配套资源，聚力建设电子商务主题园区。2020 年，天津成为全国首批海关跨境电商 B2B 出口监管试点之一。试点开展以来，天津海关已审核海外仓备案企业 28 家，帮助生产企业的自有品牌产品“借船出海”，实现外贸出口与品牌价值双增长。目前，天津海关备案的跨境电商出口企业共有 201 家。天眼查数据显示，2022 年天津新增跨境电商注册企业约 80 家，增速达 50%。

贸易枢纽建设成效显著。货物贸易进出口额 1326 亿美元，位列全国第 9 位；2021 年服务贸易进出口额实现 203.5 亿美元，按可比数据统计，较 2018 年增长 12.5%。天津四大综合保税区功能不断升级，加工制造、研发设计、物流分拨、检测维修和销售服务五大功能全面落地。建设国家级进口贸易创新示范区，集商品进口、保税仓储、分拨配送、展示销售等功能于一体的贸易服务链初步形成，进口集散功能不断增强。积极探索供应链金融，打造进口特色商品集散地，飞机、汽车、肉类、乳品、大豆、水产品、食用油在天津口岸进口量居全国前列；贸易产业深度融合，获批了汽车及零部件、石油装备、海工装备等 9 个国家级外贸转型升级基地。

表 3－10　《天津培育建设国际消费中心城市实施方案》的主要任务

序号	主要任务	具体任务
1	打造消费地标	打造国际消费核心承载区 打造主题鲜明消费目的地 打造独具魅力消费名片
2	聚焦消费国际化	打造“买全球”“卖全球”高地 提升国际品牌集聚度 广纳服务消费优质资源 培育面向全球本土品牌
3	打造引领消费新高地	发展时尚消费 扩容旅游消费 拓展文化消费 扩大体育消费 促进康养消费 做强会展消费 提升数字消费 提质夜间消费 丰富消费场景
4	提升国际消费环境	提升消费满意度 提升城市文明度 提升通达便利度 提升消费舒适度
5	构建国际消费自由便利制度环境	提升入境消费便利度 发展免退税购物 推行审慎包容监管
6	构建区域消费联动发展新格局	提升口岸服务辐射能力 构建区域消费市场共同体

表 3－11　天津市推进国际消费中心城市建设相关政策

序号	政策文件	颁布单位	时间
1	天津市加快发展新型消费实施方案	天津市人民政府办公厅	2021. 8
2	关于加快天津邮轮产业发展的意见	天津市人民政府办公厅	2021. 9
3	天津市加快发展外贸新业态新模式的若干措施	天津市人民政府办公厅	2021. 12
4	天津市贯彻落实《国家综合立体交通网规划纲要》实施方案	天津市人民政府办公厅	2022. 1
5	关于促进生活性服务业发展若干措施的通知	天津市人民政府办公厅	2022. 3
6	天津市促进内外贸一体化发展若干措施的通知	天津市人民政府办公厅	2022. 5
7	天津市航空物流发展“十四五”规划	天津市人民政府办公厅	2022. 5
8	天津市“运动之都”建设行动方案（2022—2030 年）	天津市人民政府办公厅	2022. 11
9	中国（天津）自由贸易试验区汽车平行进口试点管理办法	天津市商务局；天津市工业和信息化局；天津市公安局；天津市生态环境局；天津市交通运输委员会；天津市市场监督管理委员会	2023. 3
10	关于推动生活性服务领域平台经济健康发展的实施意见	天津市人民政府办公厅	2023. 5
11	天津市加快建设国际消费中心城市行动方案（2023—2027 年）	天津市人民政府办公厅	2023. 6

第五节　重庆建设国际消费中心的实践与探索

重庆消费市场繁荣活跃，社会消费品零售总额居西部地区城市前列。2021 年，重庆社会消费品零售总额达 13967.7 亿元，同比增长 18.5%，增速高出全国平均 6 个百分点，增速在全国各省份中排名第 3。

一、一盘棋联动谋划总体设计

2021 年《重庆市培育建设国际消费中心城市实施方案》颁布，以建设国际购物、美食、会展、旅游、文化“五大名城”和实施“十大工程”为重点，加强规划引领、示范带动、项目支撑、政策保障，加快培育富有巴渝特色、彰显中国风范、引领国际时尚、辐射西部、面向全球的国际消费中心城市。到 2025 年，基本建成辐射西部、面向“一带一路”“近悦远来”的特色型国际消费中心城市。到 2030 年，在全球范围内配置消费资源能力大幅增强，对外开放程度和国际化水平全国领先，城市辐射和带动作用稳步提升，建成具有全球影响力、竞争力、美誉度的国际消费中心城市。

在重庆国际消费中心城市建设工作领导小组指导下，围绕实施方案确定的目标、任务、举措，重庆市聚焦实施“八大工程”细化制定出台《若干政策》，提出了 23 条“新、全、实、优”的具体政策。其中，商业品牌企业在渝开设首店，最高可获得 100 万元资金奖励。突出发挥政策激励、撬动、引导、支撑、保障五大作用，引领国际消费中心城市建设。

成渝联动共建富有巴蜀特色的国际消费目的地。重庆作为西部大开发重要战略支点、处在“一带一路”和长江经济带联结点上，开放联动发展是建设国际消费中心城市的应有之义。全面落实《成渝地区双城经济圈建设规划纲要》提出的“打造富有巴蜀特色的国际消费目的地”要求，立足巴蜀文化特色、资源禀赋，重庆市和四川省政府联合制定了《建设富有巴蜀特色的国际消费目的地实施方案》，从构建巴蜀消费全域联动体系、提质巴蜀消费核心平台、丰富巴蜀消费品质供给、做强巴蜀消费特色品牌、推进巴蜀消费创新升级、培育巴蜀消费知名企业、发展巴蜀消费特色产业、促进巴蜀文旅消费融合发展、优化巴蜀消费国际环境等 9 个方面、22 条工作任务。

《成渝双城经济圈建设规划纲要》《中国（重庆）自由贸易试验区“十四五”规划（2021—2025年）》《建设富有巴蜀特色的国际消费目的地实施方案》《重庆市培育建设国际消费中心城市实施方案》等顶层设计制定了培育国际消费中心城市的基本框架和主要方向，《加快发展新型消费释放消费潜力若干措施》《进一步释放消费潜力促进消费持续恢复若干措施》《重庆市加快发展外贸新业态新模式实施方案》《关于加快夜间经济发展促进消费增长的意见》等一系列操作细则，强化长远系统谋划，为培育消费活力城市夯实基石。

二、消费资源集聚持续集聚

商业活跃度领先全国。重庆标志性商业街区、商圈数量名列全国前茅，解放碑商圈、观音桥商圈获得“中国著名商业街”认定。解放碑——朝天门、观音桥世界知名商圈建设加速，国际消费资源集聚效应进一步显现，商圈人气位居全国前列。首店经济引领优质消费供给。实施消费品牌拓展行动，依托解放碑、观音桥、江北嘴、杨家坪等重点商圈，发挥消费集聚辐射作用，2021年引进品牌首店203家。拓展进口商品集散分拨中心功能，推动建设解放碑进口商品展销中心。拓展江北国际机场口岸免税店功能，完善免税店布局。2021年，重庆外贸进口额2832.3亿元，增长21.7%。积极打造“渝货精品”，突出品牌培育，聚焦重庆味道、重庆工艺、重庆制造等重点领域，重庆累计培育中华老字号19个、重庆老字号291个。着眼于推进实体商业线上线下融合发展，重庆试点建设智慧商圈10个、智慧菜场30个；壮大“互联网+社会服务”消费业态，发展网上商场（店）、网上餐厅、云家政、云旅游等业态；推进国家电子商务进农村综合示范创建和跨境电商创新发展。2021年，重庆农村网络零售额317.72亿元，增长30.58%；重庆跨境电商实现交易额322.1亿元，增长63.3%。

夜间经济塑造特色服务消费品牌。2021年，重庆市商务委、市文化旅游委等10部门印发了《关于加快夜间经济发展促进消费增长的意见》，在市级商务发展资金中安排资金，支持南岸、渝中、江北加快夜间经济核心区建设，支持13个区县夜间经济集聚区开展市级夜间经济示范区创建。“夜味、夜养、夜赏、夜玩、夜购”等“五夜”生活业态初步成型。“大九街”等夜市街区整合发展加快落实，推动洪崖洞、壹华里、鎏嘉码头等16个夜间经济集聚区提质升级。“不夜重庆”“美食之都”“川菜渝味”等品牌逐步培育出知名度和影响力。11家餐饮企业入选全国百强榜，6家火锅企业进入全国20强，打造美食地标11个，累计培育市级美食街区53条、国家美食地标城市9个、绿色饭店56家、钻级酒家56家、星级农家乐1388家。在新华社瞭望智库联合相关机构发布的“中国十大夜经济影响力城市”榜单中，重庆已连续3年位列榜首。根据《中国城市夜经济影响力报》，重庆自2019年连续3年位居中国城市夜经济影响力10强城市之首。

三、多元场景融合促进服务消费品质提升

富有巴渝特色的商文旅融合发展消费场景不断增多。近年来，重庆统筹推进“两江四岸”整体提升、中央商务区提档升级、寸滩国际新城高标准建设，着力打造国际消费核心承载区。发展以观光旅游、休闲娱乐为主的“江岸经济”“云端经济”，推出来福士“横天摩天轮”等“城市之巅”多元化消费地标。巴渝消费影响力不断增强，磁器口、洪崖洞、弹子石老街等街区品质不断提升，传承街区、老旧厂房的建筑风格和文化脉络，打造富有山城记忆和巴渝特色的“后街支巷”特色消费场景，特色文化街区陆续涌现。深挖巴渝历史文化、民族民俗，加快改造合川文峰、铜梁安居、酉阳龚滩等特色古镇，塑造具有巴渝特色的商文旅融合发展消费场景。依托夜间经济推动巴渝文化、美食文化、建筑文化三大特色文化的融合赋能，丰富游客夜游体验，多场景融合提升服务消费品质。

四、制度开放加快消费环境优化

内联外通的交通便利增强。随着出市出海出境大通道建设的加快，重庆到达便利度持续提高，枢纽功能不断强化。2021年，江北国际机场新开通5条国际货运航线，陆海新通道已辐射106个国家（地区）311个港口；中欧班列（渝新欧）累计开行逾9000列，开行量居全国第一。

优化便捷舒适消费环境。重庆将坚持目标导向、问题导向，强化组织领

导，推动试点示范，培育一批国际消费中心、区域消费中心、商文旅体融合发展试点示范城市和示范商圈、特色街区；强化环境提升，持续优化营商环境，完善城市服务功能，提升城市国际化水平和消费舒适度；强化营销推广，加强城市整体形象营销，打响“长江三峡”“不夜重庆”等城市名片，宣传展示重庆消费“新魅力”。

营商环境不断优化。《成渝地区联手打造内陆开放高地方案》提出到2035年，成渝地区分两步全面建成内陆开放高地。这是坚持“川渝一盘棋”发展思维的深入贯彻，推动成渝地区双城经济圈协同开放水平不断提高，通过开放大通道、高能级开放平台、“一带一路”对外交往中心和高标准营商环境建设，推动重庆成为名副其实的“开放之城”。在营商环境建设方面，提出要对接引领国际高标准经贸规则、建设高标准市场体系、推动跨境贸易便利化、探索便利的人员流动机制等举措。要推动信用一体化建设，逐步形成统一的区域信用政策法规制度和标准体系，持续优化“市场准入异地同标”机制，全面实施外商投资准入前国民待遇加负面清单管理制度，优化外商投资企业登记程序，深化成渝地区双城经济圈跨行政区域外商投资企业投诉处理协作机制。

表3-12 《重庆市培育建设国际消费中心城市实施方案》的主要任务

序号	主要任务	具体任务
1	国际消费载体提质工程	提能打造中央商务区 加快建设寸滩国际新城 优化提升国际消费标志性商圈 融合拓展国际消费体验新场景 提档升级国际消费特色名街名镇名区
2	国际消费资源集聚工程	打造全球优质市场主体集聚地 培育国际知名品牌优选地 建设国际优质服务引领地
3	渝货精品培育壮大工程	振兴巴渝老字号 挖掘文创新内涵 彰显“重庆造”影响力

续表

序号	主要任务	具体任务
4	特色服务品牌塑造工程	做靓“不夜重庆”城市名片 建设世界知名旅游目的地 打造世界美食之都 建设国际生态康养胜地 打造户外运动首选目的地 建设西部文化消费高地
5	数字消费融合创新工程	推动实物消费数字化转型 推动服务消费数字化提升 推动消费平台数字化赋能
6	国际展会赛事提能工程	提升国际会展层级 承办大型国际赛事 丰富重要节庆活动
7	国际通道能级提升工程	提升国际通道运营效率 加强国际物流平台建设 打造跨境电商综合基地 完善国际供应链网络
8	国际国内交流合作工程	加快建设中西部国际交往中心 建富有巴蜀特色的国际消费目的地 深化区域交流合作
9	国际消费环境优化工程	提升消费监管服务水平 构建便捷综合交通网络 塑造宜居宜业宜游城市形态 打造舒适便利社区商圈
10	消费促进机制强化工程	优化扩大开放政策 加大财税金融支持力度 落实土地政策支持措施 强化高端服务人才支撑 优化国际营商环境 加强全球营销推广

表 3-13　重庆市推进国际消费中心城市建设相关政策

序号	政策文件	颁布单位	时间
1	《关于加快夜间经济发展促进消费增长的意见》	重庆市商务委	2020. 7
2	《加快发展新型消费释放消费潜力若干措施》	重庆市人民政府办公厅	2021. 4
3	《重庆市培育建设国际消费中心城市实施方案》	重庆市人民政府办公厅	2021. 11
4	《重庆市培育建设国际消费中心城市若干政策》	重庆市人民政府办公厅	2022. 1
5	《促进消费恢复发展若干政策措施》	重庆市发展和改革委	2022. 4
6	《重庆市加快发展外贸新业态新模式实施方案》	重庆市人民政府办公厅	2022. 4
7	《中国（重庆）自由贸易试验区“十四五”规划（2021—2025年)》	重庆市人民政府办公厅	2022. 5
8	《重庆市进一步释放消费潜力促进消费持续恢复若干措施》	重庆市人民政府办公厅	2022. 6
9	《搞活汽车流通扩大汽车消费若干措施》	重庆市商务委等 21 部门	2022. 8
10	《建设富有巴蜀特色的国际消费目的地实施方案》	重庆市人民政府办公厅 四川省人民政府办公厅	2022. 8
11	《成渝地区联手打造内陆开放高地方案》	重庆市人民政府办公厅 四川省人民政府办公厅	2022. 8
12	《重庆市促进绿色消费实施方案》	重庆市发展和改革委等 6 部门	2022. 10

第六节　推进国际消费中心城市建设的政策演进与转向

近年来，我国国际消费中心城市相关政策的落实情况表明，在提升新消费能级、促进消费资源集聚、重点消费地标建设、国际消费政策和制度、国际消费环境优化等方面取得一定进展，相关政策也随着实践不断升级迭代，呈现出政策转向趋势。通过对各地出台的相关政策进行解构分析，对政策力度、政策工具、政策协同和建设成效进行横向比较。

一、从注重消费到强调生产到消费的传导与支撑

纵观北京、上海、广州、天津、重庆五大试点城市推进国际消费中心城市的相关政策演变，可以发现2021年发布的实施方案多为就“消费”论“消费”，重点在消费资源集聚、商业布局优化、服务消费提质扩容、消费环境营造等方面谋划，优化供给、扩大消费规模。2022—2023年，天津、广州、重庆发布的行动方案、专项规划与立法，则从消费向上延伸出去，更加聚焦本土特色资源，将区位优势、产业基础、流通体系融入国际消费中心城市建设工作的方方面面中，打通要素市场和产品市场流通等多维堵点，畅通国际国内大循环，形成消费引领、产业支撑、流通保障的互促共荣关系。例如，广州作为国家中心城市，在产业基础高级化和产业链现代化进程中，充分把握消费的基础性作用，发挥消费品供应地的产地优势、综合交通枢纽的内联外通优势和会展中心城市的流量优势，统筹建立与资源禀赋和产业体系相适应的产业型、流量型、服务型消费体系，驱动新一轮产业转型升级和城市发展，激发“千年商都”魅力。顺应文商体旅融合发展态势，创新用地管理政策，放宽用地兼容性，让商业功能融入其他用地，适当放宽商业用地强制性指标限制，服务于综合性新场景建设。

又如，上海建设全球新品首发地，不仅是重视消费端，引进首店和建设新消费场景，更着重从生产端、从时尚消费品产业高质量发展角度，从“3+6”新型产业体系完善的角度，发挥时尚消费品产业基础雄厚、消费市场成熟、资源配置高效等优势，使时尚生活方式与消费品产业相互促进，促进产业集聚，提高供需对接效率，提升时尚产业能级，积极服务构建双循环发

展格局。重庆作为西部大开发重要战略支点、处在“一带一路”和长江经济带联结点上，正加快推动成渝地区双城经济圈建设的重庆，抓住契机积极作为，培育富有巴渝特色、彰显中国风范、引领国际时尚、辐射西部、面向全球的国际都市。

二、从注重首店集聚转向建设首店服务体系

“首店经济”一词最早由上海市于2018年提出。在《“上海购物”三年行动计划》中，上海提出着力打造全球新品首发地、高端品牌首选地、原创品牌聚集地。2019年，国家层面首次提出要因地制宜吸引知名品牌开设首店、首发新品，带动扩大城市消费，促进国内产业升级。

首店经济是扩大中高端消费供给、提升消费能级、推动消费市场创新的关键抓手，是推进国际消费中心城市建设的重要“切口”，成为各大城市抢占全球消费市场制高点的有效路径。随着各地竞争越发激烈，创新、做精、做强成为新趋势，根据中商数据发布的《2022年中国首店经济高质量发展报告》，2019年至2022年9月底，上海、北京和成都分别以3676、2446和2094家首店位居全国首店经济前三。

最初各地比拼引进“首店”的数量，对场租、宣传推广等成本进行大力度补贴，而对品牌定位、成长性和潜力重视不够，对首店落地后的发展缺少政策关切。北京2019年、2020年以及2022年出台的相关文件明确：针对引进首店的情况分类给予最高额度分别为10万、50万、100万、200万、500万的奖励和补贴。2021年重庆市相关文件规定对首店、引进企业择优分别给予20万元资金奖励；2022年相关文件将对首店的最高支持力度提高到100万，对引进企业则择优给予一定资金奖励[①]。各地“首店经济”政策工具选择大体相同，主要都是围绕入驻补贴激励和服务优化两个层面进行“对标竞争”，不同城市的差异主要体现数量化的“政策力度”上。

现阶段的首店政策在原有支持政策基础上，建立并完善首店首发服务体

① 廖玉姣．国际消费中心城市建设背景下的首店经济发展研究——以重庆为例[J]．重庆社会科学，2023（03）：118－130.

系，从体制机制创新、金融支持、消费人才引进等角度完善政策，重视首店、首发、首秀背后蕴含的商业创新，覆盖品牌首店从落地到后续运营发展全周期。根据 Rothwell（1982）对政策工具的划分思想，首店经济相关支持政策以补助奖励、金融支持、通关便利等环境型政策为主，未来将探索资金投入、重点商圈基建、消费高端专业人才培育等供给型政策，与环境型政策实现有机组合，提升政策精准性和实效性。

比如，上海将国际消费中心城市建设专项资金纳入商务高质量发展政策框架下，2022 年出台的《上海市商务高质量发展专项资金管理办法》围绕外经贸发展、商贸流通发展等领域提以补助、奖励、购买服务等方式提供支持。实施消费市场创新发展奖励政策，在首店、创意活动和业态模式创新方面具有突出表现的企业获得财政资金支持。完善金融支持政策，补齐消费市场创新和“首发经济”发展生态链。金融机构协同上海市商务委支持政策，按照“一企一方案”的原则，同比例支持消费市场创新项目，进一步降低企业的融资成本，助力企业加快打造潮流消费的新场景和新供给。

又如，北京作为较早发布首店政策的城市，2019 年 3 月，出台了首店 1.0 支持政策《北京市商务局关于鼓励发展商业品牌首店的若干措施》。到 2022 年 3 月，《促进首店首发经济高质量发展的若干措施》标志着首店政策迭代更新至 3.0 版本。首店、旗舰店政策支持范围扩展到概念创新店，支持老品牌的创新发展，支持力度不断加大，不仅关注数量的增长，还结合品牌能级、创新力和文化力给予综合支持。北京鼓励各职能部门围绕首店首发首秀活动加快推动政策创新，为新品通关、入驻开业、融资服务、登记注册、消防便利等事务提供便利和支持，鼓励发展商业品牌首店的措施从框架性政策，逐渐延伸到品牌落地的全产业环节，各类细则更加具体有针对性，品牌资源吸引力和集聚力更强。

三、从重视品牌资源引进到本土品牌培育

目前普遍存在国际知名品牌渗透率偏低、本土特色产业品牌转化不足、老字号传承发展艰难等问题。2021 年，广州新增首店数量超过 214 家，但国际知名品牌首店数仅有 8 家，其余以本土品牌为主，知名品牌首店国际化

率较低，与自身城市经济人口地位不匹配。广州虽然拥有纺织服装、皮革皮具、美妆日化等产业集群，但存在低端加工、代工环节，产品低端化、同质化等问题，尚未形成特色产业品牌，设计研发、运营销售等高价值环节较少。广州“中华老字号”有35个，排名全国第五，少于上海（180个）和北京（116个），但面对新消费需求存在传承发展难题。

当前政策重点支持在美食、旅游、会展、时尚等服务消费领域孵化凸显本地特色的新品牌。高能级的国际知名品牌入驻通常是与城市经济基础、消费水平和辐射能力密切相关，相关品牌的引进要遵循市场规律。而本土品牌往往带有明显的地域文化特征，是城市文化魅力对外传播的重要渠道，而且设计、生产、销售等产业链环节本土化程度高，可以更好带动消费品制造业提档升级，推动制造业与服务业融合发展。例如，重庆在《建设富有巴蜀特色的国际消费目的地实施方案》提出，做强巴蜀消费特色品牌。促进服务消费与文化消费相结合。发挥重庆在文化、旅游、餐饮等服务消费方面领先全国的优势，根据发展基础和潜力，将川剧等非物质文化遗产和与设计创意、影视剧、动漫、游戏、直播等文化产品相结合，推动IP链条延伸，开发“重庆手信”“重庆礼物”等特色产品。增强文化产业赋能，注重培育“重庆造”工业消费品牌和特色农业消费品牌，依托生物医药、电子汽摩等优势消费品工业，强化工业设计与文化创意融合，扩大对外开放和产业升级，探索建立与国际接轨的生产质量体系。推动涪陵榨菜、奉节脐橙等特色效益农业的品牌建设。

四、以开放发展推动国际消费环境优化

国际消费中心城市的建设，是新一轮改革开放的重要组成内容。开放发展推动国际消费环境优化的主要施策点包括三个领域。

一是跨境电商、会展经济等关键领域。加快发展跨境电商和会展经济是培育商务经济新动能、拓展商务高质量发展新路径，也是强化全球资源配置功能、提升国际贸易中心能级的重要任务。在货物贸易和人员来往等方面，跨境电商与会展经济连通国际国内市场、整合国际国内两种资源，以消费促进优势制造业集群转型升级，带动服务业发展。会展业标准化建设和高质量

发展，对城市产业转型、扩大消费都有举足轻重的作用。现有政策均注意到要充分放大广交会、进博会、服贸会、消博会四大对外开放展会平台的溢出带动效应，优化会展行业营商环境，加快形成有利于推动会展经济高质量发展的良好产业生态。例如，广州提出充分发挥粤港澳大湾区、自由贸易试验区、国家跨境电商综合试验区叠加优势，建设广州空港、南沙港跨境电商国际枢纽港，发展跨境电商、“网购保税+实体新零售”，充分利用海关特殊监管区的政策优势，打造国际领先的跨境电商商品集散中心，打造具有全球影响力的跨境电子商务国际枢纽城市。北京和上海先后针对跨境电商出台专门措施和方案《关于进一步推进跨境电子商务创新发展的若干措施》《上海市推进跨境电商高质量发展行动方案（2023—2025年）》，着眼于优化跨境电商相关外汇管理、降低经营成本和经营门槛，完善便利化服务体系，培育贸易竞争新优势。天津发挥自贸试验区制度创新、服务业扩大开放综合试点、服务贸易创新发展试点等政策作用，发展邮轮经济、保税经济等跨境消费，打造全球商品贸易基地。

二是聚焦核心商圈、自由贸易试验区、国家新区、空港枢纽等多个政策叠加区。推动国际消费环境优化的相关政策，通常在诸如自由贸易试验区、服务业扩大开放示范区、临空经济区、综保区、区域一体化发展等政策叠加下形成，在开放发展方面肩负着先行先试，制度创新的使命。《中国（上海）自由贸易试验区专项发展资金支持消费中心发展实施细则》对在上海自贸试验区注册、纳税的企业从事相关商业创新发展、商业升级改造、首店首发活动、品牌走出去、二手车出口等领域进行奖励支持。北京出台的《打造“双枢纽”国际消费桥头堡实施方案（2021—2025年）》，明确“双场+双区”空间载体建设国际一流消费目的地、高端消费资源配置平台、消费引领服务业升级示范区、区域消费协同发展新引擎、国际消费政策创新高地的定位。上海加强贸易总部、新型贸易集群、首发经济、会展经济、跨境贸易便利化、贸易要素保障、内外贸一体化等政策集成，高水平推进淮海新天地进口贸易促进创新示范区建设。

三是提升国际消费便利水平。推动国际消费政策和制度体系创新，积极发展保税、免退税经济，完善国际游客数字化支付、入境商务签证、过境免签等便利化政策，建立健全消费者权益保障，推动服务标准化建设，对新型消费业态加强规范和标准约束，构建以信用为基础的监管体系，提升流通效率，优化市场环境。广州注重流量优势推动功能复合的枢纽型消费场景建设，优化机场、火车站、港口等口岸免税店布局。重庆充分发挥通道优势，推动通道带物流、物流带经贸、经贸带产业，努力做全球消费资源的集聚地、开放共享市场的排头兵、实行高水平开放的新门户，持续提升在全球消费网络中的地位。然而，这部分主要涉及国家相关部委相关政策调整，国内主要城市可主动推进的政策有限。例如，144 小时过境免签政策调整由国家移民管理局负责，免税店相关政策调整涉及部门包括财政部、商务部、文化和旅游部、海关总署、国家税务总局。信用监管的进度与国家市场监管总局推动营商环境创新相关政策密切相关。这些基础性的政策，通常在自由贸易试验区、国家新区等制度创新高地率先探索，以最高标准、最高水平开展先行先试，加快构建与国际通行规则相衔接的营商环境制度体系。

第四章　推进国际消费中心城市建设的痛点难点

当前建设国际消费中心城市存在一些痛点堵点，主要表现在全球要素集聚与资源配置能力不够、消费与生产的双向牵引有待增强、文化软实力支撑力不足、数字经济赋能有限、商业品牌集聚动能较弱、消费环境体制机制突破等方面，是国际消费中心城市建设中开展政策创新的重点方向，亟需予以重视。

第一节　全球要素集聚与资源配置能力有待提升

一、国际游客流向面临分化，消费结构亟待优化

有研究①表明，中国出入境旅游人数的增加会显著提高货物贸易进出口额和实际利用外资额，中国与其他经济体双边旅游来往人数占比增加1%，双边货物贸易进出口额将增加约1.9%，中国实际利用外资额将增加约2.1%。国际人员往来便利所产生的带动效应由此可见一斑。

国内城市入境游客分流竞争加剧。2005年以来，北京、上海、广州、天津、重庆五地的国际游客吸引力呈现出“北冷南热”的分化局面。北京与上海在入境旅游方面的市场规模差距正在呈现扩大趋势。北京和天津入境

① 顾振华，高翔．出入境旅游人数增加促进服务业监管趋同——基于44对中外国家数据的实证研究［J］．旅游学刊，2021，36（3）：14－28.

游客数量呈现稳中有降的态势，而上海、广州、杭州、重庆、武汉等城市入境游客大幅增加。2005—2019 年，北京和天津入境旅游者规模均呈现出先升后降的“倒 U”走势，对国际旅游者的吸引力不足。具体来看，北京入境旅游者仅从 2005 年的 362.9 万人次增长到 2019 年的 376.9 万人次，天津入境旅游者从 74 万人次下降到 56.1 万人次。与之相对应的是，2019 年上海市和广州市入境旅游者数量纷纷创出历史新高，约为 2005 年的 1.7 倍，实现了高位快速增长。增长最强劲的当属最年轻的直辖市重庆，2019 年接待入境游客 279.11 万人次，约是 2005 年的 5.7 倍。

国际游客比重远远落后。庞大的国内旅游市场造就了巨大国内旅游市场，入境游客比重相对较低，外国游客占比更是微乎其微。纽约市 2019 年接待游客量高达6660 万人次，国际游客约占 20%。自 1991 年以来，纽约市游客量几乎增长了两倍，其中近一半的增长发生在最近的 10 年里。与之相比，北京 2019 年接待游客总人数 3.2 亿人次，其中入境游客仅占比约 1.2%。上海 2019 年接待游客总人数 3.7 亿人次，其中入境游客占比约为 2.4%。广州 2019 年接待游客总人数 6773.13 亿人次，其中入境游客占比约为 13.3%。自 2005 年以来，北京和天津接待的外国游客占入境旅游者比重分别在 85% 和 90% 上下轻微浮动，上海则出现小幅下降。值得注意的是，重庆接待入境旅游者中外国游客占比从 2005 年的 80% 快速下降到 2019 年的 57%，来自港、澳、台地区的入境旅游者增长迅猛。广州接待外国入境旅游者比重稳定增加，从 2005 年的 35% 增长到 2019 年的 39%。

国际旅游创汇收入差距冷热不均。上海与北京、天津在国际旅游收入方面的差距正在拉大；重庆、广州与上海在国际旅游收入方面的差距正在逐步缩小，呈现快速追赶态势。尽管北京与上海在 2005 年旅游创汇收入相当，且是广州的 1.5 倍，但随着入境游客数量差距的逐步拉大，2019 年北京旅游创汇收入已经落后于上海和广州，仅为上海的 63%，广州的 80%。伴随入境游客数量的迅猛增长，重庆 2005 年国际旅游收入约为天津市的 52%、上海的7.4%，而到 2019 年重庆国际旅游收入已经是天津市的 2.1 倍、上海的 30.6%。

入境游客消费支出结构有待优化，餐饮与文化艺术娱乐消费比重不足。

从游客本地消费构成看，北京接待的入境游客在餐饮和艺术、文化及娱乐方面开支占比较低，分别仅为 13. 1% 和 8. 3%，明显低于纽约游客①的支出比重 21. 9 和 11. 7%。到访上海的国内游客在购物和艺术、文化及娱乐方面的支出比重分别为 50. 5% 和 13. 6%，高于到访北京的国内游客的相应数据，表明上海商业零售、文化休闲娱乐对国内游客的消费吸引力更强，在住宿和餐饮方面消费开支相对较少。国内城市在为入境游客提供餐饮服务、观光游览、博物馆、历史名胜古迹等方面还有很大提升空间。

入境游客消费支出规模偏小。根据万事达集团发布的《2019 年全球目的地城市指数报告》，曼谷、巴黎、伦敦长期占据前三名。相比之下，上海接待国际过夜游客量 742 万人次，仅为伦敦接待量的 38. 9%，国际游客消费支出仅为到访伦敦的国际过夜游客消费支出的 44. 1%。而北京国际过夜游客只有 400 万人次，相当于伦敦国际过夜游客量的五分之一，相应消费约为伦敦的三分之一，离世界文化旅游名城还有很大差距。据统计，2015 年伦敦、巴黎入境游客超过 1500 万人次，人均消费 1000 美元左右，纽约、首尔入境游客达到 1000 万人次以上，人均消费超过 1400 美元。而 2015 年北京、上海、重庆入境游客人均支出平均在 1000 美元上下。

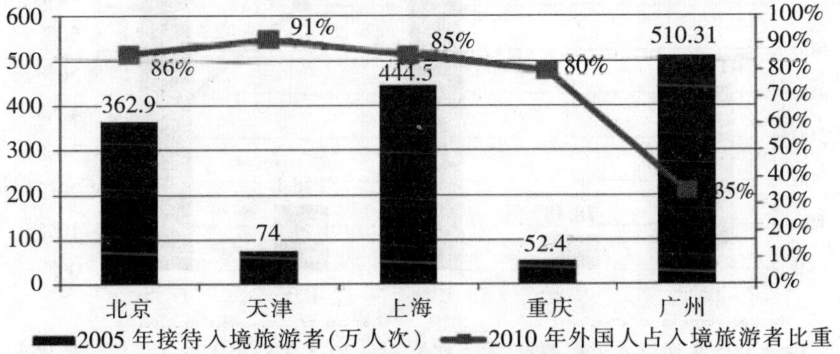

图 4 – 1　接待入境旅游者数量及外国人比重（2005 年）

① Office of the State Comptroller, Report 2 – 2022, *The Tourism Industry in New York City*: *Reigniting the Return*, April 2021 .

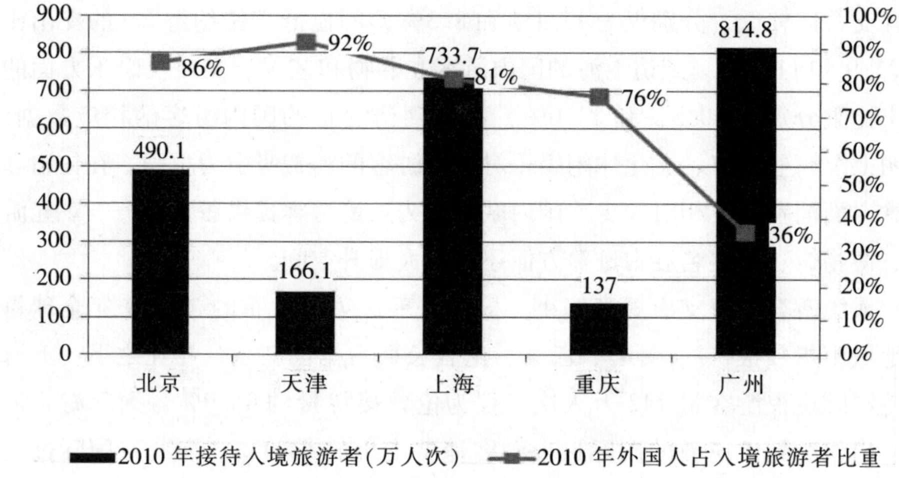

图 4－2 接待入境旅游者数量及外国人比重（2010 年）

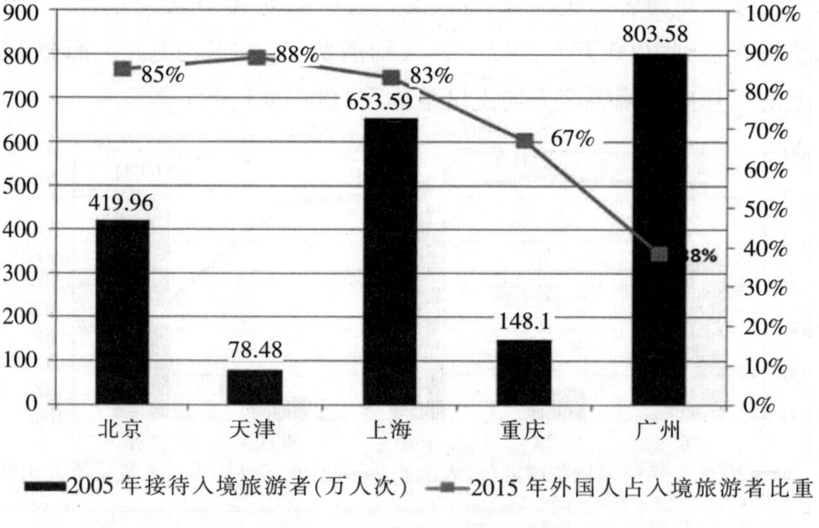

图 4－3 接待入境旅游者数量及外国人比重（2015 年）

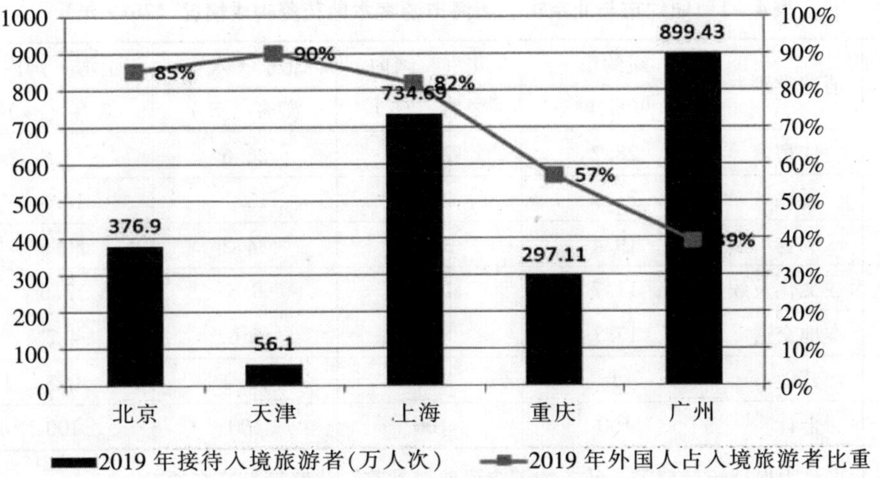

图 4-4　接待入境旅游者数量及外国人比重（2019 年）

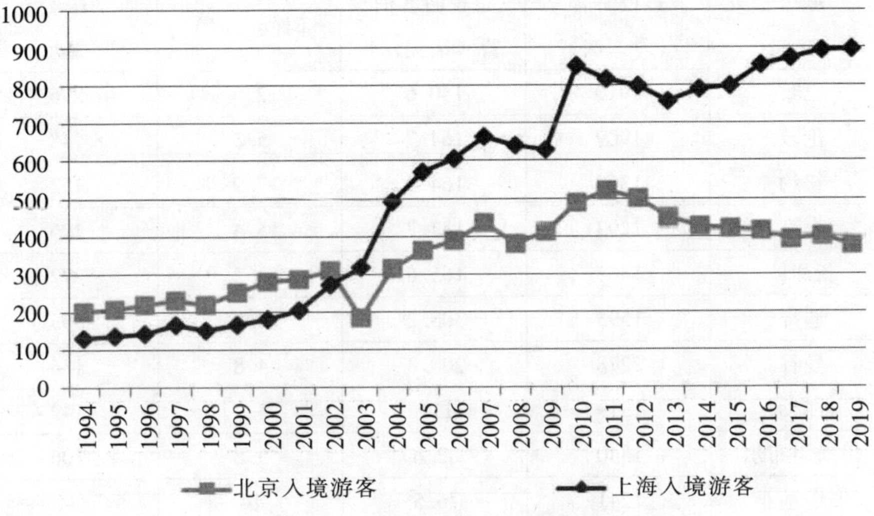

图 4-5　北京与上海游客数量

表 4－1 纽约市与北京市、上海市游客本地花费构成情况（2019 年）

消费类别	纽约市（%）	北京－国内游客（%）	北京－入境游客（%）	上海－国内游客（%）
住宿	28.2	21.6	26.6	11.9
餐饮	21.9	23.9	13.1	14.3
购物	19.4	36.1	34.2	50.5
艺术、文化及娱乐	11.7	12.6	8.3	13.6
本地交通	17.7	4.7	5.6	4.2
其他	1	1.1	12.2	0.3
合计	100	100	100	100

注：为保持统计口径一致，均不含民航、铁路、公路等长途交通费。

表 4－2 全球十大旅游目的地城市与北京、上海比较

城市	2018 年国际过夜游客（万人次）	2018 年国际过夜游客消费（亿美元）	平均逗留时间（晚）	每人每天平均支出（美元）
巴黎	1910	140.6	2.5	296
伦敦	1909	164.7	5.8	148
纽约	1360	164.3	7.9	152
东京	1293	137.7	5.4	196
新加坡	1467	165.6	4.2	272
迪拜	1593	308.2	3.5	553
曼谷	2278	200.3	4.8	184
吉隆坡	1379	111.3	5.7	142
伊斯坦布尔	1340	82.6	5.8	106
安塔基亚	1241	76.5	14	44
上海	742（外国人占比 81%）	72.6（国际旅游收入）	不详	不详
北京	400（外国人占比 85%）	55.2（国际旅游收入）	不详	不详

数据来源：万事达集团，《2019 年全球目的地城市指数报告》

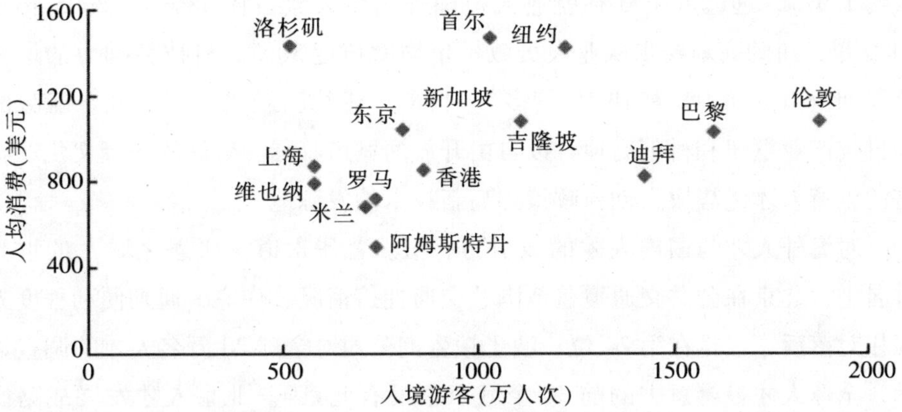

图 4－7　全球部分城市入境游客数量与人均消费支出（2015 年）

资料来源：MasterCard Global Destination Cities Index，2015.

二、高水平人才高地建设起步较晚

人才支撑政策体系尚不完善。以北京为例，尽管北京最近两年以两区建设为契机，在提高人才流动便利化和优化营商环境方面集中发力，积极探索国际职业资格认可工作，吸引境内外高水平专业人员来京创新创业，但整体上高水平人才高地建设刚刚开始，相关政策体系正在搭建和完善过程中。在 2021 年首次发布了《国家服务业扩大开放综合示范区和中国（北京）自由贸易试验区境外职业资格认可目录（1.0 版）》，首批认可 82 项境外职业资格；在 2022 年发布了《国家服务业扩大开放综合示范区和中国（北京）自由贸易试验区建设人力资源开发目录（2022 年版）》和《国家服务业扩大开放综合示范区和中国（北京）自由贸易试验区对境外人员开放职业资格考试目录（2.0 版）》。

国际人才集聚水平较低。2018 年底，外籍人才占北京人才总量不足 1%①，与纽约、伦敦、东京等世界城市的 15%—20% 相差较大。2019 年底，中关村示范区拥有留学归国及外籍从业人员 5.3 万人，约占从业人员总

① 千龙网．北京建国际人才社区 扩人在京留学生规模［EB/OL］（2019－09－13）［2021－11－02］．https：//www. sohu. com/a/340698524_ 161623.

数的1.9%，远远低于硅谷就业人员国外出生人数占比48%[①]。2005年至2010年，纽约高新技术从业人员数量年均增长近30%，科技劳动力的增幅比同期全市劳动力增幅快10倍多[②]。目前，纽约已经成为可与硅谷匹敌的高科技产业枢纽和科创高地，以自由开放的城市氛围、奔放的先锋文化、丰富的创意人才优势成为创新政策和高新技术的发源地。

对海外人才与国内人才的吸引力有限。普华永道《机遇之城》的世界排名中，北京在公共交通覆盖范围、交通拥挤情况、住宅、通勤便利程度方面相对落后，仅排在第24位；波士顿咨询公司对全球20万名人才的调查显示，全球人才最愿意去的前30个城市中没有北京[③]。北京人才发展战略研究院《全球城市人才黏性指数报告（2021）》[④] 显示，北京的生态健康吸纳力、公共生活承受力在50个城市中分别排名第46位和第48位。北京对青年人才的吸引力也呈现下降态势。受落户难、房价高、人才竞争等因素影响，近年来京外生源高校毕业生选择在京就业的比例呈小幅度下降趋势。北京虽然拥有全国数量最多的杰青人才，占比却不断下滑，从2013年的41.5%降至2019年的34.1%，降幅达7.4个百分点。1994—2017年，北京杰青人才流出人数为192人，净流出人数达29人；而广东和上海净流入人数分别为39人和15人[⑤]。

高端外籍人才比重有待提高。正加快构筑人才要素集聚高地的上海，对海外人才的吸引力保持领先，引进外国人才的数量和质量均居全国第一。报

① SILICON VALLEY INDICATORS. Silicon Vally Index 2021 ［EB/OL］. ［2021 - 12 - 23］. https：//siliconvalleyindicators. org/download - the - 2021 - index/.

② 转引自汪明峰、刘婷婷，全球城市综合商业街区的空间优化——以纽约第五大道为例. 全球城市研究. 2020年第1期.

③ 商业周刊. 全球人才最爱去这个城市工作，不是纽约 也不是迪拜［EB/OL］.（2018 - 06 - 30）［2020 - 10 - 28］. https：// www. sohu. com/a/238595755_ 320672.

④ 海淀人才. 北京人才发展战略研究院重磅发布《全球城市人才黏性指数报告（2021）》［EB/OL］.（2021 - 10 - 21）［2021 - 10 - 28］. https：//www. sohu. com /a/496456040_ 121106842.

⑤ 高阵雨，陈钟，王长锐，等. 我国高层次科技人才流动情况探析：以国家杰出青年科学基金获资助者为例［J］. 中国科学基金，2019，33（4）：363 - 366.

告显示，近五年来留学归国落户人员年均增长30%，累计达到11.4万人。然而，《2022上海科技进步报告》显示，截至2022年年底，上海累计核发《外国人工作许可证》37万余份，其中外国高端人才（A类）的为7.1万余份，只占约19.2%，外国科技人才约1.1万。

三、航空货运枢纽对消费资源配置能力的支撑作用不足

航空物流是高端产业链、高效供应链和创新价值链的重要载体和支撑，是影响新一轮全球产业重构的“基础设施”。迪拜作为重要的中东、非洲及南亚的门户，批发和零售贸易占迪拜GDP的30%，而运输和物流约占12%。这意味着迪拜40%到45%的经济是基于贸易和在阿联酋及周边地区的贸易和人口流动。可见，物流枢纽建设，要立足产业结构和消费特点，对城市消费资源配置能力起到重要的支撑作用。

航空货运国际竞争力有待提高。根据《中国航空物流枢纽发展指数2022》，上海、北京、广州航空物流枢纽发展指数排名前三，是国内航空物流枢纽建设的第一梯队，国内大型综合机场在航空物流枢纽建设方面具有较强的比较优势，成都、郑州、深圳、青岛、重庆、昆明、武汉分别排名第4到第10。但跟FedEx、UPS、DHL全球三大物流巨头相比，货机量少，运力、运能与需求不匹配，专业中介服务机构不够发达，企业间协作水平较低，行业效率发挥不够等问题制约着航空货运行业发展。国际航线密度低，全球连接能力只有美国和德国的一半，且多集中在东南亚、日韩地区，南美、非洲等地区覆盖能力差，尚未形成自主可控的全球服务体系①。整体上北京、上海、广州等地航空货运正处于初级阶段，航空货运的国际竞争力有待提升。当前，跨境电商、冷链物流和国内国际快递业务成为航空货运新的增长业态，但距离发达的航线网络和货运航班时刻、高效的运营管理及通关效率、系统化的航空物流集成还有相当长的距离。亟需畅通国际航空货运通道，提升航空货运专业化运营和国际物流服务保障能力，加速融入全球空港

① 陈涛东，孔军华，金晶．积极财经政策促进航空物流发展［J］．民航管理，2021（2）：50－53.

物流网络。

表 4 - 3　北京、上海与世界主要机场航空货运枢纽通关时间对比

航空枢纽	通关时间
香港机场	货物可在运抵 3 小时之前办理清关手续
韩国仁川机场	货物到港与出港平均时间为 12—16 分钟
上海浦东机场	货物中转时间约 48 小时
新加坡樟宜机场	货物中转时间约 24 小时
北京首都机场	快件通关最快需 40 分钟

第二节　消费与生产的双向牵引有待增强

一个城市和区域的消费体系建设要与人口结构、消费水平、产业基础、城市定位相匹配。在生产、分配、流通和消费的社会大生产循环中，消费作为最终需求，是畅通经济循环的关键环节，对供给创新和产业升级起到引领性作用。消费需求升级，以促进产品升级和产业发展，以制度创新、技术创新和产品创新培育形成新供给，加快形成增长新动能。消费升级是产业升级的根本驱动力，为经济运行注入活力。为此，国际消费中心城市的建设不仅要激发消费，从根本上要优化产业供给，引领产业升级和经济体系建设。

一、消费对产业体系的牵引路径不明确

从建设国际消费中心城市的政策体系来看，与高精尖产业体系之间呈现出匹配性不足的问题，生产与消费的关联性较弱。根据《北京市“十四五”时期高精尖产业发展规划》，北京市正全力推动构建“2441”高精尖产业体系，打造高精尖产业 2.0 升级版，积极培育形成“两个国际引领支柱产业、四个特色优势的‘北京市智造’产业、四个创新链接的‘北京市服务’产业以及一批未来前沿产业”。这一规划聚焦产业研发环节，对消费环节的关切较少。与消费密切相关的只有做优“北京服务”四个创新链接产业中的“信息内容消费”，仅涉及原创精品游戏与世界级电竞平台和信息消费体验

服务两个方面。同样，《北京市建设国际消费中心城市实施方案（2021—2025 年)》提出的“十大行动”，也没有体现出对高精尖产业的呼应和牵引。

比如，时尚设计作为设计之都建设的重要一环，通过融入上海“3 + 6”产业体系，形成全产业链、创新链、资金链、政策链相互交织、相互支撑的格局，对国际消费中心城市建设的首店经济、品牌培育等方面均能产生巨大联动效应。时尚消费品产业首次被列入支撑上海“十四五”发展的六大重点产业之一，是全力打响“四大品牌”、持续增强城市能级和核心竞争力的重要支撑。上海市经济信息化委、上海市发展和改革委、上海市商务委、上海市文化和旅游局、上海市市场监管局共同推介《上海市时尚消费品产业高质量发展行动计划（2022—2025 年)》聚焦“八品三专项十行动”，即服饰尚品、化妆美品、精致食品、运动优品、智能用品、生活佳品、工艺精品、数字潮品等“时尚八品”，围绕数字创新升级推进、载体场景优化提升、时尚生态体系建设“三大专项”，实施科技研发新策源、数字制造新赋能、品牌建设新引领、产业载体新布局、消费场景新融合、国潮文化新风尚、绿色低碳新赛道、要素集聚新支撑、时尚出品新认证等“十个行动”。

相比之下，北京印发的《关于加快引导时尚类零售企业在京发展的指导意见（2022　2025 年)》，仅仅聚焦时尚零售这一先行领域或环节，对时尚创意、研发设计、总部管理等高价值产业环节辐射力度和政策支持力度有限，难以充分支撑专业集中度高、科技融合度高、品牌转化率高、资源整合力强的时尚消费高地建设。

二、城市文化软实力对消费支撑力不足

文化是消费的内核，是城市的灵魂；消费是文化的载体，彰显着城市活力。消费行为本身已经成为文化的一种主导力量。文化魅力塑造出独一无二的城市形象，成为吸引游客的关键。基于文化的优势是最根本的、最难以替代和模仿的、最持久的和最核心的竞争优势。根据英国的一项调查显示，近一半（47%）的受访游客表示，会把英国和博物馆联系在一起，博物馆是伦敦最受欢迎的景点。平均 38% 的受访者认为音乐、电影和体育与英国密

切相关。

文化产业对消费赋能不足，文商科体旅深度融合欠缺。北京雄厚的文化资源优势还没有充分转化为创新创意产业优势，设计、影视、演艺、音乐、网络游戏、旅游、艺术品交易、会展等领域的产业规模“小”“散”“弱”等现象普遍，产业结构同质化问题突出，产业集聚化专业化效能尚未充分释放，国际竞争力不高。

消费空间载体缺乏文化“芯”，文化浓度有待提升。消费品质提升与制度型开放策略、文化产业政策之间存在一定脱节。以北京为例，虽然“两区”建设文化旅游领域推出一批政策创新，但很多政策虚位以待，缺少空间聚合、市场载体和应用场景支撑。“两区”重点园区（组团）在文化领域侧重发展文化贸易与文化消费领域，对文化创造能力缺乏关照。据统计，“两区”重点园区（组团）文化旅游类园区，尤其是环球影城和隆福寺地区，批发零售、住宿餐饮、文体娱乐企业数量占比超 4 成。新文化、新空间、新娱乐、新体验的新业态。体现“北京服务”“北京品牌”“北京智造”的文化供给有限，国际影响力和吸引力不足。文化产业融合性强，创意设计、网络直播、视听创新等赋能吃住行游购娱相关产品或服务、商圈建设、消费场景、消费空间等方面，有助于提升消费供给品质，加快中华文化的国际传播效率，塑造城市文化人文形象。

具有鲜明本土文化特征的现代生活形态缺乏内容创新。在以人为核心的场景重建过程里，商品和服务背后的文化内容成为商业的灵魂，文商体旅深度融合，将物质消费与精神享受有机结合。如北京的三里屯、什刹海、南锣鼓巷等商业街区、商业楼宇、公共服务设施等空间载体已经完备，但文创、娱乐、餐饮等体验式业态创新不足，文创类、艺术类、潮流性、网红性品牌品类较为稀缺，品牌重合、业态趋同、定位雷同等问题较为突出，内容供给质量、品类丰富度、地域文化显示度均难以体现出北京与国内其他大城市消费地标之间的差异。

第三节　数字经济激活消费功能有待增强

近年来，中国“互联网 +”蓬勃发展，5G、人工智能、物联网深入融合，带动数字消费持续扩大升级，2021 年全国网上零售额达 13.1 万亿元，比上年增长 14.1%。其中，实物商品网上零售额 108042 亿元，增长 12.0%，占社会消费品零售总额的比重为 24.5%，比 2014 年上升 15.3 个百分点，数字消费市场规模全球第一。

一、线上线下结合的数字消费领域潜力有待提升

数字技术从生活服务便利化、公共服务均等化、智能产品成熟化、消费群体扩大化、消费理念升级、基础支撑高效化、消费环境保障完备化等方面塑造消费新态势。根据中国信通院发布的《中国信息消费发展态势报告 2022》，新一代信息技术不断与传统线下消费融合，降低社会交易成本，深入渗透到娱乐文旅、教育培训、医疗健康等领域，推动智能终端产品升级迭代，激发线上线下新业态创新发展，不断催生新兴需求。主要领域包括直播电商、在线旅游、超高清视频、线上健身等生活服务，互联网医疗、互联网政务、在线教育等公共服务，智能家居等新型消费终端，不断培育新场景和新生活方式。

服务业数字经济渗透率有待提高。当前数字技术面临系统创新、深度融合与智能引领的重大变革，人工智能、大数据、云计算、物联网等技术推动产业数字化进程，改造与重构产业链条，成为创新发展的主要驱动力。根据中国信通院发布的《全球数字经济新图景 2020》，2019 年中国数字经济占 GDP 比重达到 36.2%，对经济增长的贡献达到 67.7%，但数字经济比重远远落后于德国（63.4%）、英国（62.3%）、美国（61.0%）等国家。在产业数字化方面，中国农业、工业、服务业数字经济渗透率分别为 8.2%、19.5% 和 37.8%，更是显著低于全球产业数字化均衡发展国家，如德国（分别是 23.1%、45.3% 和 60.4%）和英国（分别是 27.5%、32.0% 和 58.1%）。可见，我国服务业数字经济渗透率显著高于农业和工业领域，但依然低于世界服务业数字经济渗透率的平均水平（39.4%）。

新型消费领域冷热不均。以信息技术为手段、以多业态聚合、多场景覆盖为特征的新型消费涵盖了网络视频、网络购物、网络音乐、网络直播、网络游戏、网络文学、互联网医疗、线上健身等消费类别。根据第 33 次、第

51次《中国互联网络发展状况统计报告》，2013年12月至2022年12月，中国网民规模从6.18亿增长到10.67亿，年均增长率高达6.3%，互联网普及率从45.8%增长到75.6%。即时通信、网络视频（含短视频）、网络直播、网络支付、网络购物等应用的增长贡献率较高，网民使用率均高于70%。而网络新闻、网络音乐、网络游戏、网络文学相关应用的用户规模增长缓慢，部分网民使用率甚至出现下降。

二、数字技术推动消费环境治理的作用有待提升

数字技术推动消费环境治理的作用有待提升。深入推进“放管服”和营商环境改革过程中，尚未充分发挥数字技术对服务效率、服务标准、服务监督等方面的迭代升级作用，建设标准、智慧、高效、便捷的数字服务体系，以数字化改革助力政府职能转变。在强化科技创新、知识产权、金融服务等关键要素开放发展等方面，亟待深入挖掘数据要素价值，推动大数据、人工智能、区块链等新兴数字技术应用场景建设。在推动重点商圈智慧化转型方面，亟待整合数据要素采集与流通，聚焦智慧服务、智慧交通、智慧安全等方面，提升便利化服务水平和能力。亟待推进市场监管数字化，提升监管服务便利化、规范化、智能化水平，以丰富的个性化服务为市场主体降低制度性交易成本，构建新型数字化信用关系重塑消费—生产秩序，提高消费安全性，让群众放心消费、积极消费。

表 4-4　截至 2022 年底我国各类互联网应用用户规模和网民使用率

应用	2022.12 用户规模（万）	2022.12 网民使用率	增长率
即时通信	103807	97.2%	3.1%
网络视频（含短视频）	103057	96.5%	5.7%
短视频	101185	94.8%	8.3%
网络支付	91144	85.4%	0.9%
网络购物	84529	79.2%	0.4%
网络新闻	78325	73.4%	1.6%
网络音乐	68420	64.1%	-6.2%
网络直播	75065	70.3%	6.7%
网络游戏	52168	48.9%	-5.8%
网络文学	49233	46.1%	-1.8%
网上外卖	52116	48.8%	-4.2%
线上办公	53962	50.6%	15.1%
网约车	43708	40.9%	-3.4%
在线旅行预订	42272	39.6%	6.5%
互联网医疗	36254	34.0%	21.7%
线上健身	37990	35.6%	--

表 4-5　我国互联网应用用户规模和网民使用率变化（2013—2022 年）

应用	2013.12		2018.12		2022.12	
	用户规模（万）	网民使用率	用户规模（万）	网民使用率	用户规模（万）	网民使用率
即时通信	53215	86.20%	79172	95.60%	103807	97.20%
网络视频（含短视频）	42820	69.30%	64798	78.20%	103057	96.50%
网络支付	26020	42.10%	60040	72.50%	91144	85.40%
网络购物	30189	48.90%	61011	73.90%	84529	79.20%
网络新闻	49132	79.6%	67473	81.4%	78325	73.40%

续表

应用	2013.12		2018.12		2022.12	
	用户规模（万）	网民使用率	用户规模（万）	网民使用率	用户规模（万）	网民使用率
网络音乐	45312	73.40%	57560	69.50%	68420	64.10%
网络直播	/	/	39676	47.90%	75065	70.30%
网络游戏	33803	54.70%	48384	58.40%	52168	48.90%
网络文学	27441	44.40%	43201	52.10%	49233	46.10%

数据来源：根据第 33 次、第 43 次、第 51 次《中国互联网络发展状况统计报告》整理

三、新场景需求与技术创新的双轮驱动格局不明朗

元宇宙[①]作为新一代信息技术融合发展的产物，是整合虚拟现实、数字孪生、人工智能、云计算、区块链等技术和应用的下一代互联网技术新生态。元宇宙正处于概念阶段、发展初期，核心技术创新亟须突破瓶颈，内容生态和应用场处在全方位探索拓展阶段，探索消费新模式新业态新场景方面才刚起步。

（一）元宇宙产业现阶段以泛娱乐应用场景为主

元宇宙产业生态一般分为四层：技术支撑层（底层技术支撑）、平台层、交互层（感知及显示）和应用层。国外的元宇宙已经初步形成多元化产业生态。底层技术、算力平台和基础设施、硬件设备已出现相对成熟的产品，拥有较完整的产业链布局，在社交、游戏、交通、办公、制造等领域广泛布局。国内元宇宙发展集中于光学模组、VR 整机、相关芯片等相关终端设备研究，在算法迭代、芯片计算等技术能力上依然落后于美国，在内容生态方面刚刚起步，应用方面偏向泛娱乐化，游戏、文化、艺术、旅游等直接面向消费者的领域不断融合拓展，催生出越来越多的新消费形态。

① 2022 年 9 月，全国科技名词委对“元宇宙”（metaverse）形成共识：人类运用数字技术构建的，由现实世界映射或超越现实世界，可与现实世界交互的虚拟世界。

由于国内工业建模引擎和仿真软件起步较晚，企业对数据安全性要求更高，尚未形成较为成熟的开放应用生态[①]。在城市治理方面元宇宙发展相对较慢，未来随着数字孪生城市建设的加快，将成为新的热点。当前元宇宙产业正处于以技术研发和场景应用双轮驱动创新的培育阶段，需要围绕场景开放创新，多措并举，完善要素保障，加快形成一批场景开放政策措施和制度成果，加速培育、夯实产业发展生态，让数字经济赋能消费的路径更加清晰。社交、游戏、文旅等泛娱乐应用发展较快，在增强体验效果、提升用户参与意愿、降本增值等方面成效显著。随着硬件端技术的逐渐完善和成熟，内容生态和应用场景也将从目前的社交、文旅、游戏、零售、教育等泛娱乐板块向研发、医疗、办公、制造等泛工业和智慧城市治理方面拓展。

根据新浪 VR 与企查查联合发布的《2022 年 Q3 元宇宙投融资报告》，前三季度国内元宇宙整体融资达到 228.4 亿元，光学模组、VR 整机、相关芯片等硬件领域约占投融资总额的 64%，其次是人机交互、数字孪生等新概念领域。基础设施、软件和场景应用融资笔数和金额偏少。获得投融资的企业往往是在虚拟现实细分领域具有一定知名度，且具有深耕技术、扩大市场、招引人才等需求的企业，整体上符合价值驱动逻辑。以北京为例，虽然科技资源集聚，但人工智能等底层技术突破比较困难，虚拟现实等相关企业尚未形成显著集聚效应，场景需求与技术创新的双轮驱动格局依然在探索阶段，产业技术创新处于要素集聚的蓄力阶段，应用场景驱动较为单一，配套政策体系仍有很大提升空间。

（二）元宇宙产业政策竞争加剧

2022 年，北京、上海、重庆、浙江、山东、河南、成都、厦门、济南、昆山、咸阳等 22 个省市地加速布局元宇宙赛道，出台了元宇宙产业相关的“行动计划”，包括北京通州、上海、厦门在内的 9 个地区更是直接出台元宇宙专项政策[②]。元宇宙当前处于早期阶段，在部分行业中能够形成产业化

① 上海智慧城市发展研究院，《2022 元宇宙产业技术和创新应用白皮书》。

② 上海智慧城市发展研究院.《2022 元宇宙产业技术和创新应用白皮书》http://www.sscdi.cn/index.php? id=573

应用大约需要5年时间。相比移动互联网的快速爆发，元宇宙更像是一场长跑。百舸争流千帆竞。新首钢地区有得天独厚的优势，成为“元宇宙”实践探索平台、科创成果创新应用平台，以建成具有全球影响力的科幻产业特色园区为愿景，实现更高质量发展。北京通州区侧重于数字内容引领元宇宙行业发展，重点打造培育数字设计、数字人、混合现实、数字艺术等4大产业链条。

制度创新层出不穷，配套政策体系不断完善升级。北京通州、上海、山东青岛、广州天河区及南沙新区、福建厦门、杭州西湖区等地已经建立或计划建立元宇宙产业基金，总规模预计超过240亿元。以杭州余杭区为例，大手笔汇聚规模10亿元XR①产业基金；加大对XR产业人才引进力度，实施最高1亿元支持的“顶尖人才项目”政策；形成一套XR专项人才培育机制，给予“一人一策”最高1300万元奖励，分层次给予梯队人才奖励；完善XR人才服务保障，最高给予300万元安家费补助。

（三）元宇宙产业亟需创意IP赋能发展

与元宇宙紧密相关的VR/AR企业具有较强的高技术驱动特性，为享受资源共享、人才吸纳、信息溢出、技术溢出效应而形成集聚，具有技术黏性。相关数据显示，截至2022年11月，北京市共有家195家VR/AR相关企业，重点分布在海淀上地－西三旗、中关村－知春路产业带，朝阳望京－酒仙桥、高碑店等热点区域。其中，海淀区有80家，朝阳区有40家。凭借创新要素优势，以充沛的专业人才、完整的上下游产业链、完备的技术生态遥遥领先于其他区，不断吸引相关企业入驻。

内容生态支撑力较弱。各地元宇宙、科幻产业尚且处于“体量不大、优势突出、潜力巨大”的起步阶段，元宇宙发展重点较为分散模糊，存在“缺发展战略、缺核心技术突破、缺内容供给、场景应用娱乐化”等四个关键问题。内容供给端缺少优质IP，致使下游元宇宙、科幻产业无法以IP为核心进行产业化融合，产业规模有限，产业形态基本以VR游戏、虚拟直

---

① XR，指Extended Reality，即扩展现实，通过计算机将真实与虚拟相结合，打造一个可人机交互的虚拟环境。

播、科幻电影为主。例如，杭州拱墅区打破内容资源的生态瓶颈，与腾讯签下项目合作协议，引入腾讯在电子竞技领域长期积累的资源，围绕原创内容、电竞赛事、产业链条、城市场景等方面进行重点规划和投入，在武林路打造“元宇宙一条街”。当前娱乐元宇宙应用场景正在不断丰富，尤其在娱乐演艺、游戏电竞等领域，但在内容端 IP 资源缺乏，创意生产能力较薄弱，与周边游戏企业的产业联动效应较为有限。以游戏企业集聚地中关村科技园石景山园为例，诸多游戏类企业正处于流失阶段，与人工智能相关企业之间的协同发展不明显。根据天眼查数据，石景山区内注册的游戏类企业有 179 家。其中，中型以上企业（一般认为是参保人数超过 50 人）的有 36 家，其中 23 家企业的最新年报地址已经迁到朝阳、海淀等地。这 23 家企业又有 17 家迁入朝阳，重点流向望京至酒仙桥地区。

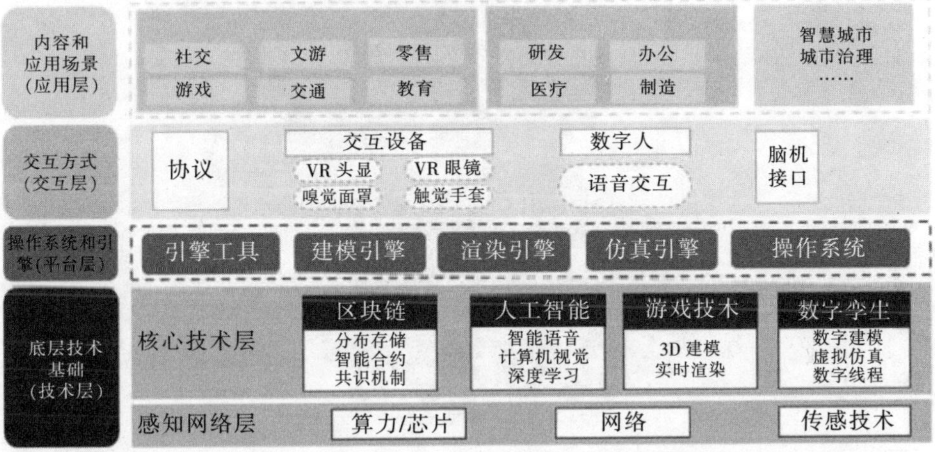

图 4－8　元宇宙产业生态

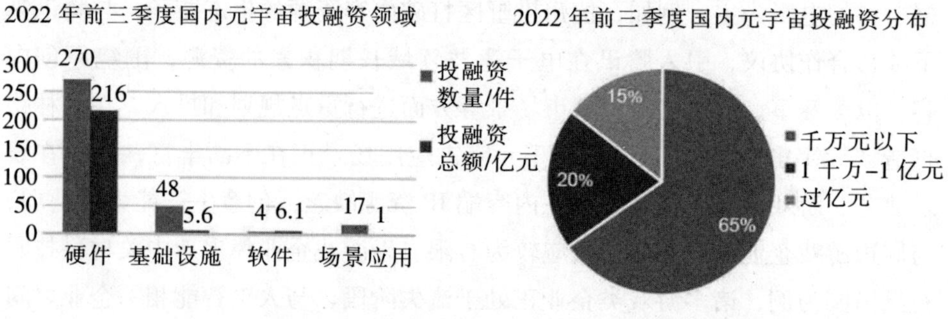

图 4–9　国内元宇宙投融资领域分布（2022 年前三季度）

数据来源：新浪 VR& 企查查《2022 年 Q3 元宇宙投融资报告》

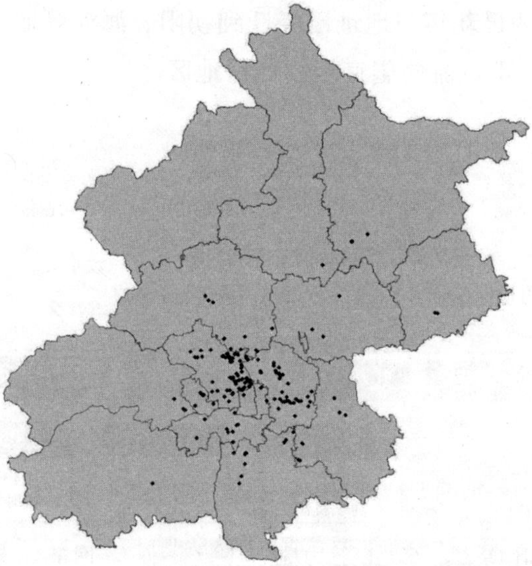

图 4–10　北京 VR/AR 相关领域企业分布图

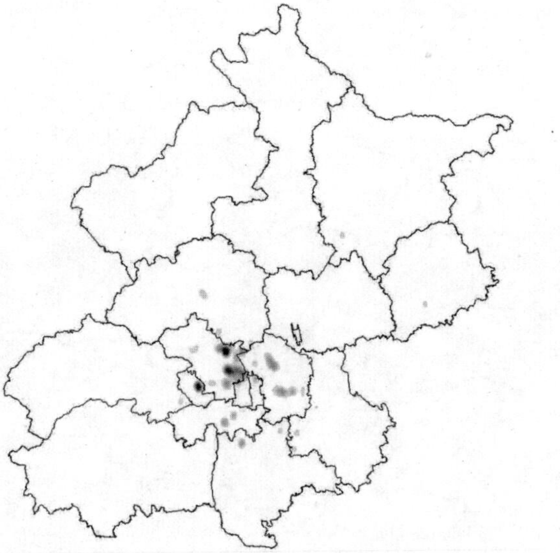

图 4-11　北京 VR/AR 相关领域企业布局核密度热力图

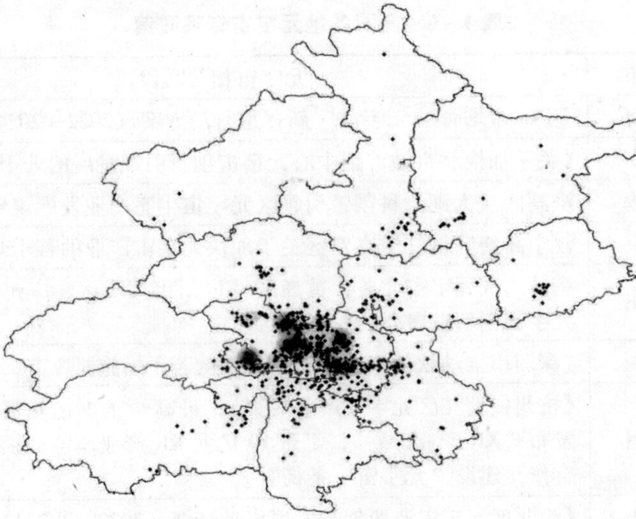

图 4-12　北京游戏类企业空间布局

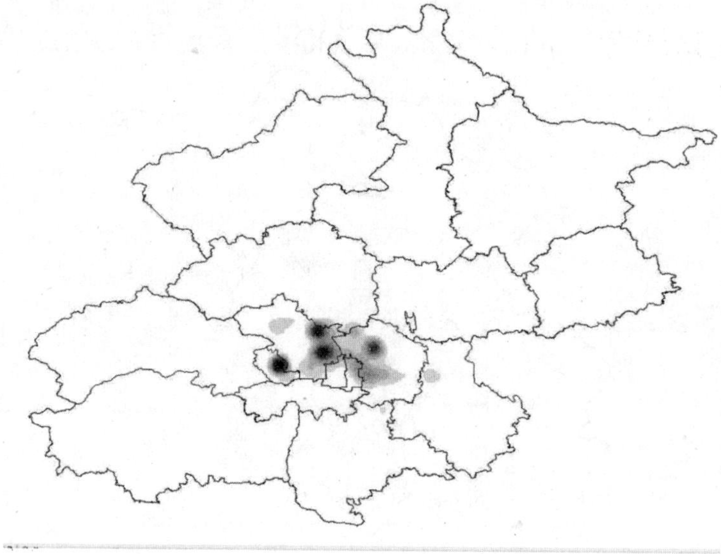

图 4－13　北京游戏类企业空间布局核密度图

表 4－6　全国各地元宇宙专项政策

序号	城市	元宇宙相关文件
1	上海	《上海市培育“元宇宙”新赛道行动方案（2022—2024）》
2	北京	《关于加快北京城市副中心元宇宙创新引领发展的若干措施》
3	无锡	滨湖区《太湖湾科创带引领区元宇宙生态产业发展规划》
4	南京	江宁高新区《江宁高新区关于加快元宇宙产业的若干政策》
5	广州	南沙新区元宇宙九条；黄浦区《广州市黄埔区、广州开发区促进元宇宙创新发展办法》
6	深圳	《深圳市推动软件产业高质量发展的若干措施》
7	杭州	《杭州钱塘江区元宇宙产业政策》，最高给予 1 亿元资助；余杭区发布“XR 产业计划”，汇聚 10 亿元 XR 产业基金；拱墅区与腾讯合作，建设“元宇宙一条街”
8	重庆	《渝北区元宇宙产业创新发展行动计划（2022—2024）》
9	成都	《成都市元宇宙产业发展行动方案（2022—2025 年）》
10	厦门	《厦门市元宇宙产业发展三年行动计划（2022—2024 年）》
11	沈阳	《沈阳市和平区元宇宙产业创新发展行动计划》

第四节　品牌集聚难以提升商业消费能级

一、首发首秀发展体系尚未形成

首店经济存在一定时效性和竞争性。首店首发经济是建设时尚购物之城的重要路径，也是优化时尚产业发展格局、引领高端商业服务业的关键要素。然而，首店的引进通常存在时效性的问题。如果品牌力较强，在首店选址期间，二店三店的拓展工作会同步进行。这意味着，首店有着极其明显的“时效性”问题，往往只能在短时间内吸引眼球，并不具备长久的话题性和引流效果。在短时间内，首店、首秀、首发、首展活动存在较强的品牌资源竞争。2021 年上海市场吸引各类首店旗舰店 1078 家，同比 2020 年增长 18.6%，数量和质量位居国内城市首位。超过 3000 个国际国内品牌在沪举办新品首发、首秀、首展活动，累计发布 5400 余款新品[①]。2018—2022 年，北京市共引进 2774 家首店落地，其中，2019 年 878 家、2020 年 183 家、2021 年 901 家、2022 年 812 家。2022 年，北京引入全球首店 5 家、亚洲首店 1 家、中国（内地）首店 31 家、北京首店 775 家，其中，中国品牌 714 家，占比约 88%，国外品牌 98 家，占比约 12%。北京“2022 全球首发节”与 2022“上海全球新品首发季”几乎同时开启。各个城市抢夺品牌资源，陷入白热化状态。

首店经济政策依然处于零打碎敲的阶段。尽管相关政策指向越来越明晰，政策工具也更加实用有成效，但缺乏体系化、平台化的支持政策和贯穿上游产业链条的政策。天津、重庆等地在首店方面的政策工具还较为单一，与商务服务、跨境电商、时尚产业等领域尚未实现政策衔接与协同。上海首店经济相关政策体系较为完善，正在形成“全球新品首发地示范区 + 首发首店地标性载体 + 网络新品首发平台”的首发经济载体建设体系，“进博会 + 时装周 + 首发季”的新品发布平台发展体系，成为培育独树一帜首发经

① 吴卫群．前 8 月上海新增各类首店 609 家［N］．解放日报．2022 - 09 - 10.

济的重要引擎。

二、国际品牌资源集聚差距较大

目前我国国内本土特色品牌较少，对国外游客的消费吸引力不足，制约着境外游客消费规模。德勤咨询发布的《2020 全球奢侈品力量报告》显示，意大利有 22 家企业上榜，美国有 15 家企业上榜，英国有 10 家企业上榜，瑞士有 10 家企业上榜，法国有 9 家企业上榜，日本有 6 家企业上榜。中国仅有 8 家入围世界前 100 名奢侈品公司，且 7 家均为珠宝公司，仅有一家服装企业。中国上榜的企业奢侈品零售额总和仅仅相当于全球最大奢侈品企业路易威登的 52.8%。本土中高端品牌距离国际奢侈品还有很远的路要走，在品类、质量及消费环境上都存在很大提升空间。

根据 2021 年 12 月第一太平戴维斯发布的《中国零售 20 城》报告①，上海稳居中国零售第一城地位。顶奢、轻奢、快餐、咖啡、大众服饰、高阶服饰、美妆及大型零售店八个品类中，上海在快餐与中端服饰品类正在快速追赶上北京，同时在大众服饰及化妆品的领先优势持续扩大，总分值创下近五年最高。考虑到尚未计入下半年开业的标杆项目里众多新门店，未来上海的领先优势仍将继续放大。这种差距的拉大，部分是由于北京对疫情防控极为严格，间接延缓商务活动进展，部分是由于近三年北京本地优质物业项目供应有限。近三年，北京年均商业供应面积仅为上海的 22%，且近 70% 位于城市远郊，品牌扩张面临一定难度。有些知名咖啡店品牌在上海的店铺数量约为北京的两倍。

三、新品牌创业活力不足

随着中国消费者群体开始形成独立于西方品位的品牌偏好，在移动互联网平台的传播催化下，本土品牌的培育、成长与成熟将迎来巨大机遇。根据

① 基于对 50 个国际零售品牌（以成熟的国际主流品牌为主，且已进入中国市场五年以上）门店数量的分析，对不同品类赋予不同权重，通过计算每座城市品牌店铺的平均数量为城市评分，反映城市之间的相对差距。

2022 天猫新品牌创业地图，从 1600 个天猫重点新品牌的数量分布来看，上海拥有 348 个排名第一，遥遥领先，而广州和北京分别以 147、140 排名第四和第五。北京上榜品牌包括：Keep、Ubras、润百颜、大力智能、柠檬共和国等。此外，在排名前 10 的城市中，上海、杭州、宁波、苏州是长三角新品牌创业的集中地，深圳、广州、佛山则是珠三角新品牌创业热土。这凸显出城市群在支撑新品牌培育中的作用。

表 4－7　天猫新品牌创业城市前十榜（2022 年）

排名	城市	新品牌数量	“独角兽”品牌	潜力新品牌
1	上海	348	小奥汀、优时颜、逐本、开小灶、moody、内外、bebebus、菠萝斑马	百植萃、听研、永璞、pidan、幼岚、THE BLENDER、龙猫先森、有乐岛、椰满满、虎头局渣打饼行
2	深圳	170	蕉内、Wonderlab、理然、amiro、JOVS、参半、HBN、寻找独角兽、Cubetoou	MoodyTiger、inface、几素、7or9、wosado、menxlab
3	杭州	165	花西子、工饱饱、李子柒、ihoco、Bosie Agender、小鹿蓝蓝、空刻、薄荷健康	缤兔、spes、独束、加点滋味、锋味派、窝小芽、OGR、三年二班、麦子妈
4	广州	147	GOTO、usmile、colorkey、AOEO、朴物大美、KONO、溪木源、几光	素肌良品、奶糖派、第五人格、C 咖、爷爷的农场、Pinkbear
5	北京	140	元气森林、大力智能、Ubras、HELIUS、王小卤、keep、润百颜	亲爱男友、狮子歌歌、oatoat、柠檬共和国、茶小空、年衣、种子特工队

续表

排名	城市	新品牌数量	"独角兽"品牌	潜力新品牌
6	佛山	57	——	小南瓜、熊与杨、七彩叮当、木匠生活
7	宁波	54	小吉、GUKOO、彩棠	拇指白小 t、Maia Active、泊本、弥鹿
8	苏州	39	添可	乌扣、菠萝君、红小厨、代数学家
9	厦门	27	丸丫	BASAO、大白、范里奇奇、Vepiaopiao
10	成都	27	——	绽妍、邹三和、黄天鹅、原豆复兴

注：以上数据及排名基于根据其在天猫淘宝平台成交额、复购率、粉丝数、品牌力等指标综合评定筛选出的TOP1600个新品牌地域分布数量得出。其中"独角兽"品牌是已经进入爆发阶段的头部新品牌，而潜力新品牌是仍在孵化期的中腰部品牌。

第五节　消费环境体制机制亟待创新突破

良好的消费环境是扩大消费需求的重要前提。当前制约消费扩大和升级的体制机制障碍仍然突出。例如，服务消费涉及社会生活方方面面，不仅要在顶层设计上做好规划衔接，还要从发展理念、制度环境和政策体系等方面入手，亟需"跨层级、跨部门、跨地域"系统持续协同推进。

一、相关法律法规有待逐步健全

健全对新业态的包容审慎监管制度刻不容缓。新业态突破了传统的产业模式，代表着新的生产力，对经济增长影响越来越大。由于服务业发展历程较短，监管体制尚不适应新业态新模式的迅速发展。共享经济、平台经济及知识经济等新业态不断出现，谁来监管、怎么监管、监管什么等问题亟待解决。新业态或是多业态融合，或是全新的产业形态，难以放在原来侧重行业、产业及市场不同形态的传统监管体制和框架下，数字货币、NFT 数字藏品乱象等问题突出，容易出现新业态监管缺位。根据《2021 年度中国电子商务用户体验与投诉监测报告》，2021 年数字零售类投诉占全部投诉 66.54%，其次是金融科技，占比为 7.8%，跨境电商占比 7.27%，数字生活（在线旅游、在线教育以及在线外卖）占比 5.07%，电商物流占 2.21%。2021 年全国网络消费热点投诉问题中，排第一位的是退款问题，占比 35.2%，其次是网络欺诈（9.11%）、商品质量（8.5%）。针对跨境电商、直播带货等新消费模式，加快出台相关配套规章制度，制定管理办法，加强与其他相关政策法规的有序衔接。

文化新消费相关监管政策滞后。习近平总书记指出，文化产业既有意识形态属性，又有市场属性，但意识形态属性是本质属性。在产业政策制定过程中，城市更新、产业发展、文化空间、文化消费等多重发展目标叠加，对行业监管提出了越来越高的要求。以屡屡触及监管底线的笑果文化为例，在北京隆福寺文旅新地标规划中，"笑果工厂" 作为正式授牌的北京首批 "演艺新空间"，一度被赋予了打造多元化演艺新空间，建设受年轻群体欢迎的、潮流化的新型演艺消费聚集地的期望。如果长期缺乏有效的市场监管，产业政策传导过程和政策落实将存在一定偏差，对产业发展形成不稳定因素，隐藏着更大风险。要更好统筹发展和安全，牢牢把握正确政治方向、舆论导向、价值取向，坚守主流文化责任担当，充分利用人工智能、大数据、区块链等技术推动网络游戏、短视频、网络直播等文化新业态领域的监测监管体系完善。协调好、平衡好产业政策与市场监管的衔接与协同关系，注重治理的柔韧性、灵活性和适应性，推进文化治理体系和治理能力现代化。

二、包容审慎监管滞后于消费提质扩容需要

消费信用体系建设刚刚起步，线上线下、市场监管与行业监管等跨部门协同监管机制尚不完善，难以营造出安全放心、诚信的消费环境。按照包容审慎和协同监管原则，为新型消费营造规范适度的发展环境。强化消费信用体系建设，构建以信用为基础的新型监管机制。完善跨部门协同监管机制，实现线上线下协调互补、市场监管与行业监管联接互动，加大对销售假冒伪

劣商品、侵犯知识产权、虚假宣传、价格欺诈、泄露隐私等行为的打击力度，着力营造安全放心、诚信的消费环境，促进新型消费健康发展。以“信用”为基础的新型监管机制，亟待扩大适用范围，通过跨区域信用体系建设合作与交流，促进信用服务市场的互通、互认和互用，全面体现诚信对消费的引领。快速有效的消费者投诉处理机制尚未建立，消费者权益保护机制未能有效发挥作用，距离国际一流水平差距较大。对消费新业态的包容审慎监管细则尚不明确，滞后性问题较为突出。养老托幼、家政服务、文化旅游等服务性消费标准体系尚未完善。“条块结合”综合执法试点亟待加强，避免不同部门对同一事项政策标准冲突等问题。

三、政府主导重点商圈治理不利于可持续发展

传统商圈治理模式亟待创新，努力实现政府主导、市场自律与社会自治三者有机统一。随着城市的发展，重点商圈存在空间不合理、商业设施陈旧、业态同质化、文化内涵不足等问题。总结借鉴国内外重点商圈管理经验和模式，创新管理体制机制和运营模式，协调整合商圈多方利益主体和资源，统筹推进多元市场主体参与商圈治理，维护好商圈发展品质，推动商圈可持续发展。目前我国重点城市商圈治理主要有五种模式：党建引领管理模式、管委会治理模式、政府机构管理模式、物业管理模式和商协会自治平台模式。由于商圈治理涉及的产权主体较为复杂、利益方数量较多，各类市场主体诉求不统一，统筹管理协调难度较大，制约了商圈消费资源配置能力，难以实现高质量发展。多方共建共商平台缺位或流于形式，责任边界模糊，商圈管理体制和运营机制僵化。商圈治理参与主体众多，产权关系复杂，跨部门、跨主体协调难度大、周期长，矛盾交错复杂，多元主体参与城市更新的协同机制不完善。例如，王府井商街历史悠久，产权较为复杂分散，外资、国有、私营产权高度分散，统筹运营管理的难度较大。平台公司局限在公共区域维护、物业管理以及信息平台建设等管家保姆功能上，市场化运营管理能力仍然不足，尚未探索形成有效的街区资源整合与运行管理机制。

第五章　政策创新重点案例分析

王府井地区和环球影城×大运河国际消费体验区是北京推进国际消费中心城市建设的重点区域，分别代表了以城市更新和品质提升为发展重点的成熟商业街区转型和以后发优势为特点的新兴消费地标建设两类空间。借鉴国际发展经验，立足本土特色和区域经济发展阶段，探索差异化的政策创新路径。

第一节　迈向国际一流商业街区的王府井商圈

当前世界级商圈正经历着行业聚变，面临新冠疫情和移动互联网的双重冲击考验，发展演变轨迹呈现不确定性。《北京培育建设国际消费中心城市实施方案（2021—2025 年）》明确提出，北京将力争用 5 年时间打造 2 至 3 个千亿级规模的世界级商圈。其中以故宫 - 王府井 - 隆福寺组成的“金三角”和由华贸、国贸、北京 SKP 等商业综合体组成的 CBD 商圈是培育千亿规模世界级商圈的种子选手。

一、王府井商业街区发展与演变

（一）规划引领明确街区定位

王府井商业区，位于老北京城的核心区，以王府井步行街为中线，东起东单北大街、东四南大街，西至南河沿大街、北河沿大街，南起东长安街，北至五四大街、东四西大街，南北长 1.8 公里，东西宽 0.95 公里，占地面积1.66平方公里。东单三条至灯市口大街段长892米为现状步行街（含2019年北延344米）。2018年底以来，王府井步行街历经三年的提升改造，于2021年7月20日正式获评全国示范步行街。落实北京城市总体规划和核心区控规要求，根据《王府井商业区更新治理规划（街区保护更新综合实施方案）》，坚持“独具人文魅力的国际一流步行商业街区”的总体定位，功能定位于“大国风范和人文风采的展示窗口、国际交往和扩大开放的服务窗口、国际化高品位市民休闲目的地”。

（二）历史文化底蕴深厚

始建于元代，距今已有754年的建成史和118年的商业街史。街区内历史文化资源众多，积淀形成了“厚重多元 包容创新”的街区文化。拥有东堂、协和医院旧址等文物31处，首都剧场、中国儿童艺术剧院、王府井书店等文化设施10余处，非物质文化遗产17项，东来顺、吴裕泰、盛锡福等老字号品牌35个。自20世纪90年代以来，历经五次改造，现已形成集购物、商务、餐饮、文化、娱乐、旅游、休闲于一体，以步行街为核心、“金十字”为骨干、辐射1.66平方公里的街区式发展格局，是北京乃至中国的一张“金名片”，享有“金街”的美誉。

（三）消费业态结构持续优化

王府井步行街业态结构与品牌结构持续调整优化，购物比重明显下降，餐饮、休闲、体验比重持续上升，吸引本地客群回流。截至2020年末，王府井街区本地客群占比达到30%以上，比2016年增加10个百分点，客单价位居11条全国步行街改造提升试点之首。王府井现有商户约4000家，商业品牌超过1500个；年销售亿元以上品牌店20家。2019年，日均客流量20万人次，节假日高峰达60万人次。截至2020年10月，步行街购物业态门店数量占比69.5%，较改造前降低4.4个百分点；购物业态面积下降10个百分点。而文化体验、休闲娱乐业态门店占比分别提高1个百分点和5.5个百分点，餐饮面积则大幅度上升10个百分点。

（四）高端消费品质不断提升

首店、旗舰店、网红特色店数量持续增加近百家，全球单体面积最大的哈姆雷斯儿童玩具旗舰店、亚洲最大 ZARA（飒拉）全球旗舰店、Adidas（阿迪达斯）国际品牌中心、全国首家“京味”沉浸式消费体验空间——和平菓局、LEGO（乐高）中国旗舰店等。高端商业零售项目王府中环，成功引进品牌 133 个，包括国际顶级品牌 40 个，米其林餐厅 3 家，高端精品酒店 1 家，成功吸引高端消费人群。嘉德艺术中心建成世界级拍卖和藏品展示中心，举办重量级文化艺术展，成为首都核心区文化艺术新地标。

二、面临的突出问题

（一）业态结构亟待更新，外地观光游客占比较高，客群重复消费较低

王府井步行街休闲娱乐类业态占比较低，餐饮、零售业态占比较高，“北京特产”“旅游纪念”等门店较多。西单商圈也是零售与餐饮业态独大，缺乏吸引年轻消费群体的休闲娱乐业态，难以吸引高品质本地客流。王府井客流年龄结构较大，且外地观光游客占比高，重复消费较低。根据公开资料统计，王府井步行街吸纳的外地客流长期保持在 50% 以上，高于上海南京路等国内主要步行街，游客属性突出。根据《2020 商业步行街改造提升白皮书》，王府井步行街 30 岁以下客群占比仅为 28.9%①，而上海南京路、南京夫子庙、杭州湖滨路、西安大唐不夜城新唐人步行街、武汉江汉路均高于 40%。

表 5-1　国内传统步行街年轻客流占比

商圈/步行街	首批步行街改造试点	90/00 后客群比例
武汉江汉路	√	48.32%
西安大唐不夜城新唐人步行街	√	46.10%
杭州湖滨路	√	41.82%
南京夫子庙	√	41.34%
上海南京路	√	41.18%
重庆解放碑	√	38.08%

① 戴德梁行、新一线城市研究所，《2020 商业步行街改造提升白皮书》。

续表

商圈/步行街	首批步行街改造试点	90/00 后客群比例
杭州钱江新城		37.54%
上海新天地		37.45%
沈阳中街	√	32.67%
天津金街	√	30.82%
北京王府井	√	28.9%
重庆观音桥		28.2%

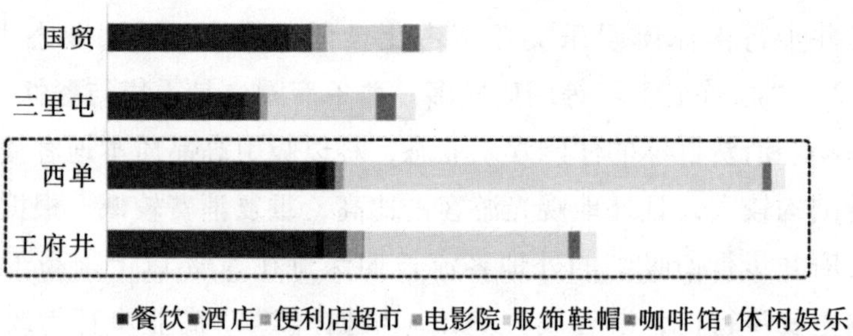

图 5－1　北京王府井－西单－国贸－三里屯商圈业态结构

（二）文化内核较弱，难以推动文商旅深度融合

世界一流国际商业街区的经验表明，悠久的发展历史、独特的建筑风格、丰富的文化艺术活动和集群发展的博物馆、美术馆等文化设施，是独一无二的历史地标和文化地标，是吸引全球游客的重要文化资源，从根本上保证了整体商圈的人文魅力、文化形象和经济韧性。当面临诸如新冠疫情等挑战时，世界级商圈通常拥有更强的客流恢复能力和更加多元化的转型升级契机。

王府井商业街区优越的地理优势、周边丰富的历史文化资源和设施固然发挥了超级引流的功能，但文化创意与商业创新滞后，难以实现从“有人气”到“聚商气”的消费层级提升、难以实现从全国性文旅地标向全球消费地标转变。由于缺少对首都文化内涵的深入挖掘与整合，特色美食、手工艺品、老字号、非物质文化遗产等文化传承不足，业态更新与商业模式创新较慢，难以满足游客消费品质要求，尚未形成彰显首都人文魅力的、独特标杆式的国际化商业地标。根据高德、支付宝相关数据统计，2019 年 9—10 月王府井步行街日均客流量在国内主要步行街中排名第二，客单价最高，但是整体消费金额的得分仅为55（基准分为100），低于上海南京路、重庆解放碑等地。目前王府井步行街以旅游客流为主、本地客流为辅的客流特征，难以支撑起国际一流商业街区的定位。

表 5－2　王府井大街代表性文化设施

文化设施	所处位置	基本特点
王府井古人类文化遗址博物馆	东方广场	展示旧石器时代王府井地区人类活动遗迹
戏剧博物馆	首都剧场	全国唯一的戏剧博物馆
美发主题博物馆	四联美发	全国首家美发博物馆
嘉德艺术中心展览馆	嘉德中心	展览展示国内外藏品艺术
张秉贵纪念馆	百货大楼	传承张秉贵“一团火”精神
老舍纪念馆	老舍故居	纪念人民艺术家老舍
曹禺纪念馆	首都剧场	纪念戏剧艺术家曹禺
北京工艺美术博物馆	工美大楼	全国第一家由企业创建的专业性工艺美术博物馆，开创了企业办博物馆的先河
人民日报、经济日报旧址	277 号院	院落历史挖掘和红色报业文化展示

（三）商街产权分散，制约运营管理与街区更新效率

王府井商业街区产权关系较为复杂多元，统筹不同产权主体进行统一运营管理的难度较大。多方协调沟通成本较高，缺少多元协同决策机制，缺少常态化、市场化的管理运营机制。尤其是在街区风貌改造、功能提升、业态调整、活动策划等方面难以兼顾短期经济利益与长期收益，遇到的阻力较大。王府井置业公司成立后，公共区域维护、物业管理以及信息平台建设等“商家保姆”职能突出，“运营平台、合作主体”功能发挥较弱，市场化运营管理能力仍然不足，“街区管家”的身份名不符实，尚未探索形成有效的

街区资源整合与运行管理机制，对于步行街内具体商业项目（商铺）的定位方向、运营内容、店铺形象等缺乏有力的引导规范、监督管理和准入退出机制。

三、政策创新引领提升国际消费能级

借鉴主要世界级商圈的发展经验，结合老城区更新改造和功能定位，王府井地区建设世界级商圈应瞄准国际化、特色人文化、智慧化特色。建设富有创新活力的高品质国际商圈，要打造本土品牌与国际品牌的集聚高地，以消费场景提振街区商业活力，搭建起文商旅联动平台，推动政策集成创新，发挥服务标杆作用，营造一流消费环境；建设彰显首都人文魅力的特色文化商圈，要充分发挥文化产业优势，以文脉传承与保护发展为底色，促进文化创新与商业创新有机结合，打造特色街区活动品牌，加快王府井国际形象推广；建设承载城市更新与治理创新功能的智慧商圈，要注重发挥市场化引导作用，统筹各级各类资源，理顺联动机制，在城市更新中促进品质消费，推动主辅街区业态互补、联动发展，强化个性化智慧信息服务，提升商圈及周边区域的治理效能。

（一）强化规划引导，探索市场化运营、多元化治理新模式

坚持商业街区规划的引领作用，准确把握功能定位，统筹各级各类资源，理顺各级各方联动机制，凝聚多方力量，加快推进“1+3+N”规划落实落地，绘制高质量发展蓝图。一是发挥好平台公司的市场化运作优势，突破产权多元化掣肘，创新合作开发与运营模式，推动业态结构优化、市场秩序稳定和街区品质提升。二是做好横向协同和纵向联动，聚焦阶段任务，科学把握节奏力度，推动联动协调、联合审批机制常态化。三是完善多元治理模式，增强商会对商圈发展的支撑作用，进一步扩大商会规模，对接招商平台，在商户与政府、商户与行业之间架起沟通桥梁，促进街区精治、共治、法治。

（二）打造本土品牌与国际品牌集聚高地

加快传统商业转型升级，王府井书店、中国儿童用品商店、工美大厦等

传统商业转型升级发展是王府井步行街优化业态结构、提升发展品质的必经之路。围绕消费升级新需求、新特点，对接全球领先零售商和高能级首店首牌引进力度和配套政策，引入新模式新业态，满足消费者多样化、个性化、国际化需求，提高商业消费能级，增强对国际国内游客的吸引力。争取市内免税店政策先行先试。发挥王府井集团品牌资源优势，推动市内免税店相关政策先行先试落地，探索中华老字号、本土原创品牌、新锐潮牌等展览展示平台建设，打造首都人文风采的展示窗口。

（三）增强彰显人文魅力的文化内核

充分挖掘文化内涵，摸清家底，将散落的历史街区、文物古迹、名人故居、博物馆、美术馆、剧院等特色文化资源有序地串联起来，提炼文化价值，设计出若干主题多元、特色鲜明、有历史记忆和文化脉络的轻探访线路。利用好“故宫－王府井－隆福寺”文化金三角的溢出效应和协同效应，与隆福寺地区建设高质量的艺术品服务平台形成协同，壮大“故宫以东”文商旅联盟，推进艺术、戏剧、书店、酒店、旅游、金融等领域企业深度协作与业态融合，实现资源整合共享、品牌联动。充分发挥文化产业优势，促进文化创新与商业创新有机结合，以文化创意与创新推动设计产业生产与消费能级，打造特色街区活动品牌，突出沉浸式文化体验和即时性文化传播，加快商圈的国际形象推广。

（四）促进城市更新与品质消费有机结合

立足城市更新，整合多方资源，聚焦生态修补、产业转型等城市更新中的关键问题，在商圈建设与城市更新的双重框架下谋求最大公约数，力求实现城市更新与品质消费的统一。织补城市功能，促进业态多元化，加快实现业态与空间品质协调统一，有助于打造历史风貌突出、品牌丰富度高、文化底蕴深厚、全球美食荟聚、休闲娱乐性强的商业街区。发挥区域溢出效应，以步行街带动商圈建设，以需求聚合带动供给变革，培育受本地市民欢迎、外地游客青睐和入境游客认可的品质街区。

（五）推动主辅街业态互补联动发展

利用市场化手段协调大街产权主体，提升旅游、展览、文娱、办公等多元化业态与空间品质，发展“后街经济”，形成主辅结合的步行街群落。分阶段、分步骤拓展王府井步行街周边支巷业态和功能，逐渐形成餐饮、休闲娱乐、艺术展览等主题性街区，催化激发更多的生活、产业和社会关系，为整体街区发展注入新活力，重塑街区风貌与功能。

（六）提升公共空间发展品质

在空间布置、景观设计、建筑形态等方面强化步行街与人群的互动，提升消费获得感和社交体验，增加商业烟火气。处理好商业街客流“动”与“静”关系，优化街区内部开放空间设计，提升街区景观形象，完善公共设施配套，以开放式街区汇聚人气，释放活力，以封闭化楼宇分流客流消费，形成健康有序街区形态。

第二节　打造新兴国际消费地标的环球×大运河文旅体验区

“环球影城×大运河”国际消费体验区是北京建设国际消费中心城市的重要支点，也是北京城市副中心夯实文化旅游功能定位的关键。充分发挥环球影城的经济溢出效应，提升商圈影响力，带动周边商业繁荣与消费活跃，与大运河文旅资源联动，建设成为富有文化底蕴和生态魅力、面向世界、有活力的世界级旅游度假区和国际消费体验区。

一、环球影城×大运河国际消费体验区的建设与问题

（一）环球影城×大运河商圈建设加速起步

自北京环球主题公园2021年9月20日开园以来，随着周边地块重点项目的开发建设，环球商圈主要以环球主题公园为核心，以北部产业带多点支撑，推动文商体旅多业态融合发展，打造中国元素与现代时尚文化相融合的文旅商消费高地、具备创新活力和国际影响力、高度兼容的城市微度假中心，成为城市副中心集聚文旅商消费功能、北京建设国际消费中心城市的重要空间载体。依托自身强大IP效应，环球主题公园预计常规年度将吸引约1000万—1200万人次的游客量；二三期建成后，年游客量预计将达到3500

万人次。

环球商圈四至范围大体上北至万盛南街，西至九棵树中路，南至环球大道，东至大高力庄路；总占地面积约316.09公顷，规划文旅商总建筑面积约302.52万平方米；已建设完成的综合商业建筑面积约54.57万平方米（含环球一期建成区，诺金度假酒店、环球大酒店和城市大道）；建设中的综合商业建筑面积约33.838万平方米（含环球影城北综合交通枢纽商业、张家湾车辆段上盖商业娱乐综合体商业）。

城市大道是主题公园的配套商业街，占地面积约10.6公顷，一期建筑面积约5.3万平方米，与主题公园同步建成开业，主要汇集零售、餐饮、娱乐等功能设施，拥有24家店铺，包括1家多功能影院、15家融合中西方美食特色的餐厅、1家环球影城纪念品专卖店和7家世界知名零售商铺。环球自营品牌和国际知名品牌的新店、首店及旗舰店纷纷扎根于此，全国首家创新型一站式京式伴手礼平台“北京有礼”在此落地，汇集近全聚德、东来顺、北京稻香村、六必居等30家北京老字号品牌和知名品牌，为游客带来全新的休闲消费体验。

图5－2　北京城市副中心文化旅游区空间结构示意图

（二）主要制约因素

通州正跨入以服务经济为主体的发展新时期，文化和旅游发展基础较为薄弱，创新发展、融合发展均处于起步阶段，与副中心功能定位要求还有较大差距。亟需以改革促发展、以开放促创新，直面并破解那些阻碍文旅深度融合的难题，加快推进副中心产业转型与功能升级。

1. 文化旅游基础薄弱，配套设施和服务品质亟待提升

通州传统文化旅游资源匮乏，旅游公共服务设施布局缺口较大，商业服务欠发达，制约着文化旅游产业转型和副中心主导功能的提升。具体表现在“吃住行游购娱”六要素规模偏小、布局合理性与协调性不足、发展品质不高。A 级以上景区仅有 4 家，排在全市末位。星级酒店、精品民宿、特色餐饮、购物场所、停车场地等旅游服务设施仍不健全，商业密度较低，商圈辐射半径较小（7 km），远低于其他市级主力商圈（12 km），中高端商业服务和娱乐服务供给不足，居民消费外溢比例超过 90%。

2. 文旅融合深度不够，缺乏特色文化旅游品牌

运河历史文化资源的核心文化内涵挖掘不足，沿线文化景点缺乏有效串联，精品线路和文化旅游品牌建设滞后，尚未形成特色鲜明的主题产品体系。通州区文化产业实力较弱，难以实现“以文塑旅”的愿景。规模以上文创企业总收入为 77.5 亿元，仅占全市的 0.6%；规模以上文创产业单位数量为 74 家，仅占全市的 1.8%，难与海淀区、朝阳区相匹敌。亟需一批文化旅游骨干企业带动。环球度假区项目的启动将有望成为首都文化旅游发展的标杆，但也要警惕上海迪士尼园区出现的“灯下黑”现象，周边旅游景区因开放理念、管理模式、营销策略和公共服务势差遭受“虹吸”，且上下游产业的区域外溢效应有限。

3. 空间功能组织松散，缺乏空间关联与布局协调

副中心“大文化旅游区”内部空间组织不够紧密，外部空间关联未成体系。环球度假区、宋庄文化集聚区、台湖演艺小镇之间产业关联较松散，布局缺乏有机协调。外部与运河文化带上的张家湾古镇、“三庙一塔”、运河码头、路县故城连接度较差，高、快速路网和轨道交通便利度不足。目前缺乏旗帜鲜明的空间呼应与主题联动，不利于充分发挥环球度假区对副中心文化旅游经济的引流和导流效应。

4. 行政管理体制机制不顺畅，不利于形成组织合力

文旅产业链长、关联度高、涉及面广，推进文旅深度融合，离不开坚定的战略引领、有效的资源整合、深入的区域合作和顺畅的综合协调与治理体制机制。目前，通州文化旅游区建设中，工作专班、园区管委会、区文旅局、区投促局、区商务局、属地镇政府等多个部门之间行政管理层级交织，权力边界模糊，税收、土地、人才等招商引资优惠政策和权限存在权力寻租空间，各级各类政策缺乏有效衔接，不利于打造公平高效的营商环境。

主题公园在文旅商业态高度融合、产业集群式发展、经营方式灵活多样、立足本土化供应链、催生专业培训市场等方面呈现出其演进规律，给了我们有益的启示。促进北京环球主题公园高质量发展，需要把握规律，按照全市“五子联动”新发展格局构建的总体战略，依托环球度假区带来的消费流量，统筹消费拉动、产业驱动与区域承载的关系，统筹文化旅游区与台湖演艺小镇、张家湾设计小镇、宋庄艺术小镇的空间资源，全域构建国家级5A级景区，以IP全产业链运营为主线，加快构建前端文化艺术创作、数字创意设计，中端出版发行、广播影视，末端演艺娱乐、商业服务、文化旅游的多元复合型区域产业生态，使副中心成为消费经济新阵地、文化转化新平台、数字创意新高地、区域协同新引擎、服务开放新窗口。

根据国际游乐园及景点协会（IAAPA）定义，主题公园（theme park），是指拥有主题景点的游乐园，包括游乐设施和纪念品、奢侈品乃至餐饮、服装等零售商店。主题公园不仅是主题景点的集合，而且集娱乐活动、休闲要素和服务接待设施于一体，具有资本和技术密集、品质优良、精心装饰、以用户为导向、休闲环境优良等特点。本书所述国际知名文化主题公园特指大型迪士尼乐园、环球主题公园及其衍生的度假区，它们在城市经济、文化发展中发挥着不容忽视的作用，充分把握其在市场扩张、发展模式、驱动要素和转型方向等方面的发展趋势，探索其演进规律，对于推动北京环球主题公园高质量发展具有重要意义。

二、国际知名文化主题公园发展态势

随着休闲娱乐需求的日益增长和新技术的迅猛发展，国际知名文化主题公园（下文简称主题公园）以文化版权（IP）资源开发为内核，加快内容创新和技术创新融合，不断迭代升级，从最初的单一娱乐景点项目发展成为“文化 + 旅游 + 科技”的度假综合体，呈现出发展速度逐渐加快、发展模式与时俱进、发展动力不断增强、发展路径日益优化的态势。

（一）发展速度在持续加快中受疫情影响有所减慢

全球主题公园游客量快速增长。20 世纪 50 年代，世界第一家主题公园——迪士尼乐园在美国加州诞生。20 世纪 70 年代，世界各国掀起了主题公园建设热潮，美国奥兰多迪士尼魔法王国、韩国爱宝乐园、德国欧洲主题公园、中国香港海洋公园等相继建成开园。到 90 年代，主题公园概念在全球迅速推广，进入高速发展时代。1990 年全球有 225 个主题公园，每年游客量超过 3 亿人次，创造相关经济收入 70 亿美元。到 2000 年，全球主题公园的数量增加了 50%，游客量增加了 80%，收入更是翻了一番。此后，激烈的竞争加速了行业并购，美国以 68 亿美元的收入和近 50% 的市场份额成为全球主题公园业的领跑者。目前全球主题公园每年游客量已超过 5 亿人次。

头部主题公园吸引力不断增强。2012 年，全球排名前 25 位的主题公园游客量为 2 亿人次，而 2019 年这一数字已经超过 2.5 亿人次，其中我国三个主题公园游客量约占 27%。迪士尼和环球是国际主题公园领域的两大巨头，根据主题娱乐协会（TEA）和 AECOM 经济咨询机构共同出版的《2019 年主题公园报告和博物馆报告》，2019 年全球主题公园 25 强中，迪士尼乐园占有 12 席，即所有已开业的迪士尼乐园全部进入榜单，且 8 席均超过千万人次；环球主题公园占有 4 席，除新加坡环球主题公园外均进入榜单，接待量过 1000 万人次的占 3 席。全球主题公园 25 强合计接待游客 2.54 亿人次，其中迪士尼乐园占 56%，环球主题公园占 18%。

受疫情影响，所有主题公园发展速度放缓。2020 年以来，受新冠疫情冲击，全球主题公园游客量出现了 70% 左右的下降，迪士尼、环球集团年收入同比分别下降了 37%、69%，而那些专注服务本地客群的主题公园受到的冲击较小，如中国华侨城集团旗下的乐园总游客量降幅为 14%。虽然受疫情影响较严重，但主题公园在成本、营收、服务等多个领域加强管控，优化投资结构，不断推进产品和服务创新，在疫情冲击中坚持了下来，并呈现逐步复苏的态势。

表 5－3　全球排名前 25 位主题公园游客量情况

2019 排名	主题公园名称	所在地	开园时间	2019 年游客量（万人次）	2020 年游客量（万人次）	变化（%）
1	迪士尼魔法王国	美国，佛罗里达州，布纳维斯塔湖	1971 年	2096.3	694.1	－66.9
2	迪士尼乐园	美国，加利福尼亚州，安纳海姆	1955 年	1866.6	367.4	－80.3
3	东京迪士尼乐园	日本，东京	1983 年	1791	416	－76.8
4	东京迪士尼海洋	日本，东京	2001 年	1465	340	－76.8
5	日本环球影城	日本，大阪	2001 年	1450	490.1	－66.2
6	迪士尼动物王国	美国，佛罗里达州，布纳维斯塔湖，华特迪士尼世界	1998 年	1388.8	416.6	－70
7	Epcot 迪士尼未来世界	美国，佛罗里达州，布纳维斯塔湖，华特迪士尼世界	1982 年	1244.4	404.4	－67.5
8	长隆海洋王国	中国，珠海横琴湾	2014 年	1173.6	479.7	－59.1
9	迪士尼好莱坞影城	美国，佛罗里达州，布纳维斯塔湖，华特迪士尼世界	1989 年	1148.3	367.5	－68
10	上海迪士尼乐园	中国，上海	2016 年	1121	550	－50.9
11	环球影城	美国，佛罗里达州，奥兰多	1991 年	1092.2	409.6	－62.5

续表

2019排名	主题公园名称	所在地	开园时间	2019年游客量（万人次）	2020年游客量（万人次）	变化（%）
12	冒险岛	美国，佛罗里达州，奥兰多环球影城	1999年	1037.5	400.5	-61.4
13	迪士尼加州冒险乐园	美国，加利福尼亚州，安纳海姆	2001年	986.1	191.9	-80.5
14	巴黎迪士尼乐园	法国，马恩拉瓦	1992年	974.5	262	-73.1
15	环球影城	美国，加利福尼亚州，环球城	1964年	914.7	129.9	-85.8
16	爱宝乐园	韩国，京畿道	1976年	660.6	276	-58.2
17	乐天世界	韩国，首尔	1989年	595.3	156	-73.8
18	长岛温泉乐园	日本，桑名市	1966年	595	240	-59.7
19	欧洲主题公园	德国，鲁斯特	1975年	575	250	-56.5
20	海洋公园	中国，香港特别行政区	1977年	570	220	-61.4
21	香港迪士尼乐园	中国，香港特别行政区	2005年	569.5	170	-70.1
22	艾夫特琳主题公园	荷兰，卡特斯维尔	1952年	526	290	-44.9
23	华特迪士尼影城	法国，马恩拉瓦，巴黎迪士尼乐园	1992年	524.5	141	-73.1
24	欢乐谷	中国，北京	2006年	516	395	-23.4
25	长隆欢乐世界	中国，广州	2006年	490.5	268.1	-45.3
合计				25372.4	8325.8	-67.2

资料来源：《2020年全球主题公园和博物馆报告》

表5－4 全球排名前10位主题公园集团基本情况（2019年）

排名	集团	营业收入（亿美元）	主题公园数量	2019年游客数量（万人次）	同比增长	属地国
1	华特迪士尼	653.88	6	15599	－0.8%	美国
2	默林娱乐	6.9	9	6700	0.9%	英国
3	华侨城	128.7	11	5397	9.4%	中国
4	环球影城	59.3	5	5124	2.3%	美国
5	华强方特	6.3	28	5039	19.8%	中国
6	长隆集团	11	2	3702	8.9%	中国
7	六旗乐园	3.57	26	3281	2.5%	美国
8	雪松会娱乐	1.82	13	2794	7.8%	美国
9	海洋世界	4.32	12	2262	0.2%	美国
10	团聚公园	—	61	2220	6.2%	西班牙

资料来源：《2019年全球主题公园和博物馆报告》

（二）发展模式从单一娱乐项目向多功能综合化集群转变

产业形态向着文旅商融合发展转变。随着科学技术的迅猛发展和休闲娱乐需求的日益增长，主题公园以IP资源开发为内核，加快内容创新和技术创新，不断迭代升级，从最初的单一娱乐景点项目发展成为“文化＋旅游＋科技”的度假综合体。未来发展趋势呈现出多功能的综合特点，通过小型景点的集群式发展，规避较高融资门槛的风险。国际知名主题公园由单个主题公园发展成具有不同元素的主题公园集群，主题内容、娱乐产品形态、景点布局、服务品质和商业、休闲配套设施不断融合、更新、完善。

服务对象向着不同年龄段消费者转变。环球影城从洛杉矶最初的面向年轻人的参观电影制作过程、回顾经典影片片段和亲身体验电影拍摄现场的“电影重现＋娱乐”景点，发展成面向家庭、包含多个主题公园、演艺园区及酒店、餐饮等配套的“世界级家庭娱乐胜地”，业态综合性较强。加州环球影城世界上最大的电影、电视制片基地及以电影题材为主的主题公园，舞台演艺、影视演艺、实景演艺等多种形式的游乐项目不断更新，互动性、体验性、科技化和沉浸感突出，其丰富度、体验度、创新性均吸引着各个年龄段的客群。

运营时间向着四季开放转变。荷兰最大的主题公园艾夫特琳童话世界，作为世界上最古老的主题公园之一，即将迎来70周年纪念。根据获批的“艾夫特琳世界2030”发展计划，艾夫特琳童话世界不再局限于最初卡茨赫弗尔的主题公园定位，正向拍摄电视剧、制作音乐和建立儿童电台等方向发展，从一个季节性主题公园发展成为全年开放的度假胜地。

（三）发展动力越来越依靠优质版权与新技术应用

优质IP开发成为产业发展的核心动力。在整个“IP+渠道+衍生品”的产业链内，主题公园娱乐项目位于产业链中游环节，通过把内容生产与发行形成的电影IP投放到娱乐资产上，开发衍生品，创造IP的二次价值和长线价值。强大的IP开发运用能力是迪士尼乐园全产业链的核心，为创造企业价值、促进产业成长提供了不竭动力。综合全球第三方权威数据统计平台和上市公司财务报表的数据，截至2021年，全球累计经济收益在500亿美元以上的IP有6个，迪士尼占50%；全球累计经济收益在200亿至500亿美元的IP有19个，迪士尼占比42.1%；迪士尼旗下直接由IP带来的收入占其营业收入的一半以上。

IP生态圈建设增强了产业国际竞争力。IP生产及其转化运用需要在产业链各个环节上得到体现，形成IP群，才能增强主题公园的竞争力。通常迪士尼每上映一部电影，都会在迪士尼乐园增加新的电影角色，例如《冰雪奇缘》的大热，也使得以“冰雪奇缘”为主题的景点先后登陆各个迪士尼乐园。从白雪公主到超级英雄，迪士尼通过自主开发、挖掘经典和外延并购的方式，快速扩充IP矩阵，构建了庞大的IP生态圈，确立了行业话语权。2006年，迪士尼以74亿美元收购皮克斯动画工作室，获得了《玩具总动员》IP，后续合作开发了《飞屋环游记》《海底总动员》等经典作品。2009年和2012年，迪士尼分别以42.4亿美元和40.5亿美元收购美国著名漫画公司——“漫威”和卢卡斯影业，获得了“漫威宇宙”“星球大战”两大重磅IP。2018年收购的二十世纪福克斯品牌（“第二十电视”），旗下

IP 包括卡梅隆执导的泰坦尼克号及阿凡达、漫威的 X 战警和神奇四侠、经典动画 IP 加菲猫、辛普森一家以及蓝天工作室所拥有的冰川时代、里约大冒险等。这些在全球范围内都极具号召力的 IP 为迪士尼在影视领域的开拓添加了重要砝码。

元宇宙引导着数字化场景新业态的诞生。主题公园不断提高科技含量，给予游客更丰富的沉浸式体验，并通过体验的不断创新升级形成持续的吸引力。在元宇宙的概念引导下，他们结合文化娱乐数字化、虚拟化发展趋势，借助前沿科技提升游览体验，打造更有科技感的沉浸式度假目的地。据统计，环球主题公园通过多达 40 余种特效技术、先进 VR 手段来加强视听感受，在巧妙逼真的场景上创新性融入新鲜元素，将电影与娱乐主题充分结合。日本大阪环球主题公园创新性地在传统过山车项目中引入 VR 技术，通过多种高科技仿真手段，让游客体验全方位的立体场景、逼真的主题观感。2021 年底迪士尼公司宣布创造品牌元宇宙，围绕旗下巴斯光年、爱莎公主等标志性角色和星球大战、漫威等 IP 形象将物理与数字世界连接。在主题公园的场景设计中，元宇宙数字化技术应用增加了主题公园游览的新鲜感和体验感，满足了不同偏好人群的个性化需求，实现了全方位、立体化、动态感的旅游体验。

（四）发展路径日益智能化、数字化、网络化

利用先进技术提升服务品质。在疫情倒逼、游客需求变化的背景下，主题公园运营流程、服务手段和传播策略正在发生高技术化的转变，整体呈现出智能化、数字化、网络化趋势，推动产品结构升级、服务流程优化、供给质量提高。因为疫情累计闭园超过 400 天的美国加州迪士尼乐园，引入非接触式入园，使游客可以通过 iPhone、Apple Watch 或其他智能设备来访问 Magic Band（魔法腕带）功能从而进入乐园。北京环球主题公园则采用了更先进的售票及预订软件系统，实现了无接触式购票入园和智能化交互体验，为游客在入园、置物柜使用、购买商品直至休闲娱乐等方面提供了高品质服务。

建设智慧园区增强体验效能。智能化、数字化、网络化全面渗透进入主题公园景观设计、互动模式、营销策略等方面，游客的主体感受及沉浸体验

的独特性越来越受到重视。许多主题公园，围绕游前、游中、游后的全流程关键节点，以智能化管理系统和数字化方式，通过虚拟排队机等软件程序收集大量用户画像和行为数据，有效地将更多的游客触点数据化、标签化，全面优化了从骑乘设施维护到游客个性化体验的各个环节，提高了园区运营和服务效率，也为未来产品研发与服务创新提供了指引。

三、主题公园经济溢出效应的实现路径

以迪士尼和环球为代表的全球顶级主题公园，立足项目所在地的区位优势、资源禀赋、功能定位和产业基础，逐步在消费提升、产业集聚、IP资源注入、供应链本土化和专业人才培训等方面与城市经济形成共生共荣的发展格局，促进城市经济、文化的高质量发展，反过来又为自身的进一步发展创造了良好的条件，形成了产业内部和外部的良性循环，呈现出具有自身特色的演进规律。

（一）文旅商产业高度融合，加速市场循环与规模扩张，形成区域消费高地

发挥溢出效应，促进产业融合。终端消费是主题公园追求的主要目标，也是检验其溢出效应的重要指标。主题公园经营者把培育市场、促进消费作为营销战略的关键因素，打造文旅商融合产业链，不仅增加游客量、扩张市场规模，而且提升整体消费水平。奥兰多主题公园凭借每年7000余万人次的客流规模，将“吃、住、行、娱、游、购”等旅游业基本要素汇聚在一起，带动周边区域餐饮、住宿、商业零售、休闲娱乐等服务业实现规模扩张、品质提升和结构优化，形成区域消费高地。奥兰多国际大道，作为政府规划的大型旅游带，也是著名的商业街，串联起环球影城等众多主题公园。这里不仅布局了各种娱乐景点、表演、高尔夫等活动，还有各种特色餐厅、酒吧、大型商场、品牌商店、酒店等配套，高性价比的消费和夜间经济活力深受游客欢迎。

提升二次消费，扩大营收规模。主题公园的客流量在进入成熟期后趋于稳定，仅仅依靠门票收入会面临增长瓶颈。国际知名的主题公园通常会围绕IP提供餐饮、酒店、衍生品等各种各样的增值服务，二次消费占比50%—

60%。而目前中国本土主题公园二次消费占比不足30%，门票收入占比高达70%—80%。根据2021年迪士尼集团财务报告，在主题公园相关业务里，公园门票收入占比仅为23%，而住宿、商品销售、餐饮收入则占68%，其二次消费运营能力可见一斑。根据东方乐园公司（Oriental Land Company）财报显示，东京迪士尼乐园餐饮、商品、酒店等二次消费占比约为62%，高于门票收入。除2020年外开园后始终保持盈利，即便2020财年受疫情影响限制入园游客量，东京迪士尼乐园的单客商品销售依然实现了6.3%的同比增长，单客餐饮销售额也同比增长了22.4%。

完善配套设施，提高服务水平。消费的增长要求当地城市提升旅游基础设施水平，优化住宿、餐饮、商业零售等组团的业态，提升服务理念和品质。一般来说主题公园周边2公里范围内以餐饮、购物中心、纪念品商店等商业形态为主，配套建设完善的周边商业设施是国际知名主题公园的普遍做法。奥兰多城配套建设的奥特莱斯商业设施规模位列全美排行榜前五名，有约两百多个一、二线名品店，被誉为“购物天堂”，不仅有丰富的国际品牌和较高的价格折扣，而且有便捷高效的旅游签证退税制度，成为重要的地标性消费场所。

用好便捷交通，打造旅游集散地。交通设施对于市场建设、消费增长具有重要的促进作用，以主题公园为核心打造旅游度假区离不开便捷的交通。基西米（Kissimmee）是美国佛罗里达州大都会统计区的一个主要城市，距离奥兰多国际机场（MCO）仅25分钟路程，也是前往奥兰多迪士尼、环球影城、海洋世界等各大主题公园以及度假村的必经之路。依托极佳的地理区位及丰富的生态旅游资源，基西米（Kissimmee）成功地打造成一个成熟的旅游集散地和多元化的度假胜地。

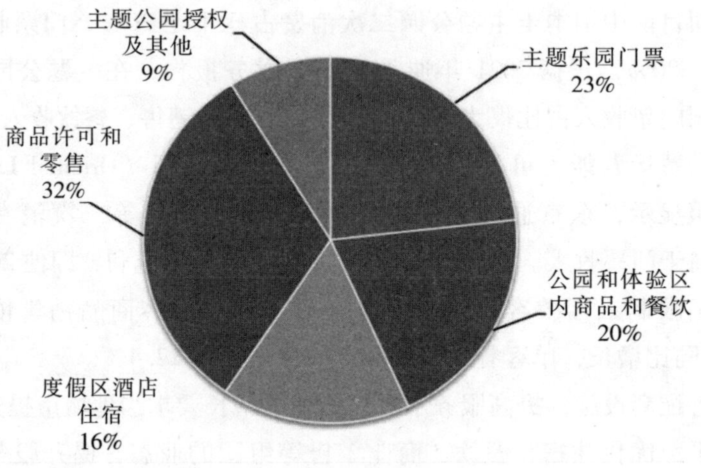

图 5－3　迪士尼主题公园相关业务收入结构（2021 年）

（二）产业集群式发展，各类要素实现最佳组合，放大规模经济效应

导入多元资源，丰富主题内容。文旅产业的发展需要“聚人气”，形成资源丰富的项目组团和满足多元文化需求的产品供给。美国奥兰多城作为世界级休闲度假城市，自 1971 年第一家迪士尼主题公园在此开业至今，不断引进迪士尼魔法王国、迪士尼动物王国、未来世界、迪士尼好莱坞影城、环球影城、环球影城冒险岛、奥兰多海洋世界、佛罗里达乐高乐园等多家国际知名品牌主题公园，逐渐形成以迪士尼、环球影城和海洋世界三大巨头为首的主题公园集群，被称为名副其实的“世界主题公园之都”，极大地丰富了主题内容。

强化技术集成，拓展运用场景。主题公园通过新技术探索新玩法、吸引新游客，除拥有多种高水平的科技人员和科技成果外，还利用多样化的产业平台为人工智能、智能传感、高清视听、虚拟和增强现实等新技术提供应用场景，形成强大的技术组团和高效的技术嫁接机制，让技术在集成中发挥最大效益。作为新技术“实验场”的奥兰多，吸引了大量科技人才和科技创业公司，在数字媒体、农业技术、航空航天、软件设计等方面形成了多个集群式技术创新中心，成为培育科技创新的“温床”，极大促进了奥兰多科技行业发展，其成功转型的密码是汇聚了华特迪士尼世界、环球影城、海洋世界等六大主题公园，催生出世界级规模的技术要素市场和相关技术应用场景。

实现联动发展，形成产业集群。现代服务业的迅速发展和城市现代经济体系的建构，促进了产业跨界联动发展，也为形成以主题公园为主体的产业集群提供了契机。奥兰多从早期单一的农业小城发展为每年吸引7500万游客的世界级休闲度假城市，从最初的环球影城、酒店组团、购物组团、主题娱乐项目聚集区逐渐走向上下游产业聚集发展、形成群落，从旅游一枝独秀发展到旅游、科技、会展、医疗的多元化的产业格局，很重要的一点就是不仅产业链上的行业联动发展，而且以主题公园产业链为核心衍生出其他服务业联动发展，从而形成服务产业集群，进一步放大了文旅经济的规模效应。

（三）经营方式灵活多样，版权资源不断丰富，增强创新活力与文化自信

挖掘自身既有资源，拓展版权创造渠道。版权资源（IP）是主题公园的命脉，也是文化产业的核心价值。主题公园脱胎于电影行业，依托丰富的电影内容、多姿多彩的剧情角色，拥有广泛的IP头部资源，包括原创电影、电视剧、动漫、游戏等方面的IP。主题公园深度挖掘自有IP资源，在不同的娱乐载体中转化运用，在继承中创新，在创新中发展。同时，结合所在国家的风土人情、民族习俗和大众消费心理，在园区项目中注入当地文化元素，进行项目设计、场景打造、营销推广，适时更新项目内容，获取更多的专利。

收购与合作并用，在国际IP中叠加本土IP。主题公园通过收购、合作授权等形式，不断汇聚IP、定制扩充版权资源库。除结合东道国文化特质及受众偏好从自己的内容库里打造合适的项目外，往往还会在当地本土优秀电影、电视剧、动漫、游戏等项目中遴选产品成熟度高、商业价值高的知名IP，收购后做进一步的本土化深耕。日本是IP生产的大国，尤其在动漫、游戏领域有着丰富的IP产品。大阪环球主题公园着眼于全球顶级IP，搭配日本自身顶流IP，营造出最适合日本本土的主题公园。他们采用“国际IP＋本土IP”“固定项目＋季节性项目”双结合策略，及时投资更新主题游乐设施，创新娱乐形态，使主题公园活力不断增强。

经营产业源头，扎根城市文化沃土。主题公园与城市经济的触点从需求消费端迁移至产业源头，从内容创作到场景设计都深度嵌入城市文化中，与城市文化共建互进、相得益彰，增进了消费者文化认同和对本土文化的自信，不仅扩张了消费市场，而且延长了IP的生命周期。大阪环球主题公园将海外IP与本土的合家欢IP成功结合，开设“史努比（美国）+Hello Kitty（日本）+芝麻街”主题园区，当年到访游客突破975万人，十年来第一次实现高增长，顺利完成了自身城市场定位的转型。2014年，他们又投资4.4亿美元建设了哈利·波特园区，游客数量再创新高，推动主题公园进入快速发展通道。2021年3月，围绕日本任天堂游戏公司经典游戏“超级马里奥”为重要卖点的“超级任天堂世界”主题乐园正式向全球游客开放，总投资额达到5亿美元，再次提振了主题公园的创新活力和文化影响力。

（四）立足本土化供应链，优化区域分工合作，在协同发展中维护运营安全

锻造本土供应链，积极参与国际协作。巴黎迪士尼主题公园的供应链本土化程度很高，3000多家供应商中，有82.3%来自法国本土，且七成供应商在巴黎大区内。这不仅对巴黎都市圈和法国其他地区有一定经济带动和就业带动效应，而且与周边国家形成上下游产业分工。例如，英国的烟花和特效、荷兰的鲜花业、意大利的建筑师事务所、西班牙建造的游行花车、比利时的巧克力和德国的工厂供应相互协作，与巴黎迪士尼联结成紧密的供应链网络。巴黎迪士尼乐园每创造1个工作岗位，大约会在外部增加3个工作岗位，尤其是在公园附近的酒店、餐馆和其他服务部门，实现1∶3的就业带动系数。

表5-5　巴黎迪士尼乐园与周边国家之间的游客、员工及供应网络关系

	英国	荷兰	意大利	西班牙	比利时	德国
游客占外国游客比重	28%	13%	6%	13%	11%	12%
供应商数量	135家	63家	43家	40家	77家	58家

续表

	英国	荷兰	意大利	西班牙	比利时	德国
供应商主要领域	烟花和特效	鲜花	建筑师事务所	建造游行花车	巧克力供应商	工厂供应商
演职人员数量（人）	400	120	900	520	130	110
平均工作年限（年）	—	10	7	6	7	10

资料来源：《the excellent 25 ans de contribution économique et sociale report》https：//www. dlptownsquare. com/30 – years – convention – disneyland – paris/

加强横向与纵向产业联系，融入区域发展格局。主题公园只有从 IP 开发、场景设计、设备引进、演艺培训到系列配套服务等环节衍生出横向与纵向产业联系，才能优化产业空间、促进区域协调发展，形成产业集群与区域发展的良性互动格局。反观设立在传统电子工业区的大阪环球主题公园和地处远郊区的上海迪士尼乐园，均远离市中心。由于其周边地区产业基础薄弱，对主题公园供应链相关产业缺乏承接能力，难以享受到产业带动的红利，形成产业集群的概率较小，承担着较大的增加成本乃至断供等运营风险。

（五）催生专业培训市场，建设文旅人才“蓄水池”，为高质量发展提供优质人力资源

培养高素质的服务与管理人才队伍，是主题公园高质量发展的重要环节。主题公园通常可以提供上万个工作岗位，分布涉及公园运营、创意设计、安全和应急管理、游客接待、娱乐表演等五大重点领域。巴黎迪士尼乐园内部约有 500 个工作岗位，每天都有 100 个国家和 20 种语言的员工在一起工作。由于不同种类的岗位之间专业技术含量差异较大，在设计工作岗位时就对岗位人员的专业素质和培训计划提出了要求，“招聘 + 培训”的人才使用模式催生了一批专业培训市场。

大学和专业培训机构合作，建立人才培养机制。一方面，当地或周边区域的大学与主题公园在教育、就业等方面建立合作机制，提供相关专业课程学习，为其建立储备人才库。上海迪士尼与上海 10 所服务类高校的酒店管理、旅游会展等展开订单式合作，与工科院校合作对接娱乐设备维修和安全

维护方面的高素质技能人才。另一方面，洛杉矶迪士尼乐园和奥兰多主题公园面向内部员工、实习员工和外部人才短期课程分别提供迪士尼大学、迪士尼学院及迪士尼课程各种培训项目。巴黎迪士尼乐园每年向1.5万员工提供人均26小时以上的工作培训。全球主题娱乐行业领导组织（IAAPA）将总部迁至奥兰多城，以期在设计、管理及表演等领域培养更多优质人才。

四、文旅深度融合打造新兴国际消费地标

（一）加快推进副中心管理体制机制改革

通州文化旅游处于创新发展、融合发展阶段，尤其需要强有力的组织和顺畅的部门协调机制。坚持主导功能引领，加快推进行政治理体制改革，以构建灵活、高效、协同的服务型政府为改革方向，突破文化和旅游融合体制机制难题，探索建立以文化旅游区管委会为主体、以区委办局为辅助、以属地政府为保障的文化旅游管理体制。强化管委会在规划统筹、资源整合、产业招商、部门协调等方面的管理和服务职责，优化区委办局在营商环境建设、招商引资审核、市场监管等方面的管理监督职能，夯实属地镇政府在公共服务、公共管理和公共安全方面的治理责任。充分发挥副中心文旅区管理局的统筹职能，建立政企联动的治理体系，形成协调共治模式，研究制定总体管理办法及交通、市容、卫生、应急、安全等相关配套规定，打造良好的营商环境。从交通组织、产业布局、服务配套、智慧化建设、绿色发展等多个维度做好文化旅游区建设，系统部署、整体谋划，增强政策前瞻性和产业定位精准性。

加强“两区”创新政策研究。紧抓“两区”建设机遇期，积极探索文化旅游领域先行先试创新政策，鼓励在通州文化旅游区，利用允许外商投资文艺表演团体（须由中方控股）政策成立演出团体，积极争取“外国投资者在北京市特定区域内从事独资经营的娱乐场所经营活动审批”“外国投资者在北京市特定区域内设立演出场所经营单位从事演出场所经营活动审批”等文旅有关赋权在文化旅游区落地；同时争取在文化旅游区部分即时消费品适用免税政策，营造北京市场景消费的新热点，全面提升国际消费集聚力和辐射力。

（二）促进环球度假区高标准运营及后续建设加快启动

强化营销推广，促进客流量可持续增长。完善票务政策，适时推出主题公园门票与城市大道、酒店联合促销的政策。与旅行社、赞助商等机构开展联合营销，扩大会展旅游及团体旅游市场规模。在疫情常态化防控背景下，择机扩大京外甚至境外宣传活动频次和规模，吸引外地游客。

推出特色主题活动，打造副中心夜经济地标。加快开发多样化创意主题节庆活动，让主题公园常游常新，提高游客重游率。把握季节和天气条件，推出烟花秀、音乐演出、剧目演出等特色夜游活动，延长主题公园项目营业时间，拉动二次消费，建设城市副中心夜经济地标。做好城市大道运营管理，试点实施规范外摆，引入灵活的演出与展演活动，提升消费体验。

持续更新主题内容，融入本土 IP 元素。推动环球度假区一期拓展项目启动研究论证工作，建设速度与激情、好莱坞景区和侏罗纪景区拓展区。发挥环球度假区运营开发 IP 的优势，与产品成熟度好、商业价值高的本土 IP 加强联动合作，通过主题活动、创意活动、小型景点等方式进行 IP 孵化及衍生开发，营造出主题娱乐氛围。促进新技术新场景对景点项目的迭代升级，拓展虚实结合的沉浸式娱乐体验，丰富不同 IP 主题的游玩性，形成持续的吸引力。

促进主题娱乐要素集聚，丰富环球主题公园度假功能。加快推动主题娱乐要素集聚，完善主题娱乐生态，稳步推进水上乐园、主题公园二期及配套商业、度假酒店项目的开发建设方案研究。夯实乐园、商业、酒店三大核心业态，构建多元化休闲度假产品体系，加快形成“文化＋旅游＋科技”的高品质度假综合体。

拓展城市大道空间，做好二次消费配套和产业链延伸。推动城市大道空间拓展项目建设，丰富城市大道消费业态，提升国际化、多元化、特色化供给水平，引入北京老字号、老手艺品牌商店与文化展演活动相结合的项目，汇集商业、高端餐饮和特色美食。增强数字娱乐和体育休闲等项目的市场吸引力，满足游客和本地居民多样化、多层次需求，营造更优质的服务体验。努力争创国家级夜间文化和旅游消费集聚区。

（三）优化服务品质和文旅商业生态环境

以提升服务质量和效益为核心，制定旅游公共服务设施品质提升计划，培育新业态新模式，推动商业服务业规范化、便利化、精细化、品牌化、特色化发展，以高质量服务回应人民群众文旅消费需求高涨的新期待。加快中高端零售业、住宿、餐饮等基础设施建设，增强示范带动效应，提升服务质量和效益，增强文旅消费市场跨区域辐射力。打造一批文化魅力彰显、创新活力迸发、智慧应用前沿的重点商业示范街区。增强商业空间与科技、文化艺术深度融合，优化商业服务设施配套、人文环境与综合服务，让商业街区更加有特色、有活力、有韵味，使文化旅游与商业、健康、体育、文化及教育培训等生活性服务业紧密结合。立足和引领服务新需求，鼓励和支持旅游单位、商业服务企业融合人工智能、大数据、云计算等领先技术，加大人力资本投入，重点布局新业态和服务模式创新，提升综合服务效能，培育和引导服务消费、绿色消费、品质消费需求。

加快实施建设张家湾车辆段综合利用项目，打造“夜景、夜演、夜购、夜宴、夜娱、夜宿”为一体的现象级功能聚合高地。以国际名品为支撑、功能体验为驱动，打造“强引流、强聚集、强体验、漫生活”的奥莱MALL；引进诺岚等高端酒店品牌，打造年轻时尚轻奢型的五星级酒店；打造缤纷四季活力小镇，构建代表时代客群圈层、社群行为方式的娱乐、休闲、社交、热点、体验的一站式跨界共享平台和微度假目的地。

加快实施环球影城综合交通枢纽项目，打造“连接副中心、服务环球影城”的新型城市枢纽微中心。以立体换乘、开放候车为特色，建设高效便捷、绿色开放的公交枢纽，优化交通流线组织，提升综合交通运行效率。充分利用L型空间，打造集亲子休闲、会奖旅游、度假、商务功能于一体的高品质酒店。发挥绿野漫步、屋顶天空酒廊、景观商业等复合功能，建成眺望城市绿心、环球影城的城市共享花园，构建绿色开放、高效复合的城市生活场景。

加快实施通马路综合交通枢纽项目，打造一座“面向中心城、联络各新城、服务副中心、辐射京津冀”的站城融合枢纽综合体。整合地铁、公交和公交快线等多种公共交通设施，实现地下地上站城一体化开发。以度假休闲为核心，兼具商务功能，差异化打造中、高端酒店。以体验式为主导，提供文化展示、休闲娱乐、餐饮等商业服务，构建“慢体验知识交流、慢时间美食呈现、慢生活趣味活力”的区域城市活力中心。

（四）立足“双循环”构建多层次文化旅游空间体系

挖掘运河文化内涵，提升文化景观与旅游景点品质，将文化艺术“小空间”注入旅游“大空间”，串景成链，形成内部“小循环”和外部“大循环”两个支点。

坚持融合发展“小循环”，在宋庄原创艺术、台湖演艺小镇、环球度假区内部形成以主题旅游、原创艺术、舞台艺术为核心的文化旅游产业生态。发挥演艺资源优势，联动台湖演艺小镇发展“文旅+演艺”，协同构建演艺产业上下游生态，联动做好环球外溢效应承接，丰富文化旅游内容。发挥人商汇聚优势，联动宋庄艺术小镇发展“文旅+艺术”，推动文创产品衍生及艺术深化、艺术品创作与交易等领域交流合作，形成双向赋能的良性循环。丰富观光旅游、休闲度假、商务会展等文旅业态，与大运河形成优势互补、相得益彰的联动发展格局。发挥场景应用优势，支持张家湾设计小镇实现文旅与设计联动发展，鼓励参与基于环球主题 IP 的产品设计与开发，开展主题娱乐相关灯光、场景、技术以及潮流元素的设计。发挥数字创意优势，支持台湖演艺小镇拓展剧目创作、舞美设计、演艺经纪、演艺培训、演出运营产业链，丰富沉浸式、互动式等演艺业态，协同构建演艺产业生态。发挥人气商气汇聚优势，推动宋庄艺术小镇艺术品创作与交易，提升艺术品交易平台影响力，形成文旅双向赋能的良性循环。

坚持“一盘棋”思维推进“大循环”，以京哈高速和运河文化带为两条发展轴，发挥环球度假区的引流优势，开发多元化、多层次、线上线下相结合的多日游精品线路，拓展研学旅游、生态旅游、房车旅游等新业态。推进与“一河三镇”重要资源节点联动，实现优势互补、错位发展。发挥场景应用优势，联动张家湾设计小镇推动发展“文旅+科技”，探索落地数字孪生城市、网联自动驾驶等试点示范项目。加强旅游线路规划布局，有机串联运河商务区、大运河森林公园、城市绿心公园及三大建筑，推出以大运河生态文化景观廊道为特色的精品旅游线路，推出生态游、人文游、美食游、研学游等精品旅游线路。提升环球主题公园与宋庄、台湖、张家湾、城市绿心、大运河森林公园等重点地区之间的交通便利，推进重要节点之间水上连通，采取定制公交接驳、旅游专线等交通措施，引导游客出行路线向更大范围拓展。

提升周边地区承接消费外溢能力。统筹区域资源，优化旅游配套服务供给。加强西集、台湖、张家湾等优势地区民宿资源整合，突出规范引导，强化品质服务，增强文化内涵，建设一批特色田园生活式精品民宿。整合周边区域酒店存量资源，提升改造一批经济型精品主题酒店，推动8—10家精品酒店规划建设，将服务质量优、设施设备精、市场口碑好的精品酒店纳入环球主题公园住宿资源平台。支持周边地区结合新建商业类用地、更新改造用地、集体产业用地等，根据实施时序与实施难度分类施策，补充环球度假区周边商业服务设施短板。

加快京津冀文化旅游圈建设。发挥环球度假区在北方旅游市场的核心作用，产业辐射带动区域联动，实现优势互补、错位发展。推动与故宫、长城、颐和园等著名景区联动合作，改善交通接驳、开辟旅游线路、设立引导标识，串珠成线，共同推出网红摄影、历史探访、微旅行等主题鲜明的精品活动和线路，形成通州2—3日旅游产品。推动串联京津冀优质文化旅游资源，支持开发跨区域精品文化旅游线路。重点推进与北三县协同联动，提升区域文化旅游交通通达性，探索班车化旅游直通车。支持整合重点文旅项目资源，向全国和东北亚地区宣传推广北京旅游品牌。

（五）协同推进运河文化品牌建设

促进历史遗产与文化活动有机融合。借鉴现代旅游业诞生地英国文化旅游融合的经验，赋予建筑、街道、雕塑等人文和历史内涵，将“城市绿心”剧院、图书馆和博物馆纳入品牌建设，使游客在文化节庆活动中感知传播本土文化。促进运河文化元素与创意设计融合。借鉴日本富士山衍生出的“文化主题+创意转化+市场价值”市场化运营经验，开发出具有运河文化特色、符合现代审美和需求的创意家居、特色饮食、休闲娱乐和教育等新产品，形成有文化内涵、有通州特色、有人文情怀的文化旅游消费品牌体系。联合重点资源推广展示。加强大运河景区与故宫、长城、颐和园等地标性热门景点的桥接与联动，将运河文化与漕运文化内嵌于古都文化资源，协同提升品牌知名度。建设首都地区文脉传承展示利用的新空间，京津冀文化活动新窗口。推进文化和旅游节展赛事活动共办，促进地区间文化活动交流，优选区域性节庆活动，打造具有全国乃至国际影响力的文化旅游活动品牌。

打响运河文化运动品牌，推进“体育 + 娱乐”新融合。响应“体育强国、全民健身”战略，充分发挥体育用地的综合价值，以新兴体育项目带动休闲健身、研学科教、赛事活动消费升级。对接引进全球顶级文化娱乐公司，运用国际重磅体育文化娱乐 IP 为赋能，打造集合运动健体、艺术展览、娱乐餐饮、体育零售、流媒体等资源于一体的多元城市运动中心，引入智慧旅游、智能体育等新型消费模式，服务全人群对体育文化娱乐生活的深度、广度和参与度等多维度、全季节综合需求。

（六）加快建设智慧文旅新场景

发挥副中心文旅发展的后发优势，建设智慧旅游体系，推动文旅资源加速实现数字化、智能化、网络化转型。下好“先手棋”，前瞻性地研判风险多发点。针对境外管理与演出人员到岗、开园运营管理、客流评估与引导、管理等关键节点，做好多种应急预案，强化新技术应用，研究相关资源的可替代性。

出好“组合拳”，发挥环球度假区智慧应用场景的示范标杆作用。引导更多文旅企业围绕资源挖掘、营销、管理、服务等环节探索多元营销与服务模式，构建起线上线下相辅相成的新生态。强化数字科技赋能转化，培育多元化数字演艺娱乐生态。深入挖掘数字科技与文旅产业融合创新点，加快 VR、AR、5G 等数字技术的应用，加速“数字 +”解锁应用新场景，以主题 IP 式、互动式、沉浸式产品为主，差异化打造“角色 + 科技 + 观众”的互动空间。引进国内外优质演出剧目、大型文艺、体育、媒体、品牌活动及盛典，打造地标性演出商业消费群落。加快文化旅游区旅游资源数字化转化和开发，探索实现文旅产品交易、供求信息对接、内容分享等功能高效交互的落地路径，促进数字技术场景转化，推动文化、旅游与科技多元融合。

精准“补短板”，提高乡村旅游特色业态、乡村民俗等旅游相关企业管理与服务的数字化、智能化水平。尽快实现 A 级以上旅游景区实现数字化智能设施全覆盖，为市民和旅游者提供更为便利化、精准化的服务。

第六章 建设国际消费中心城市的文化软实力研究

消费是社会再生产的最终目的和动力。激发消费新动能，要以核心文化产业融合发展为关键支撑点，推动数字文化产业的高质量发展，为激发消费潜力提供新引擎；夯实国际文化贸易竞争力，扩大我国文化的国际影响力和消费新引力。

第一节 消费内核：融合发展中的核心文化产业

文化产业核心领域在消费发展进程中发挥着显著的支撑作用。厘清文化与消费的基本作用机制，把握新一代信息技术变革为文化产业带来的产业链重组、产业结构演变和空间集聚，审视当前文化产业体系的特点和趋势，有助于跳出消费本身，向后一步探索支撑消费的更本质更深层的文化软实力问题。

一、文化产业促进消费的基本逻辑

（一）文化产业、创意产业、版权产业等统计分类

最近三十多年来，发达经济体的文化产业经历了数倍于制造业增速的发展，在国际文化市场中形成标志性品牌，主导全球文化市场。例如美国的电影业和传媒业、日本的动漫产业、韩国的网络游戏业、德国的出版业、英国的音乐产业等。而亚洲、非洲等发展中国家尽管传统历史文化资源丰富，文

化遗产众多，创意人才济济，但文化产业起步较晚，在文化资源挖掘、利用与开发方面尚未形成完整的商业模式，生产、营销和传播渠道的一系列产业链条呈现出碎片化特征，多数国家从事工艺品、商品外观设计、国际外包等创意含量较低的劳动密集型产业，在音乐、视听、出版等以创意为核心的产业国际竞争力较弱。

最有影响力的文化产业划分是 Throsby（2001）提出的以产生创意思想的条件为中心，通过不断与其他要素结合，涵盖产品范围逐渐扩大，由核心辐射到周边的同心圆模型。按照其划分，音乐、舞蹈、戏剧、文学、视觉艺术、工艺等创意艺术活动与形式处于这一同心圆的核心，并向外辐射；环绕这一核心的是那些既具有上述文化产业的特征同时也生产其他非文化性商品与服务的行业，包括电影、电视、广播、报刊和书籍等；处于这一同心圆最外围的则是那些具有很少文化内容的行业，包括建筑、广告、观光等。创意产品中的文化内容随着同心圆层次的外移而依次减少。

英国数字、文化、媒体和体育部（DCMS）在《2001 年创意产业地图文件》中将创意产业定义为“源于个人创造力、技能和才能，并通过知识产权的产生和利用，具有创造财富和创造就业机会的潜力”的产业，随后根据 2007 年标准行业分类，根据不同行业定义特征重新组合分类，细化为文化产业、创意产业、数字产业三个门类，并提出“创意强度（creative intensity）[①]”等标准，进一步完善创意产业分类。在 SIC 代码方面 DCMS 部门之间存在一定重叠。可以看到，文化产业有大部分领域来源于创意产业，除此以外还涵盖了文化遗产、音乐与录制品零售、乐器制造、录制品复制领域。创意产业、数字产业和文化产业（包括广播和电影、视频和电视制作等活动）之间的重叠占 DCMS 行业 GVA 的 7.9%。27.7% 的 DCMS 行业 GVA 来自创意产业和数字行业，包括计算机编程和软件出版等活动。

① “创意强度”是指一个行业中创意岗位的比例，DCMS 以此来确定某一行业（SIC 为 4 位数）是否具有创意。如果创意强度高于设定的阈值，则该行业通常被划入创意产业统计范围。

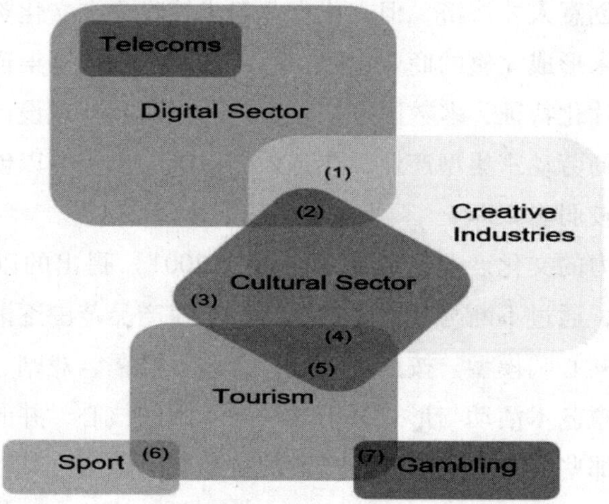

图 6－1　英国数字、文化、媒体与体育（DCMS）部门 SIC 编码重叠示意图

注：（1）出版、计算机游戏、软件发行、计算机编程、计算机咨询服务；（2）电影、电视、音乐、广播；（3）文化遗产、音像录制品零售、乐器制造、媒介复制；（4）艺术与博物馆活动；（5）文化遗产；（6）体育用品租赁、体育设施运营和其他体育活动；（7）博彩业

2004 年美国版权产业采用新分类方法，包括“核心版权产业”“交叉版权产业”“部分版权产业”和“边缘支撑产业”四类。“核心版权产业”是指以生产和分配版权物为主要目的的产业，这些产业包括图书出版、唱片、音乐、报纸和期刊、电影、无线电和电视广播以及电脑软件（包括商用和娱乐软件）。“部分版权产业”包括只有某些方面或部分产品有资格获得版权保护的行业。这些行业的范围从织物到珠宝到家具到玩具和游戏。与过去的报告一样，这些行业的总增加值中只有一部分被认为是版权行业的一部分。“交叉版权产业”包括生产、制造和销售设备以促进创作、生产或使用受版权保护的作品。这些行业包括 CD 播放机、电视机、录像机、个人电脑和使用相关产品（包括空白录音材料和某些类别纸张）的制造商、批发商和零售商。“边缘支撑产业”包括那些向企业和消费者分发版权和非版权保护材料的机构，如运输服务、电信、批发和零售贸易。这些行业的增加值中只有一部分可以归于版权行业。

根据《2022 美国版权产业报告》，2021 年美国核心版权产业经济增加值达 18102. 5 亿美元，约占版权产业 62%，占美国 GDP 比重达到 7. 76%；整个版权产业增加值达 29191. 5 亿美元，占美国经济总量的 12. 52%。在我国文化产业的分类与统计标准比美国核心版权产业的界定范围宽泛许多的条件下，2021 年全国文化及相关产业增加值为 5. 24 万亿元人民币，仅相当于美国版权产业的四分之一，占 GDP 比重为 4. 56%。可见，无论从产业规模、经济比重还是产业结构上看，中国文化产业，尤其是内容创意为主的核心环节与欧美文化强国相比还有很大发展差距。

（二）文化产业促进消费的基本逻辑

文化由制度和影响社会的基础价值观、认知、偏好和行为等其他力量构成，是影响消费者心理与行为的重要因素。文化产业促进消费的目标，首要层面是促进文化消费领域繁荣发展。文化产品或服务本身就是消费对象。做强内容创意环节，以优质的文化供给引领消费需求，加快推动文化消费终端智能化网络化场景应用，发挥好平台的文化资源聚合与支撑作用。其次是推动文化产业链拓展、延伸与融合，催生新业态、新产品、新服务的发展，加快创意内容 IP 开发与转化，推动经济转型升级和发展壮大。

消费流程中文化的作用对象与机制分别体现在消费的“获取”“使用”和“处置”三个环节（重点环节加黑显示）。以“设计”行业为例，不仅与生产、技术结合，推动商品供给体系升级，也可以与市场结合，引导需求创造需求。在“获取”环节，当消费者考虑获取消费对象时，品牌体现了商品或服务供给的价值、文化与个性，品牌的文化底蕴和人文调性会对品牌形象产生决定性影响。从消费动力机制看，流行文化、网红文化等潮流在精神需求这一心理层面发挥规范和引导作用，影响着消费行为决策。

数字媒介作为一种动态变化的社会力量，影响着消费社会变迁。数字空间中的社交类消费、泛娱乐消费等多元消费类型并存，已深刻嵌入日常生活，打破并重塑了传统消费逻辑。分享推荐、社交推广（信息互动）数字媒介成为驱动新消费现象的重要力量。它不仅是消费信息和经验的主要来源，其所搭建的新消费场景还勾连着数字空间和现实社会，重构了消费环境。

新消费是数字媒介催生出一种新型业态，突破了时间和距离限制，统筹文化消费资源，将在场与在线消费有机联结，形成线上与线下融合的消费模式，如短视频、直播带货、网红经济等。在消费者“获取”环节，数字媒介围绕商品供给丰富程度、品牌、时尚潮流、舆论评价等方面为消费者决策提供了丰富的信息。在“处置”环节，数字媒介在消费者评价反馈和社交推荐中起到放大器作用，将消费者意见和建议经过关注度的筛选，以流量经济的形式反馈到消费者获取环节，平抑供需双方信息不对称，影响用户消费行为，重塑消费群体，搭建新消费场景，提升从供给到消费的系统运行效率和质量。

“文化”内容端和“数字”技术端对消费产生不同的提振赋能机制。“文化”内容端强调 IP 融合，关键环节涉及以创意为源头的商品供给、品牌文化底蕴、消费空间的文化氛围、消费模式人文关怀等，重点要促进文化与旅游、体育、教育、会展等领域的跨界深度融合，提升消费的文化内涵、规模能级。“数字”技术端，强调媒介传导，以社交推荐、场景应用和精神需求为关键作用节点，发挥移动互联网、云计算、物联网等信息技术对消费的媒介支撑，拓展综合性消费场景，培育新型文化业态，创新消费体验，丰富消费模式。推动文化产业转型升级，促进新型消费业态，释放发展潜力，是建设国际消费中心城市的必经之路。

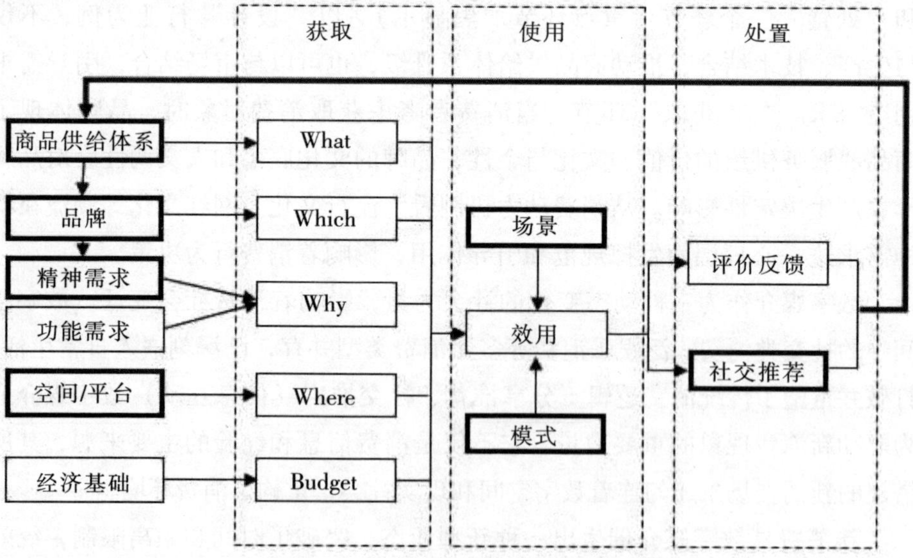

图 6－2　文化促进消费的基本传导机制

二、新技术重塑文化产业价值链

（一）文化产业价值链的基本形状

文化产业是具有创新性、高附加值、强融合性、渗透性和辐射性的产业，具备明显知识经济特征和较高的文化含量。具体体现在文化价值的非消耗性、内容创作的高盈利性、市场的高风险性、价值转换的模式的非物质性、个性化。其价值链也有别于传统产业。通常，创意产业价值链包括四个环节：创作/产品原创、制造（原型和生产工具）、经销和批量生产、交换（展出或零售）（Pratt，2004）。也有学者更加细化了分工，认为创意产业价值链主要由内容创意、生产制造、营销推广、传播分销、交换消费五个环节构成（厉无畏，2009）。

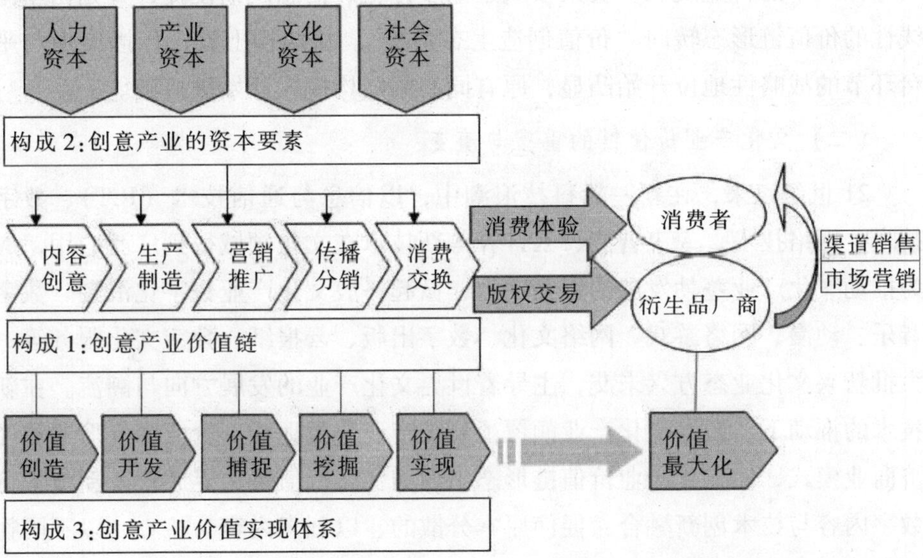

图6-3　创意产业价值链系统示意图

资料来源：厉无畏·创意改变中国［M］．北京：新华出版社，2009.

创意产业价值链上的不同环节对人力资本、产业资本（技术资本、货币资本和生产资本）、文化资本（品牌、企业文化等）和社会资本（个人关系、社会网络等）投入要求不同，共同推动创意价值实现。要提高产品附加值，增强市场竞争力，必须运作好这四种资本，不断增加创意人才积累、产业资本积累、文化积累和社会资本积累，这是形成文化创意产业竞争力的必经之路。

以上文化产业价值链侧重从供给角度驱动文化产业发展的角度分析，强调内容的原创性及其价值衍生属性。基本产业活动顺序是：艺术家用创意构思和情感创作出创意产品后，企业家将创意产品进行大批量的生产和制造，通过传播、营销推广进入市场，最后在消费者实现交换和消费。文化企业通过原创性产品的价值创造、价值传递和价值实现，向消费者输出了创意、知识和价值观的过程。其中，内容创意决定着整个产业价值链条的深度、宽度和广度，是文化产业价值链的核心要素，生产制造、营销、传播、消费等环节均以内容创意为核心，围绕在外围，形成同心圆的结构形式。然而，随着新媒体技术的日益发展，要素投入逐渐多样化、信息反馈便捷，开始由单向线性的价值链形态转向“价值创造生态系统”。从结构上看，传播渠道与平台环节的战略性地位开始凸显，原有同心圆结构模式开始被打破。

（二）文化产业价值链的重塑与演变

21 世纪以来，在新一轮科技浪潮中，以信息与通信技术（ICT）、数字技术、网络技术、人工智能、云计算等新技术在文化领域得到广泛应用，成为推动文化产业蓬勃发展的强劲动力，掀起一股文化产业数字化浪潮。数字音乐、动漫、网络游戏、网络文化、数字出版、云报纸、数字文化服务等一大批新兴文化业态方兴未艾，主导着世界文化产业的发展方向与潮流。在新技术的推动下，新兴文化产业颠覆了传统产业分类标准、价值增值形式和经济商业模式，使文化产业价值链形态出现演变，价值链边界放松。新技术将数字内容与技术创新融合，促使原本分散的、以创意内容为核心、以不同物质形态为载体的细分行业趋于融合，形成一个价值链内涵与形态相似的产业，创造出新理念、新价值、新商业模式和新产业组织形式。同时，文化产业价值链不断延伸，内容与创意表达方式更加丰富，文化产品传播与消费更加快捷便利，创造新商业模式与就业机会，提升产业价值链。例如，报刊、音乐、电影、电视等传统传媒行业，借助数字信息技术的发展，消除各种介质的差异，实现了文字、图像与声音融合一体，开创了崭新的商业模式，进入新媒体时代。

从影响途径来看，新技术在数字工具、数字通信、数字内容和数字交易四个层面上对文化创意产业发挥效应，对文化创意产业价值链的结构、层次和关联均产生不同程度的影响力。其一，借助数字工具，内容创意表现层次更丰富，工作效率得到提高。如原本相对独立的艺术设计、平面设计、服装设计等也由于数字技术的普及和发展趋于虚拟化、网络化、技术化，增强了创意产品的表现力，提高了设计创意环节的竞争力。其二，数字通信使数字内容的传递与数字交易更加便捷，为创意内容提供了新的销售渠道，创新商业模式，加强了创意、文化、技术和经济发展之间的联系。例如，拓宽潜在客户群体，提高参与国际分工的程度，为中小企业提供良好的发展机遇。其三，数字媒体的兴起，从根本上改变了文化创意产业价值链的供求关系和市场力量分布。原有封闭的创意创造、生产制作与技术创新的专业知识体系和供给方驱动的线性因果关系被打破，需求方不再是被动接受产品和服务，而是开始主导创意产业的各个产业链环节。例如，在数字化、网络化的时代，文化创意产业价值链的传播与销售环节中，“用户评论”对生产者、消费者乃至创意者产生双向引导效应，不仅可以左右消费行为，而且还能够引导供给内容与投资方向。

下面将更深入分析新技术在文化产业价值链各个环节的渗透与融合。

1. 内容创意

首先，受新技术的影响，内容创作的门槛大大降低，创意主体大众化、自主化、青年化，文化产品的内容创作与表现力增强，内容创作对文化创意产业的核心与支撑作用得到更深层次的充分释放。如微博、微信、今日头条等社交和新闻媒介推动了“参与式新闻”（participatory journalism）的诞生与发展，改变了新闻传播的结构、方式和主体，实现了新闻传播的“传”与“受”一体化、新闻背景立体化、信息定制个性化。

其次，以技术工具纾解法律困境，强化数字版权保护力度，做强内容创意环节。知识产权是内容创意的成果，具有财富属性、产品属性和高附加值属性，是越来越重要的生产要素和财富资源。但随着数字出版、数字音乐、网络电影、网络视频等数字内容的交易与传播的迅速发展，数字盗版行为屡禁不止，现有法律环境约束力不足，传统知识产权保护措施备受挑战。新技术下的数字版权保护还需要不断完善技术手段，强化实时监管，扩大应用领域。如果版权保护不力，内容创作的版权所有人就难以从网络化、数字化的终端消费中获利，对文化产业的核心引擎产生较大打击，易造成价值增值环节后移。

2. 生产制造

生产制造环节是指通过技术、工艺等生产流程大规模批量制造生产创意产品，实现了从内容创意到文化产品的转变。在国际文化创意产业价值链中，生产制造环节通常位于价值增值的底部。新技术在这一环节的全面应用，主要表现为制作流程的技术创新及成本控制，制造工艺升级与设备更新，增强产品表现力、感染力，提高产品生产效率等方面。可以说，掌握了生产制造环节的数字核心技术，便等于控制了发展的主动权。美国、日本、英国等发达国家通常将最先进的数字特技制作技术保留在国内，而将非核心制作业务外包给其他国家，并同时牢牢控制创意设计、渠道推广、衍生品开发销售等高附加值的核心环节。例如，尽管动画制作已广泛采用数字技术，但依然需要大量绘画工作，如描线、上色等工序，为降低制作成本，日本动画绘制有90%依赖国际外包。

3. 营销推广

营销推广环节是指代理商、策划人、经纪人等运用各种营销模式向消费者推介文化产品，同时也为衍生品的开发创造商业空间。新媒体时代，营销渠道日益多样化，除了线下营销推广以外，网络营销推广已异军突起，成为文化创意产品推广的主流，具体包括搜索引擎、电子邮件、网络资源合作、网络广告、信息发布等推广方法。互联网等新媒体凭借快捷互动的传输渠道、即时显示的介质、海量存储能力和与之相适应的新型商业模式，突破了传统媒体的地域局限性，利用网络平台的互动性实现了资源共享，降低了渠道推广成本，扩大了受众覆盖面。

此外，还需要充分整合跨媒体资源优势，整合营销传播力量，围绕全产业链，向目标顾客群体推介电子图书、网络游戏、影视产品、音像制品、衍生产品和主题公园等产品或服务，进行整合营销，实现盈利并获得更高的收益，才能实现更好的营销推广效果。例如，以好莱坞电影为代表的数字宣传体系将电影制作、广告策略、市场调研、宣传炒作、公关活动、促销手段等方面进行恰当有效的线上线下融合，注重新媒体与传统媒体之间的交叉灵活运用，发挥媒体融合优势优化网络宣传的流程、运作周期，改变了从投入产出的整个电影运作流程。

4. 分销传播

分销传播是指通过电影院、电视台、电台、报刊、演出经营场所及网络运营商等渠道或平台传播创意产品的环节。在全球化、数字化浪潮中，随着营销力量的强化，各种分销形式层出不穷，分销传播环节的竞争越发激烈。其中，移动网络和宽带网络等渠道已经成为文化产品的重要分销传播渠道，并占据了价值链上增值的重要环节，市场力量强大，在某些部门甚至影响到内容创作环节的利润回报。在数字音乐领域，音乐发现不再依赖实体媒介，而是通过 Spotify、Apple Music、腾讯音乐等在线平台进行，实现数字内容的传播与下载服务。根据 IFPI 发布的《2023 全球音乐报告》，2022 年流媒体付费订阅收入占美国录制音乐市场收入的 84%，是增长的最大驱动力。

平台和内容提供商（CP，Content Provider，如唱片公司、独立著作人等）之间展开一场利益争夺战，面临着“渠道为王”与“内容为王”博弈。当移动互联网内容提供商呈现高度碎片化，渠道分销商便会拥有较大话语权，可以利用平台资源优势，牢牢把控并主导着新的商业盈利模式，出现“渠道为王”的局面。这尤其体现在电视、视频、新闻、电子书等领域，内容供应商较为分散，难以形成与渠道抗衡的市场力量。中国作为全球第五大音乐市场，音乐版权行业的市场集中度并不高。从 2021 年中国 400 多家音乐唱片公司的市场份额来看，版权销售收入排名第一、排名前三和排名前十的公司加总的市场份额分别达到 10.1%、24.1% 和 36.6%，尤其是内地唱片公司竞争更激烈。而如果内容供应高度集中（比如唱片公司控制了多数商业音乐市场份额），渠道商与内容商彼此变为依存关系，渠道商也并不会获得更强的议价能力，难以利用市场规模降低授权费用（David Pakman，2012）。2021 年环球、索尼、华纳三家全球唱片公司收入占全球市场 70% 以上，其艺人版权资源覆盖欧美、日韩和华语版权等，牢牢把控住全球音乐版权市场。这体现了欧美国际数字音乐行业“内容为王”是主流。互联网使内容商和渠道商之间的关系呈现出多样化的趋势。

5. 交换消费

在创意产品的最终消费环节，用户的文化消费习惯、消费能力和大众文化的审美取向从根本上决定了创意创新方向。在移动互联网环境下，多种移动互联终端迅速普及，内置智能操作系统的无线终端更加智能化，各种数字音乐应用层出不穷，促使用户的数字音乐需求和操作习惯发生改变，产生新需求，推动着网络音乐运营商的新一轮创新。文化与科技融合创新过程中，新属性、新功能不断涌现，展示了文化与科技融合互动的多边关系与交互机制和实践机理。通过对文化创意产业各个价值链环节的渗透与融合，科学技术重塑文化创意产业价值链结构与形态，打造全新商业模式，是形成文化创意产业竞争优势的重要力量。

（三）文化产业全球价值链的形成

随着经济全球化的发展和世界文化交流的加深，文化产业国际分工得到进一步强化。在新一轮科技浪潮中，以信息与通信技术、数字技术、网络技术、新材料技术为代表的高新技术推动了文化产业全球价值链的形成。全球经济一体化条件下，各国文化贸易逐渐频繁，越来越多的发展中国家向发达国家提供文化服务外包业务，嵌入全球价值链。信息与通信技术的发展促进了传统生产与服务活动的标准化、模块化，解除了文化内容制作的地域限制，提高了文化传播速度并扩大了传播范围，便于跨国文化企业对下游各个环节进行控制和管理。跨国文化企业日益专注于其核心竞争力的价值活动，为了降低成本提高竞争力，在空间上分离出非核心活动，尽可能地将利润低的价值链环节分包或者转移出去，特别是向发展中国家转移。尤其在电影、动漫、新闻出版等领域，由多个国家共同参与的产业分工更为常见。

世界文化产业分工格局在发达国家和发展中国家之间呈现出不平衡的发展态势。随着全球产业价值链的形成，产业内贸易快速发展，越来越多的发展中国家嵌入了由大型跨国文化公司主导的全球生产价值链，处于国际分工链条的末端，成为文化市场上低附加值文化产品或服务的出口大国或纯粹的文化消费国，也是国际服务外包的重要供应者。在文化产业国际分工中，欧美日等文化强国凭借资本、技术、人才、营销和消费方式上的先机和优势，控制着文化产业价值链上游的研发设计、中端的营销及下游的消费，占据了高知识含量、高附加值的文化市场。

三、健全现代文化产业体系

文化产业体系的健全包括产业价值链结构、产业结构、空间布局结构三个层面。产业价值链结构，是指沿产业价值链向两端附加值较高的环节移动，属于微观视角；狭义的产业结构，是指产业间的行业结构比例协调关系，包括各子行业的产出结构、技术结构和要素结构等方面的协调性和关联度，属于中观视角；空间布局结构，是指产业在市区与郊区的相对集中与扩散，是较宏观的视角。我国文化产业正在进行结构调整，但转型升级步伐较慢，规模小、集中度低、技术支撑不足。更好满足消费者文化需求，迫切需要我们发挥需求牵引作用，优化文化产品供给，增强供给结构对需求的适应性和灵活性，提高文化改革发展的质量和效益，真正起到引领文化消费、提升人们精神追求品质的作用。

(一）传统文化产业亟待加快数字化进程

多年来，出版业、电视与广播、广告等领域持续占据文化产业发展主体地位。根据联合国贸易与发展会议发布的《创意经济报告2010》，英国、美国和加拿大文化创意产业的主导部门大致相同，出版业、电视与广播、广告这三大传统文化行业的经济比重分别为3.7%、2.3%和2.6%，占据了本国文化产业的65%左右，成为带动产业发展的主力军，尤其是加拿大，这一比例更是高达74%。可见，数字经济兴起之前基本形成以出版、电视与广播、广告为主力军的格局。

建筑、设计（含时装设计）、音乐、视觉及表演艺术，约占总经济增加值的1.7%，占文化产业组成的30%，组成支撑英国创意产业发展的第二梯队。与之不同的是，美国文化创意产业的第二梯队是由视频、电影与摄影、音乐、视觉艺术与表演艺术、建筑组成，约占经济增加值的0.9%，构成了27%的文化创意产业。与英国相比，美国的设计产业并不突出，其优势体现在影视行业。对加拿大而言，与美国类似的是第二梯队由视频、电影与摄影、音乐、视觉艺术与表演艺术组成，但是建筑设计领域并没有太多优势。根据2011年英国文化、媒体与体育部（DCMS）发布的《英国创意产业经济评估》，2009年英国创意产业（不含手工业）增加值占总经济比重为2.89%，出版业占英国经济增加值的0.92%；文化产品与服务出口占总出口额的10.6%，其中，仅出版、电视与广播领域的出口就占总出口额的5.7%。2002—2009年，尽管创意经济不断发展，但以出版业、电视与广播、广告业为第一梯队的创意产业发展格局几乎没有发生变化。

随着移动互联网和数字技术的兴起，传统优势产业领域经济比重持续下降，只有与数字技术紧密结合的领域，如数字广告、数字音乐等领域取得飞速发展。2010年后，英国创意产业内部出现分化，信息技术、软件与计算机服务从2010年的276亿英镑增长到2019年的460亿英镑，在创意产业内部占比从34.9%提升到40.5%，保持着最大细分领域，凸显出数字技术在创意产业的稳固地位。

电视、电影、广播、视频及摄影领域增长放慢，创意产业内部占比从21.4%下降到2019年的18.8%，但依然是除信息技术、软件与计算机服务之外占比最大的门类。“电影、电视、视频、广播和摄影”是创意产业增长的第二大贡献者，占2018年至2019年创意产业GVA增长的39%，是2018年至2019年增长最快的行业，实际增长率为12.1%。出版领域陷入停滞状态，产业规模维持在110亿英镑上下，占比跌到9.4%，比2010年下降5.7个百分点。此外，工艺品和博物馆、美术馆、图书馆经济比重虽然很小，但却保持下降态势。设计与时尚设计的经济占比从2.2%增加到3.1%，是创意产业领域增长幅度最大的领域。广告与营销受数字技术和移动互联网发展的推动，网络游戏、跨境电商、直播等新兴业态均离不开流量导入，数字广告与营销在新经济中发挥着越来越重要的作用。2010年至2019年，英国广告与营销领域增加值从102亿英镑提高到168亿英镑，增幅达64.4%，在创意产业中的占比稳步提升，2019年占比为14.8%，比2010年高出1.9个百分点。

从经济比重上看，创意产业是英国经济的重要贡献者。2019年英国创意产业实现增加值1159亿英镑，经济比重为13%，比2010年高出2.6个百分点。2021年英国创意产业在商品贸易领域实现21亿英镑顺差，创意产业在服务贸易领域实现187亿英镑顺差。创意产品出口占英国商品出口总额的2.2%，创意服务进口占英国总服务进口额的15.2%。

表6－1　英国、美国与加拿大文化创意产业内部结构比较（2002/2003年）

部门	英国（2003）	美国（2002）	加拿大（2002）
文化创意产业经济比重	5.8%	3.3%	3.5%
广告	0.7	0.2	0.3
建筑设计	0.5	0.2	0.1
视频、电影、摄影	0.3	0.4	0.4
音乐、视觉艺术、表演艺术	0.5	0.3	0.2
出版	2.1	1.1	1.8
电视、广播	0.9	1	0.5
艺术及艺术品交易	0.1	0	0.1
设计（含服装设计）	0.7	0.1	0.1
手工艺	na	na	na

数据来源：《创意经济报告2010》

表6－2　英国创意产业结构变动2010—2019年

	2010[r]	2013[r]	2016[r]	2019[p]	比上年增长%	2010—2019年增长%
创意产业	79.1	88.0	102.1	113.6	5.6	43.6
广告与营销	12.9%	15.5%	15.8%	14.8%	－1.3	64.4
建筑设计	2.8%	2.9%	3.3%	3.1%	－6.3	58.8
工艺品	0.5%	0.2%	0.3%	0.3%	－0.6	－5.8
设计与时尚设计	2.2%	2.6%	2.9%	3.1%	4.9	103.9
电影、电视、视频、广播及摄影	21.4%	20.1%	19.4%	18.8%	12.1	26.5
信息技术、软件与计算机服务	34.9%	34.4%	37.5%	40.5%	7.4	66.3

续表

	2010r	2013r	2016r	2019p	比上年增长%	2010—2019年增长%
出版	15.1%	12.8%	11.0%	9.4%	2.2	-10.3
博物馆、美术馆与图书馆	1.5%	1.1%	0.9%	0.9%	7.7	-17.4
音乐、表演艺术、视觉艺术	9.3%	10.6%	8.9%	9.2%	5.2	42.5

数据来源：*DCMS Sectors Economic Estimates*. www.gov.uk/government/collections/dcms-sectors-economic-estimates

注：r代表已经过修正的数据。p代表临时数据，有待修正。创意产业单位：十亿英镑

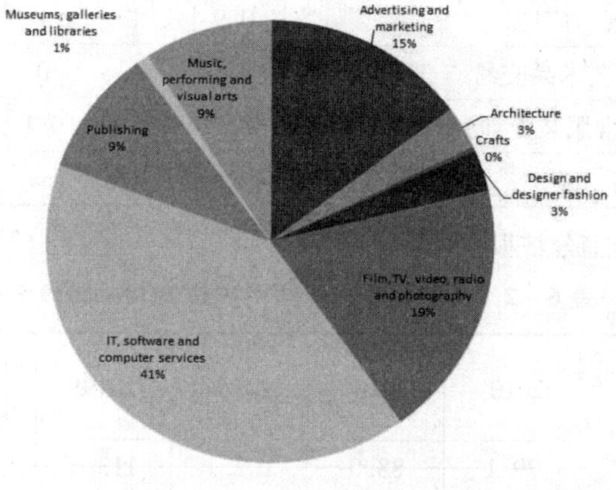

图6-4 英国创意产业结构（2019年）

影视行业通过快速融入全球数字化转型。影视产业是纽约市庞大的艺术、媒体和娱乐生态系统不可或缺的一部分。影视以其强大的产业溢出效应带动起整个城市的经济活力。根据纽约市市长媒体和娱乐办公室（MOME）发布的《2021年纽约市影视产业经济影响研究》，2019年，纽约市影视产业规模达到816亿美元，提供了185000个就业岗位，对纽约市经济做出重要贡献。从强大的本地供应链和辅助服务提供商，从法律和咨询公司到设备

租赁企业和餐饮服务商，影视行业的产业带动效应显著。电影和视频制作、人才、订阅节目、电视广播、广告和媒体购买、后期制作和其他服务，以及发行和消费这七个关键产业链环节，涵盖了从影视内容的制作到观众和爱好者的消费，每个部门都在行业价值链中发挥着至关重要的作用。数字化发展增加了“后期制作”细分行业的就业机会，而“其他电影和视频服务”以及“录音”行业以前多提供电影保存和修复等传统服务，受行业数字化转型影响，其功能被边缘化，岗位数量大幅减少。在“录音”领域，随着内部录音在制作和后期制作工作室中变得越来越普遍，提供专业影视相关服务的录音棚数量减少。2004—2019 年，电影和视频制作行业的就业人数以每年 5% 的速度增长，超过了该市同期 2% 的平均就业增长率。

出版业在数字化冲击下面临巨大转型压力。自 20 世纪早期以来，纽约一直是美国出版业的中心。随着媒体的数字化和消费者偏好的变化，出版业的价值链产生了新的商业模式和发展趋势。出版、分销与消费环节的数字化冲击了传统的内容提供商、传统的发行渠道和就业机会。消费者对数字内容的需求也在增加，“数字原生”新闻平台（互联网出版商）在网上如雨后春笋般涌现，给传统报纸和期刊带来了扩大数字业务的压力。亚马逊（Amazon）等在线零售商在图书销售中所占的份额越来越大，书店的收入和就业都在下降。虽然印刷版图书的市场需求稳定，但由于报纸和杂志的数字化，新闻经销商和报摊随着报纸和期刊出版商的衰落而逐渐消亡。2010 年以来，美国出版业就业人数持续下降，复合年增长率为 -2.9%。互联网出版商对在线出版物的管理更加标准化，需要的员工更少，难以抵消期刊和报纸出版商的衰落带来的就业机会减少。2020 年美国出版业规模约为 55 亿美元，提供 4.5 万个工作岗位。

（二）新型文化业态主导文化产业发展

以数字内容产业为代表新兴文化业态异军突起。数字内容产业，以创意为核心，以数字化为表现形式，融合了内容创意的丰富性、传播载体的便利性和产品形式的虚拟化的特点，是科技与文化融合创新发展的产物，正改变着文化创意产业的发展格局。音乐、视频、电影、网络游戏、视觉艺术、表演艺术等受新媒体数字技术渗透大的部门迅速转型，而如设计、建筑等与新技术缓慢融合的部门，发展速度则相对稳定。随着新媒体技术在文化创意产业各阶段价值链环节的应用与普及，很难明确划清内容创作、生产制作、分销和最后交付产品或服务的边界。据估计，2002—2009 年，全球数字内容产业规模年均增长速度约为 33%，移动数字内容、互联网数字内容和数字影音动漫三项占总规模的 85% 以上。

1. 英国

数字经济引领创意产业高速增长。2019 年，英国创意产业增加值达到 1159 亿英镑，占英国 GVA 的 5. 9%，2018—2019 年实际增长了 5. 6%，在 2010—2019 年增长了 43. 6%。自 2011 年以来，创意产业的增长速度一直明显高于英国 DCMS 产业，更是快于英国经济增速，尤其是 2015 年和 2019 年的实际 GVA 均出现大幅增。而这一增速的背后，IT、软件和计算机服务领域对创意产业 GVA 的贡献最大。2019 年，这一领域增加值达到 470 亿英镑，占据创意产业总规模的 40. 6%。经济贡献度方面，在 2018—2019 年以及 2010—2019 年占创意产业 GVA 增长的 53%。广告和营销是 2010—2019 年创意产业增加值增长的第三大贡献者，占创意产业增加值增长的 19%。此外，2010—2019 年，“设计和时尚设计”的实际 GVA 增长了一倍多。

自 2010 年以来，创意产业对 DCMS 部门 GVA 增长贡献突出，数字产业增长贡献扩大。DCMS 行业总增长（不包括旅游业和公民社会）的 71. 9% 来自创意产业（1159 亿英镑），其次是数字行业（1506 亿英镑），占 64. 4%。然而，自 2018 年以来，数字部门对 DCMS 部门（不包括公民社会）总增长贡献率高达 91. 7%。2019 年，数字行业实现 GVA1506 亿英镑，占英国 GVA 的 7. 6%。数字部门的 GVA 在 2010—2019 年实际增长了 26. 5%，尤其是 2016 年后，英国数字行业增速与全国经济保持同步。尤其计算机编程、咨询及相关活动领域，对数字部门 GVA 的贡献最大（556 亿英镑），占 2019 年的 36. 9%，2010—2019 年对数字行业 GVA 增长贡献率达到 58%。考虑到这个子行业中的一些 SIC 代码与创意产业重叠，从一定程度上解释了数字行业和创意产业相似的快速增长态势。

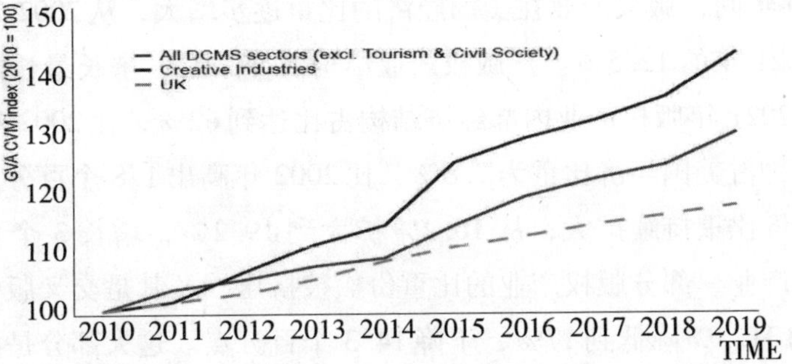

图 6－5　英国创意产业实际 GVA 增长指数 2010—2019 年（2010＝100）

2. 美国

数字核心版权产业规模稳步增长，就业比重大幅提升。《美国版权产业报告 2022》显示，数字核心版权产业 2021 年实现增加值 12375 亿美元，占总体数字经济的 52.3%，占核心版权产业的 68.4%。核心版权产业占美国数字经济总量的 50% 以上，在数字经济中的参与度从 2018 年的 51.6% 增长到 2021 年的 52.26%，在 2021 年为美国数字经济创造了总计 1.2 万亿美元的增加值。从版权产业整体来看，数字经济参与度更是高达 65%。在就业比重方面，核心版权产业的数字经济就业占比从 2018 年的 42.0% 上升到 2021 年的 48.1%。数字版权产业占数字经济就业的比重从 2018 年的 53.4% 上升到 2021 年的 58.9%。值得注意的是，美国经济分析局 BEA 目前的数字经济定义和统计范围尚未涵盖版权行业数字活动的全部范围，可能低估版权产业对数字经济的贡献。

表 6－3　美国数字版权产业增加值 2018—2021 年　单位：百万美元

	2018	2019	2020	2021
数字核心版权产业	1015.68	1073.34	1113.08	1237.51
数字经济	1968.52	2068.22	2123.09	2368.07
占数字经济比重	51.60%	51.90%	52.43%	52.26%
数字版权产业	1272.95	1339.74	1383.83	1536.07
占数字经济比重	64.67%	64.78%	65.18%	64.87%

数据来源：IIPA. Copyright Industries in the US Economy 2022 Report

近20年间，版权产业在美国经济的比重逐步增大，从2002年的11.1%提升到2021年的12.5%。从版权产业结构演变来看，增长最快的是核心版权产业，2021年版权产业内部经济结构占比达到62%，比2002年提高12.1个百分点，占美国经济比重为7.8%，比2002年高出1.8个百分点。边缘支撑产业经济比重持续扩大，从16.2%扩大到19.2%，增长3个百分点。而交叉版权产业、部分版权产业的比重份额被挤压，尤其是交叉版权产业，从2002年的31.3%降低到17%，下降14.3个百分点。这大部分是由于数字技术和互联网的兴起推动了流媒体的发展，对版权内容存储媒介相关的硬件需求大幅下降，导致市场萎缩。由此，新技术的发展推动了核心版权产业在版权产业中的地位不断提升，总体经济贡献率也持续上升。

表6-4　美国版权产业结构及经济比重（2002年、2010年、2021年）

分类	主要领域	2021		2010GVA		2002GVA	
		内部结构	经济比重	内部结构	经济比重	内部结构	经济比重
核心版权产业（Core Copyright Industries）	书籍、报纸和期刊、电影、录制音乐、广播和电视广播，以及包括视频游戏在内的各种格式的软件	62%	7.8%	57.3%	6.36%	49.9%	6.0%
交叉版权产业（Inter-Dependent Copyright Industries）	CD播放机、电视机、录像机、个人电脑和使用相关产品（包括空白录音材料和某些类别纸张）的制造商、批发商和零售商	17%		20.2%		31.3%	

续表

分类	主要领域	2021		2010GVA		2002GVA	
部分版权产业（Partial Copyright Industries）	纺织厂 纺织品加工厂 服装生产 家居及相关产品生产 杂项生产 专业、科学及技术服务 博物馆、历史名胜及类似机构	1.8%		2%		2.6%	
边缘支撑产业（Non－dedicated Support Industries）	运输服务、电信、批发和零售贸易	19.2%		20.5%		16.2%	
总计			12.5%		11.1%		11.1%

数据来源：Copyright Industries in the U.S. Economy（2022，p.13；2011，p.8.；2004，p.4.）

数字媒体产业迅速发展。根据波士顿咨询公司2012年发布的一份报告《纽约市媒体产业发展评估与未来发展路径》，以数字公司和互联网出版为代表的数字媒体产业（不包括传统媒体的数字化手段）从业人员数量在2002—2011年增加了一倍，占全国相关从业人口的比例也从6.1%增长到8.6%。纽约新闻与出版从业人员占全国的比例尽管增长了近2个点，但从业人员数量却有所减少，且下降幅度小于全国水平。

表6－5　纽约市媒体产业就业结构（2002—2011年）

纽约市占全国相关从业人员的比例	2002年	2011年	纽约市就业增长率
数字产业	6.1%	8.6%	100%
电影娱乐	11.2%	12.2%	17%
广告	12.4%	13%	16%

续表

纽约市占全国相关从业人员的比例	2002 年	2011 年	纽约市就业增长率
广播与有线	8.2%	10.5%	4%
新闻与出版	7.7%	9.5%	-11%
合计	9.4%	10.8%	

数据来源：Evaluating NYC Media Sector Development and Setting the Stage for Future Growth. 2012. P. 16.

3. 中国

我国文化产业正在成长为支柱产业。近年来，中国文化产业发展迅猛，是速度增长最快、业态最丰富、最有活力的产业之一。2019 年文化产业实现增加值 44363 亿元，占国内生产总值的 4.5%，比 2013 年提高 0.87 个百分点。自 2013 年开始，面对经济下行压力，我国文化产业规模增长放缓，但依然保持年均 12.9% 的增长速度，成为新常态下的经济发展引擎。

文化新业态发展韧劲持续增强，增长态势强劲，成为推动我国文化产业高质量发展的重要支撑，为产业提质增效、转型升级提供新动能。2021 年，文化新业态特征较为明显的 16 个行业小类①比上年增长 18.9%。其中，可穿戴智能文化设备制造和互联网广告服务营业收入两年平均增速分别为 46.4% 和 31.8%。2022 年，文化新业态实现营业收入 50106 亿元，比上年增长 6.7%，比文化产业增速高出 5.7 个百分点。文化新业态营业收入占全部文化产业营业收入的 30.3%，占比首次突破 30%。文化新业态有力推动我国文化产业的转型升级和结构优化。2022 年《关于推进实施国家文化数字化战略的意见》正式印发，标志着我国文化领域加快推进数字化阶段，逐步夯实文化基础设施，巩固文化产业数字化、网络化、智能化发展根基，

① 新业态特征明显的 16 个行业小类是：广播电视集成播控，互联网搜索服务，互联网其他信息服务，数字出版，其他文化艺术业，动漫、游戏数字内容服务，互联网游戏服务，多媒体、游戏动漫和数字出版软件开发，增值电信文化服务，其他文化数字内容服务，互联网广告服务，互联网文化娱乐平台，版权和文化软件服务，娱乐用智能无人飞行器制造，可穿戴智能文化设备制造，其他智能文化消费设备制造。

为文化产业高质量发展提供重要支撑。

核心文化领域优势不断增强。2019 年，文化核心领域实现增加值 3.1 万亿元，占文化产业比重为69.3%，比 2014 年提高了 8 个百分点。文化服务业占比持续扩大，展现出文化服务业在数字技术融合所蕴藏的巨大发展潜力。2013 年以来，文化服务业持续保持快速增长态势，由 2010 年 5937 亿元，到 2019 年增加至 28121 亿元，增加了 4.7 倍，占全部文化产业营业收入的 63.4%，比 2013 年提高 16.4 个百分点。2019 年文化制造业所占比重为26.8%，比 2013 年下降 16.1 个百分点，占比大幅下降；文化批发和零售业所占比重为 9.8%，比 2013 年下降 0.2 个百分点，保持相对稳定态势。

然而，文化服务业对外开放程度有待提升。按照经合组织的计算，2019 年，中国电影服务贸易限制指数和录音制品服务贸易限制指数分别为 0.60 和 0.48。2018 年，我国 3 万多家规模以上文化服务业企业中，外商投资企业为 652 家，仅占全国文化服务业企业的 2.2%。近些年，我国不断扩大文化市场开放，在上海和北京相继落户迪士尼和环球影城主题公园，允许在全国范围内设立外商独资演出经纪机构、演出场所经营单位，取消电影院须由中方控股的限制等，但多数政策还处于虚位以待状态。提升文化服务开放水平，有助于引进国际优质文化服务，促进我国文化产业转型升级，还能更好统筹国际分销渠道和推广手段推动文化“走出去”，降低“文化折扣”，提升文化产业国际竞争力。

文化产业发展中的科技创新“浓度”不断提升，文化企业的自主创新能力有效增强。2022 年，规模以上文化企业投入研究与试验发展经费 1529 亿元，规模以上文化企业 R&D 经费占营业收入的比重为 1.24%。规模以上文化企业 R&D 人员 46 万人，比上年增长 11.4%；占规模以上文化企业全部从业人员的比重为 5.8%。

表 6－6　我国文化及相关产业三大产业类别基本情况

年份	2013	2016	2019
文化及相关产业增加值（亿元）	21351	30785	44363
文化及相关产业占 GDP 比重	3.63%	4.14%	4.50%

续表

年份	2013	2016	2019
文化制造业占文化产业比重	42.90%	38.60%	26.80%
文化批发和零售业占文化产业比重	10%	9.30%	9.80%
文化服务业占文化产业比重	47.00%	52.10%	63.40%

表 6-7 我国文化产业核心领域及相关领域产业增加值（2019 年）

	增加值（亿元）	构成
文化及相关产业	44362.7	100%
文化核心领域	30757.4	69.3%
新闻信息服务	5782.7	13%
内容创作生产	9288.5	20.9%
创意设计服务	7640.4	17.2%
文化传播渠道	5272.2	11.9%
文化投资运营	378.5	0.9%
文化娱乐休闲服务	2395.2	5.4%
文化相关领域	13605.2	30.7%
文化辅助生产和中介服务	6992.1	15.8%
文化装备生产	1871.5	4.2%
文化消费终端生产	4741.6	10.7%

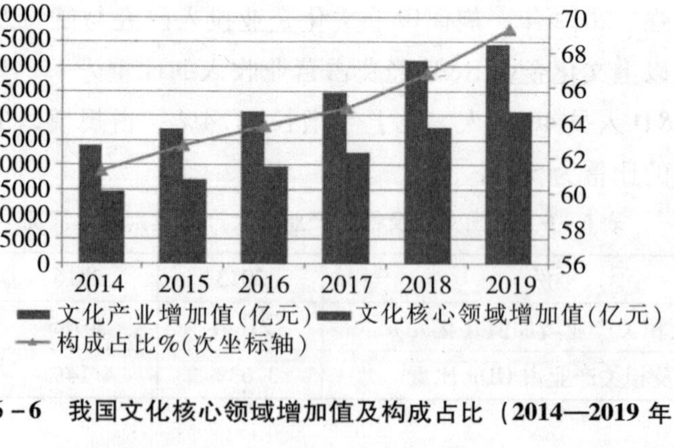

图 6-6 我国文化核心领域增加值及构成占比（2014—2019 年）

（三）中心集聚与全球生产网络扩散并存

在全球化背景下，文化产业发展的区位选择同时存在集聚在大城市和分散在全球各地的趋势。在宏观层面上，很多国际文化创意企业在全球内组织生产，形成开放的创意全球生产网络（Global Production Networks）。创意衍生品授权制造、动漫产业加工制作等价值链上附加值较低的环节全球化扩散，那些较关键的、高附加值的内容创意、研究与设计、营销推广、渠道传播等活动则较为集中。

在区域发展层面上，考虑到先进的基础设施网络、创意人才密集、客户群体集中、地理位置、人文环境等因素，大多数文化企业通常选择落户在大中型城市，构成相对完整的地区创意生态系统。2019 年，美国约有 18. 8% 的媒体产业从业人员集中在纽约市，约有 17. 1% 的广告从业人员集中在纽约市。文化产业这种高度聚集的特性在伦敦、巴黎等其他城市也得到了证实。此外，文化产业的区位分布与产业经济结构层次之间存在较为显著的正的相关性。高科技制造业最发达的地区通常创意产业发展也更好。

在微观层面上，创意产业集聚区主要集中在大都市的商业核心区边缘和内城区。由于地租等因素，文化创意企业逐渐将附加值较低的非核心业务剥离或外移到郊区或周边城市，将创意产业价值链上的那些高端环节保留在从城市核心区。从空间结构上看，英国创意资源不断向伦敦集聚。创意产业 2019 年伦敦创意产业增加值占英国创意产业比重为 52. 5%，比 2010 年高出 5. 4 个百分点。尤其在视听产业、计算机游戏等部门，伦敦经济比重比 2010 年也有显著提高。纽约影视业与工业遗址改造实现融合发展。2004 年纽约州推出的电影制作税收抵免计划推动了纽约市的摄影棚和制作设施的快速扩张，声场空间多由老旧工业区仓库和机库等工业建筑转型而成，振兴了当地经济，推动城市更新进程。2001 年至 2019 年期间，布鲁克林和皇后区的电影和视频制作行业的工作岗位年增长率分别为 9% 和 8%，远远高于全市 3% 的水平。

综上所述，在新一代信息技术驱动下，全球文化产业正处于快速发展阶段，产业价值链形态不断被重塑，产业势力向“内容创造”和“渠道平台”聚拢，核心文化领域呈现分化，空间集聚呈现较强的技术黏性和创意网络分工特性，新理念、新价值、新商业模式和新产业组织形式正在孕育发展，整个文化产业体系处于急剧变革期。这种变革的根本动力来源于技术创新和融合应用。我国文化产业起步晚，起点低，成长快，文化产业发展潜力巨大，但是产业结构低端化，少有具备国际影响力的文化产品或服务品牌。虽然近年来国内网络游戏、社交媒体、网络动漫、网络文学等领域发展迅猛，但这些产业发展的背后是基本上延续和复制了制造业的老路，多数从事代理、国际代工生产（OEM）等较为低端的环节，凭借低廉的劳动力成本优势参与国际分工，易受国际市场冲击；而数字出版、新媒体、网络游戏等新兴文化业态尽管市场需求增长较快，但新技术迭代升级较快，发展尚存在不确定性，还未形成有效的盈利模式。消费是文化产品和服务价值实现的关键环节。重视文化产业在促进消费中的关键作用，优化我国文化产业体系，促进产业高质量发展，不仅可以增强文化资源向文化产品和服务的转化能力，提升我国消费能级和文化内涵，还能扩大中华文化影响力，增强文化吸引力和竞争力，是从文化大国走向文化强国的必经之路。

第二节　消费新引擎：数字文化产业高质量发展

数字文化产业的高质量发展是激发消费潜力的新引擎。伴随移动互联网技术的飞速发展，中国数字文化产业发展势头强劲，不仅成为新兴经济的重要代表，还是经济发展方式转型的有力支撑。2020 年，文化和旅游部关于《推动数字文化产业高质量发展的意见》在“发展目标”中提到“数字文化产业规模持续壮大，产业结构不断优化，供给质量不断提升，成为激发消费潜力的新引擎”“形成适应新技术新业态新消费发展、产业链上下游和跨行业融合的数字化生产、流通、消费生态体系”。从内容建设、文化新基建、技术创新、标准体系等领域夯实数字文化产业发展基础，加快培育平台经济、云演艺、云展览、沉浸式业态、数字装备等数字文化产业新型业态，推动产业链创新与应用、创新创业服务、区域协同、市场环境、国际合作等方面构建数字文化产业业态。在文化产业和数字经济融合发展的新阶段，通过扩大优质数字文化产品供给，促进消费升级，提升我国数字文化产业国际竞争力。然而，基于产业生态视角，我国数字文化产业发展正面临着创新能力不足、政策监管效率偏低等一系列问题，亟需完善产业政策体系，加快构建我国数字文化产业的国际话语权。

一、数字文化产业的界定与内涵

（一）数字文化产业、数字内容产业、数字创意产业概念辨析

数字文化产业与“数字内容产业”“数字创意产业”含义相近，目前在国际国内还没有形成广泛认可的统一概念。这几个概念的辨析可以追溯到“文化产业”“内容产业”“创意产业”之争。王斌、蔡宏波（2010）重点对内容产品、数字产品与数字内容产品概念进行甄别，认为数字内容产业以技术为前提，以原创性内容为支撑，提出应关注辅助性产业基础的夯实。熊澄宇（2016）认为，“数字内容产业是建立在数字通信和网络技术基础之上，融合了出版和印刷、广播电视、音像、电影、动漫、游戏、互联网等多种媒体形态，从事制造生产存储传播和利用文化内容的综合产业。”张立等（2021）提出，数字内容产业是以信息通信和数字技术的应用为基础，由文化创意结合信息技术形成的产业形态①，是由多个细分领域交叉融合形成的产业群组，随着5G及智能技术的发展，其分类及范畴界定不断动态更迭。

2016年，包括动漫游戏、数字音乐、网络文学、网络视频、在线演出等不同内容形式的数字创意产业被正式纳入国家战略性新兴产业发展规划②。《战略性新兴产业分类（2018）》又将数字文化创意软件开发和内容制作服务、新型媒体服务、数字创意与融合服务等细分门类纳入数字创意产业范围中。

“数字文化产业”是以版权为核心的“数字内容产业”和以创意为核心的“数字创意产业”的最大公约数，内涵更广，涵盖的产业类别更全面。根据2017年文化和旅游部发布的《关于推动数字文化产业创新发展的指导意见》，“数字

---

① 张立，吴素平，周丹．国内外数字内容产业概念追踪与辨析［J］．出版发行研究，2021（4）：43－47.

② 战略性新兴产业分类（2018）［EB/OL］．（2018－11－07）［2022－06－24］．http：//www. gov. cn/gongbao/content/2019/content_ 5366481. htm.

文化产业”是以文化创意内容为核心，依托数字技术进行创作、生产、传播和服务，呈现技术更迭快、生产数字化、传播网络化、消费个性化等特点，涵盖网络游戏、动漫、网络文化、数字文化装备、数字艺术展示等多个重点领域。这也是第一次以政策性文件形式对数字文化产业进行详细界定。

（二）数字文化产业基本特征

数字文化产品和服务具有技术、文化、资本与制度四重逻辑，技术担当起媒介功能，极大提升了文化产品生产与传播的方式与效率，是数字文化产品竞争力的保障。近年来科技的迅猛发展加深了技术逻辑在文化产品/服务中的烙印，使得传统文化产业的创作、生产、传播、消费等环节，突破了空间距离和有形物质载体的限制，或被新技术渗透改变了商业模式，或被完全颠覆催生出全新业态，技术经济、规模经济、范围经济、网络经济等特征愈发鲜明，还将随着人工智能、云计算、物联网、5G、VR 等数字技术的发展与应用而不断强化迭代。数字文化产业以知识产权为核心，展现出高附加值性、高技术性、强融合性特征。

其一，从产品传播特性上看，在网络经济和流量经济的双重作用下，数字文化产品具有很强的明星效应（“hit－driven”），被马特尔（2012）称为互联网“逆罗宾汉”（Reverse RobinHoodism）现象，即“谁拥有越多谁最强，谁拥有的少谁最弱”，“赢者通吃”。这一特点决定了“渠道为王”和“内容为王”是数字文化产业链的两大生存法则。比如 Google play、Apple Store、腾讯视频、优酷等平台型企业可以汇集全球各种语言、各种类型的文化产品或服务，其内容质量与多样性是平台价值的根本保障。决定上下游关系的不再是劳动力成本、原料成本、运输成本等有形要素，而是信息要素。因此，数字文化产业在空间上通常难以出现内容生产者与内容分发商上下游聚集某处形成集群的情形。

其二，从全球生产网络的角度看，数字文化产业价值链具有显著的衍生效应、共享效应、嫁接效应和外溢效应，是一次范式创新，在研究开发、生产制造、产品形态、外部审查、营销环节、物流运输、消费环节、附加环节、特征效应与生命周期等十个方面与传统制造业存在根本性或关键性区别（臧志彭，2018）。与传统文化产品相比，数字在线音乐产品成本结构具有一定特殊性，表现出规模经济的特点，具有无损耗性和磨损性（佟雪娜，2012）。互联网、数字技术与大众主流文化相辅相成，共同推进了数字文化经济的发展进程，突破国界限制、将文化内容推广至全球市场。数字技术全面赋能文化产业全链条，赋能消费者扩大消费规模，赋能创意者丰富创意创作，赋能生产者智能定制生产，赋能社交行为增强文化消费偏好，赋能文化传播大规模连结消费者，全面提升了文化产业效率①。网络经济的产业特性决定了数字文化产品或服务可以突破运输成本、运输时间和服务效率的硬约束，使得劳动力和劳动服务可分离，使文化生产供给与消费方式发生重大变革，在提高生产率的同时直接面向全球文化市场。以数字音乐为例，2022年世界唱片协会颁布的《全球音乐报告》显示，近年来，数字音乐表现出音乐生产数字化、音乐传播网络化、音乐消费场景化以及音乐加工智能化等特点，引领着国际音乐产业和贸易发展。

其三，从空间布局上看，产业共聚特征显著，产业融合性强。科技创新与文化创意融合是数字文化产业的根本特点，两者之间具有天生的地缘相近性。世界各地发展经验表明，文化产业与高科技产业相伴相生的格局是普遍规律。全球娱乐影视的生产中心（好莱坞）和全球互联网科技高地（硅谷）均坐落在加州，共同奠定了美国在数字技术创新与文化娱乐领域所占据的主导地位。英国伦敦的创意产业与高科技产业在空间分布上呈现出高度地域重合。北京数字文化产业也不例外，尤其在网络游戏、网络视频、数字音乐等领域，算法和流量是关键，科技创新是企业的核心竞争力，从而成为决定企业布局的第一因素。在地理空间上，其突出表现是对西二旗——中关村版块和望京地区两大科技创新热土的黏性。通过隐性知识和技术人才共享形成松散的网络社区，造就了技术敏感型数字文化企业的不断集聚。

美国最早提出版权产业概念，并结合数字时代发展不断拓展版权保护范围，完善相关产业政策。1998年制定了《数字千年版权法案》，率先针对数字版权实施严格保护。日本以“文化立国”思想为起点，自2012年提出

① 江小涓．数字时代的技术与文化［J］．中国社会科学，2021（08）：4-34+204.

“酷日本”国家战略，不断完善产业政策、人才培育和文化交流，推动电子图书、动画、电子游戏、数字音乐等产业创新发展。2019 年日本内容产业的数字化率达到了 72% 的水平，远远高于 2002 年 27.3%[①]。德国一方面通过“数字战略 2025”全面实施数字技术向各产业应用与融合，同时及时修改电信服务、著作权、反盗版等相关法律，维护市场竞争秩序。印度作为新兴国家，注重丰富文化遗产资源的挖掘和利用，数字内容产业发展走出一条具有本土特色的道路（刘晓燕、陶然，2018）。

二、我国数字文化产业主要发展态势

我国数字文化产业历经了四个发展阶段[②]：20 世纪 80 年代至 90 年代中后期，以广播电视、数字出版为主要业态的起步阶段；2000—2010 年以网络文学、网络游戏、网络音乐、网络视频、网页广告等等数字文化产业形态不断涌现的发展阶段；2011—2020 年移动互联网的飞速发展，推动以 APP 为代表的数字文化产业扩容阶段，短视频创作等数字影视产业、网络文学、数字电竞、数字营销、数字媒体、动漫及衍生品、虚拟现实、在线教育等业态逐步规模化、成熟化；2021 年至今的高质量发展阶段，5G、VR、AR、区块链等技术成熟催生出更多应用场景、更丰富的消费业态、更高效的商业模式，随着国家文化数字化战略的实施，文化新业态成为引领文化高质量发展的中坚力量。以数字化、网络化、智能化为主要特征的文化新业态行业快速发展，已成为推动我国文化产业高质量发展的重要支撑。2022 年，我国

① 张肃，黄蕊．日本数字内容产业发展的演化经济学分析［J］．现代日本经济，2021（03）：23 – 32.

② 顾江．文化强国视域下数字文化产业发展战略创新［J］．上海交通大学学报（哲学社会科学版），2022，30（04）：12 – 22.

文化新业态特征较为明显的16个行业小类①实现营业收入5亿元，占全部文化产业营业收入的30.3%，占比首次突破30%。从增速上看，同比增长6.7%，比全部文化产业收入增速高5.7个百分点。

网络游戏、网络动漫、网络文学、在线影视剧、网络音乐、短视频及直播等六大新型数字文化业态，已经是中华文化“走出去”的重要力量②。由于移动互联网和数字技术的迅猛发展、巨大的人口红利和数字经济后发优势，我国数字文化产业在国际分工和国际贸易格局中占据重要位置，与世界主要发达国家在数字文化产业领域的发展进程几近比肩。然而，中国仅仅是数字文化产业大国而非强国。以字节跳动旗下TikTok为例，2022年全球月活用户数超10亿，位列全球社交媒体第五位，年全球营收超过社交媒体领域竞争对手Twitter和Snap广告营收总和，但跟占据数字广告市场半壁江山的谷歌和Meta相比，还有很大差距。

（一）动漫游戏产业面临向高质量发展转变

中国动漫游戏伴随随着巨大人口红利的爆发和移动互联网的普及迅速赢得发展先机，正处于从高速增长向高质量发展转变阶段。从收入结构上看，互联网广告、网络游戏、在线教育、数字音乐成为我国数字出版产业的四大支柱，占总收入的92.5%。根据《2021—2022中国数字出版产业年度报告》，2021年我国数字出版产业收入规模约为1.3万亿元。其中，网络游戏收入近3000亿元，占比23.2%，互联网广告规模近5435亿元，约占数字出版产业总体规模的42.6%；在线教育收入2610亿元，占比6.2%。

---

① 根据国家统计局，新业态特征明显的16个行业小类是：广播电视集成播控，互联网搜索服务，互联网其他信息服务，数字出版，其他文化艺术业，动漫、游戏数字内容服务，互联网游戏服务，多媒体、游戏动漫和数字出版软件开发，增值电信文化服务，其他文化数字内容服务，互联网广告服务，互联网文化娱乐平台，版权和文化软件服务，娱乐用智能无人飞行器制造，可穿戴智能文化设备制造，其他智能文化消费设备制造。

② 《中国数字文化出海年度研究报告（2022年）》

表6-8 中国数字出版产业收入结构2021年

领域	收入（亿元）	比重
互联网广告	5435	42.6%
网络游戏	2965.13	23.2%
在线教育	2610	20.5%
数字音乐	790.68	6.2%
移动出版（数据统计仅包括移动阅读）	415.7	3.3%
网络动漫	293.4	2.3%
博客类应用	151.56	1.2%
电子书	66	0.5%
互联网期刊	28.47	0.2%
数字报纸（不含手机报）	6.7	0.1%

移动游戏市场规模全球领先。根据中国音数协游戏工委（GPC）与中国游戏产业研究院联合编写的《2022年中国游戏产业报告》，2012年以来，我国移动游戏市场规模以年均增长50.5%的速度实现飞速扩张，2022年中国移动游戏市场实际销售收入1930.6亿元。我国移动游戏市场规模是美国移动游戏市场的两倍，约占全球市场的三分之一。2018年全球收入最高的25家上市游戏公司累计收入超过千亿美元，在全球市场约占八成份额，其中，中国有四家，腾讯、网易、三七互娱和完美世界分别排在第1、7、23、24位。

自主研发游戏海外市场占有率稳步提高。受版号审批收紧等因素影响，开展海外业务的游戏企业数量增多，出海游戏产品增多，出海区域不断拓展。2022年，中国自主研发游戏海外市场实际销售收入为173.46亿美元。市场占有率方面，中国自研游戏在美、德、英等国市场占有率均超过20%。美、日、韩市场占比分别为32.31%、17.12%、6.97%，是中国游戏企业出海的主要目标市场。中东和非洲地区、拉丁美洲地区和东南亚地区的移动游戏市场分别预计增长11.1%、6.9%和5.1%。

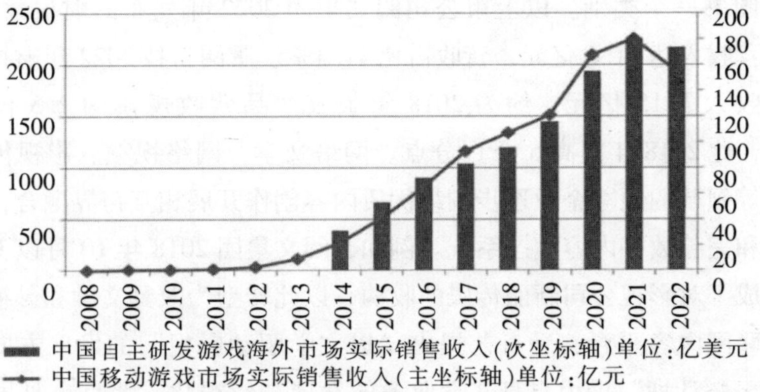

图 6-7 中国移动游戏市场及自研游戏海外市场实际销售收入（2008—2022 年）

（二）网络文学产业迈入跨界融合时代

网络文学被誉为 IP 产业的桥头堡，作品数量和读者规模不断扩大，上市企业营收均实现进一步增长。《2021 年中国网络文学版权保护与发展报告》显示，2021 年中国网络文学产业规模达 358 亿元，同比增长 24.1%，约为 2017 年规模的 2.77 倍。全年新增作品 250 多万部，存量作品超过 3000 万部，新增注册作者 150 多万人，其中“95 后”和“00 后”作者成为网络文学创作重要的新生力量，网络文学用户规模超过 5 亿人，占全体网民的 48.6%，海外访问用户规模突破 9 亿。

IP 运营模式渐趋成熟，市场持续向深度和广度拓展。中国网络文学正处于从“高原”迈向“高峰”的爬坡阶段，在传承和弘扬中华民族优秀传统文化中作用不容小觑。《2021 年中国网络文学版权保护与发展报告》显示，2021 年网络文学的 IP 全版权运营影响了游戏、影视、动漫、音乐、音频等合计超过 3000 亿元的市场，网络文学及其 IP 运营对数字文化产业的影响范围接近 40%。

以网络文学版权为核心进行影视剧、电子游戏、动漫及周边衍生产品等系列全产业链开发的模式日趋成熟，跨界融合更加深入，版权综合运营能力逐步提升。从收入结构来看，版权运营逐渐成为大型网络文学企业的主要营收增长动力。网络文学产业的营收结构大致可分为在线付费阅读、版权运营和纸质图书三个类别。以上市公司阅文集团2022年发布的财报数据为例，版权运营收入达31.6亿元，营收占比41.4%。掌阅科技2022年财报显示版权产品收入3.15亿元，约为2018年版权产品营收规模的2.3倍，占比12.2%，比2018年提高5个百分点。网络文学、网络视频、影视传媒、动漫网游等领域的领军企业逐步围绕优质内容创作开展相互跨界融合，以进一步丰富和完善数字内容生态系统。例如，阅文集团2018年10月以155亿元价格完成了对影视公司新丽传媒的收购，以此转型为兼具文学和影视制作能力的互联网内容平台；爱奇艺提出"以文学驱动影视"的发展方向，通过各期"云腾计划"助力自身文学业务的发展与影视化。北京市是国内网络文学产业发展的重地，创作者阵营强大，读者用户规模庞大且付费意愿高，网络文学企业数量约占全国的70%，包括掌阅科技、中文在线、纵横文学、豆瓣阅读等头部企业。

（三）数字音乐产业规模持续扩大

音乐产业的产业链长、关联产业多、渗透力强，在文化产业中居于重要地位。数字技术、互联网和移动设备的发展为音乐产业带来了颠覆式的变革，音乐创作、生产录制、传播渠道和消费方式等环节创新层出不穷。数字音乐持续引领全球音乐市场发展。根据国际唱片业协会（IFPI）发布的《2023年全球音乐报告》，2022年全球流媒体收入规模达到175亿美元，占全球唱片音乐市场的67%。随着版权环境逐步优化，中国数字音乐市场呈现持续增长态势，同比增长28.4%，首次成为全球前五大音乐市场，比2018年跃升了2个名次。

以付费模式为核心的"音乐+"生态产业链逐步形成。通过短视频、社交平台对原创音乐的二次传播和流量引导，加速形成爆款歌曲。随着5G、8K、大数据等数字技术应用场景的成熟，数字音乐与短视频、泛娱乐直播、长音频等领域融合发展，发展出多元化、个性化的增值服务，促进在线音乐服务向泛娱乐化、社交化创新发展。根据《2022中国音乐产业发展报告》，2021年，中国数字音乐的产业规模约为790.68亿元，同比增长10.3%，其中，电信音乐增值业务产值约400.6亿元，同比增长仅为3%。网络音乐用户规模达7.29亿，20—29岁年龄段占84.1%。

（四）网络视频与网络直播呈现分化发展态势

网络视频及其衍生品已成为中国网络娱乐产业内容消费领域的核心支柱，但两者呈现出完全不同的发展态势。网络视频正处于深度差异化竞争阶段，产品内容出现精品化质量、独播化渠道、创新化形态等特点，市场结构趋于寡头垄断，用户、内容和流量均向腾讯视频、爱奇艺、优酷三大平台高度集中，这三家市场占有率约八成以上。网络视频行业的收入结构不断优化，内容付费比重逐年上升，但依然严重依赖广告收入，而受严格的版权保护制度和成熟的付费习惯影响，国外流媒体视频平台主要依靠用户订阅。短视频市场逐步成熟，用户规模快速增长，内容生产的专业度与垂直度不断加深，优质内容决定核心竞争力。截至 2022 年 12 月，网络视频用户规模超过 10 亿，用户使用率为 96.5%，比 2018 年高出 22.5 个百分点。

电商直播推动网络直播用户规模增长。截至 2022 年 12 月，网络直播用户规模达 7.5 亿，比 2018 年增加 87.5%，用户使用率为 70.3%，比 2018 年增加 22.4 个百分点。电商直播用户规模 5.15 亿，占网民整体的 48.2%，游戏直播用户规模 2.66 亿，占网民整体的 24.9%。游戏、真人秀等相关网络直播用户持续下降，体育直播、演唱会直播用户呈现增长态势。

网络视频、短视频、自媒体、知识付费等新业态创业公司多聚集在北京、上海等文化资源优势突出、科技资源密集、经济基础雄厚的一线城市。例如，北京不仅有头部视频平台中的爱奇艺和优酷总部，还包括咪咕文化、乐视视频、暴风影音、风行视频等综合视频平台。在短视频领域，抖音、快手、火山小视频、西瓜视频等总部均汇聚北京。短视频等新媒体平台，在增强中华文化传播力和影响力方面具有天然优势。

三、我国数字文化产业生态失衡问题

基于产业生态理论视角，数字文化产业生态系统由文化创新生态系统、文化生产生态系统、文化应用生态系统组成。文化创新生态系统，以内容创造为核心，包括艺术家、工作室、研发设计企业、技术中介、创新联盟等。文化生产生态系统以文化产品制造为核心，包括出版商，制造企业、设备制造商及中介组织。文化应用生态系统则主要指消费者、分销渠道或平台、竞争产品、互补产品、用户社区等。当前中国数字文化产业已经进入3.0发展阶段，相应的产业生态系统也呈现出新的发展特征。随着数字技术的进步和移动互联网的发展，数字文化产业规模不断攀升，平台经济比重不断提高，高质量内容需求旺盛，用户参与范围、深度和广度不断扩大。这一阶段数字文化产品与服务基本实现了文化与科技的深度融合，新业态新模式日益成熟，成为促进经济效率和社会发展的重要组成部分，消费者网络、生产者网络、上下游生产商网络不断壮大，主体互动、相互依赖、彼此联结、共同演化特征突出。

(一) 文化创新生态失衡：渠道为王制约内容创新

数字文化经济的特点决定了优质内容和流量平台的重要性。然而，数字渠道的强大市场势力正在不断削弱中小企业原创动力。现有网络游戏、动漫、网络影视、网络视频等领域均面临精品化转型需求，亟需摆脱风格抄袭、架构雷同、制作粗糙的同质化低端竞争，向优质原创内容为主导的差异化竞争阶段升级，从数字文化“大国”向数字文化“强国”转变。例如，腾讯、网易两家占据了国内大部分手机游戏市场份额，其他游戏企业生存空间较小，只能谋求出海发展。国内游戏产品付费模式有待健全，广告和渠道导量成为主要的营收渠道，这导致发行平台渠道拥有分成定价主导权，动辄攫取50%—70%营收，占据游戏产业链的顶端。很多中小游戏企业受制于发行门槛过高、用户获取成本持续升高、产品收益分成偏低，既无力也不愿在原创开发环节配置充足的人力和财力资源，退而选择快速山寨抄袭当红游戏，快速赚取利润。相比之下，世界主流的游戏应用平台 Apple Store、Google Play、Steam 平台对全球游戏开发者的抽成比例仅为15%—30%，而且有较成熟的产品推荐机制，不易受利益驱动，注重产品体验、交互创新、艺术设计、用户评价等因素，将流量导入真正有创新性强、受到玩家认可的那些游戏产品上。

(二) 文化应用生态失衡：重消费轻生产

文化应用系统中，消费领域数字文化经济取得飞速发展。互联网的普及和数字技术的广泛应用，成为消费升级的新动力，在不断创造出更好的数字化生活的同时，也改变了人们的消费习惯、消费内容、消费模式，甚至是消费理念，数字经济时代的文化消费呈现出生产消费平台化、消费空间在线化、消费主体多元化、消费模式多样化、消费推送精准化、消费体验场景化等新的特征①。数字文化消费端的强劲发展，没有能倒逼数字文化生产领域的高质量发展，难以与传统产业融合，催生出新业态或新商业模式。

而在文化生产领域和文化创新领域，数字资源投入仍然不足，人工智能、虚拟/增强现实、数字人引擎、游戏引擎等技术平台作为核心基础设施和关键性技术的自主性还需要增强，文化创新、设计、生产制造等核心环节的实质性数字化发展与欧美等发达国家还有较大差距。数字文化经济是服务经济的一股有生力量，在推动服务业升级过程中发挥着关键作用。但是，当前数字文化经济存在高收益与低创新之间的悖论，数字经济带来的丰厚收益难以回流到文化生产系统，导致长期依赖国外数字文化产品。强化内容创作、制作等文化生产领域的文化科技融合深度，提升人工智能、数字技术与文化创意在内容创作与审核、分发营销、版权评估等方面的渗透与应用，是我国数字文化产业行稳致远的根基。

（三）文化生产生态系统失衡：缺乏区域协同效应

城市群是数字文化生产系统的重要载体，是构建内容产业特色生态圈，促进光学动作捕捉设备、3D 影视拍摄设备、数字沉浸式光影设备等关键性数字文化装备制造业协同发展的重要支撑。京津冀数字产业集群总体规模偏小、产业结构不优、创新能力不强，津冀两地的产业数字化增加值占地区生产总值比重远不及北京，存在一定的“数字鸿沟”，实现数字文化产品的跨区域协同生产还有一定难度，现阶段的协同多停留在合作框架协议、倡议、备忘录等层面，缺乏可落地的有效行动指引。

从城市分工的角度看，由于经济发展阶段不同，京津冀城市群数字文化产业基本以北京为核心，天津为补充，河北则游离在数字文化生产以外，难以吸引到文化投资。三地之间尚未形成有效的梯度承接。根据 2019 年发布

① 黄永林．数字经济时代文化消费的特征与升级．人民论坛［J］．2022 年第 9 期 116－121

的《拟认定国家文化和科技融合示范基地名单》，分为集聚类、单体类。五个集聚类园区均不在京津冀；单体类16家企业中北京四达时代软件技术股份、利亚德光电股份、掌阅科技、蓝色光标数据科技股份四家入选，津冀则均没有城市入榜，陷入北京一枝独秀的局面。

长三角城市群和珠三角城市群，不仅有苏州高新区入选集聚类国家文化和科技融合示范基地，而且单体类有上海科技馆、浙报传媒控股（杭州）、咪咕数字传媒（杭州）、浙江大丰实业股份（宁波），共四家机构入选。珠三角地区，不仅深圳南山入选集聚类国家文化和科技融合示范基地，而且还有广州励丰文化科技股份、华强方特文化科技集团股份两家入围单体类。

表6-9 京津冀数字文化产业相关政策汇总

	北京	天津	河北
省市层面	2019年《全面推进北京市服务业扩大开放综合试点工作方案》 2018年《关于推进文化创意产业创新发展的意见》 2017年《关于推动数字文化产业创新发展的指导意见》	2023年《推动京津冀协同发展走深走实行动方案》 2019年《关于促进市内六区高端服务业集聚发展的指导意见》 2018年《天津市智能文化创意产业专项行动计划》 《滨海新区文化发展三年行动计划（2018—2020）》 《滨海新区文化发展三年行动计划（2018—2020）》 《天津市软件和信息技术服务业发展三年行动方案（2018—2020）》	2016年《河北省文化产业发展“十三五”规划》 2014年《关于进一步推进全省文化产业发展的意见》

续表

	北京	天津	河北
优势领域	创意设计、媒体融合、广播影视、出版发行、动漫游戏、演艺娱乐、文博非遗、艺术品交易和文创智库等九大重点领域及其重点环节	视觉艺术创作、视觉传播设计、影视新媒体制作、动漫艺术等行业	数字展演、数字出版与印刷、数字文化装备制造
京津冀层面	2018 年《进一步加强京冀协同发展合作框架协议》 《进一步加强战略合作框架协议》 2017 年《京津冀文化产业协同发展行动计划》 《京津冀数字文化产业倡议》 2016 年《京津冀三地文化人才交流与合作框架协议》 《京津冀文化文物单位文化创意产品开发合作协议》 《京津冀动漫游戏产业“一带一路”走出去战略合作平台》 2015 年《京津冀三地文化领域协同发展战略框架协议》 《京津冀演艺领域深化合作协议》 《京津冀文创园区协同发展备忘录》 《京津冀三地文化产业协会框架合作协议》 2014 年《京津冀三地文化领域协同发展战略框架协议》		
全国层面	2022 年《关于推进实施国家文化数字化战略的意见》 2020 年《关于推动数字文化产业高质量发展的意见》 2017 年《关于推动数字文化产业创新发展的指导意见》 《“十三五”时期公共数字文化建设规划》 《关于进一步扩大和升级信息消费持续释放内需潜力的指导意见》 《网络文学出版服务单位社会效益评估试行办法》 2016 年《“十三五”国家战略性新兴产业发展规划》		

（四）产业扶持与治理体系：平衡监管与效率

中国数字文化产业发展势头迅猛，但随着法律监管制度的完善、市场竞争的演化和消费需求的升级，逐步从粗放、无序发展向高质量发展转型。其中关键在于平衡产业发展效率诉求与底线监管。当前很多网络游戏、网络文学、短视频、直播企业和用户通过低俗、色情、赌博、暴力等内容刺激消费者兴趣，吸引公众流量。互联网文化娱乐产品以网络经济、注意力经济为基本特征，传播速度快，覆盖范围广，极易形成舆论旋涡，让用户产生消费成瘾性。数字文化企业谋求利益最大化的必然选择和原生动力即来源于此。应对这一新兴产业，监管手段亟待创新、监管效率有待提升，监管力度有待进一步加大，亟待以清晰的红线将那些抱着侥幸心理蹚浑水的违法企业严加惩治。随着行业规范与标准制定工作不断推进，版权保护及监管政策的不断完善，那种不惜僭越道德和法律底线追求经济价值最大化、忽视产品的文化价值属性、在开发原创、挖掘文化内涵等方面缺乏创新动力，在价值观引导、青少年保护、消费者权益维护等方面丧失社会责任感的数字文化产品/服务将面临法律法规的惩罚。

第三节　消费吸引力：文化贸易竞争力

根据联合国贸易发展会议发布的《创意经济展望2022》（Creative Economy Outlook2022），中国、美国分别是最大的创意产品出口国、创意服务出口国。2021年中国创意产品出口规模是美国创意产品出口规模的6.1倍，而创意服务出口额仅相当于美国的28.6%（2020年）。聚焦贸易规模、出口结构、市场占有率、贸易竞争力等多个维度，全面分析中国文化贸易发展状况，综合评估文化贸易竞争力，有助于重新审视文化贸易实力与国际消费吸引力之间的牵引关系。

一、世界创意产品和服务贸易状况

联合国贸发会议（UNCTAD）根据创意产业的定义，将创意产业分为创意商品和创意服务两大类，并且统计了近年来各国创意商品和创意服务部门的贸易数据。其统计分类如下所示，创意产品清单包括七大类，共197种产品。需要明确的一点是，当前联合国贸发会议对创意产品的分类以设计产品为主，在总出口中的比重接近三分之二，可能高估具有实质性创意内容的产品贸易。

表6-10　联合国贸发会议创意产品与服务统计分类

	大类	小类
创意产品	工艺品	地毯、喜庆产品、其他工艺品、纸制品、柳条制品和纱线
	视听	电影、CD/DVD/磁带等
	设计	建筑、时装、玻璃器具、室内设计、珠宝、玩具
	新媒体	录制媒体和视频游戏
	表演艺术	乐器、乐谱
	出版物	图书、报纸、其他印刷品
	视觉艺术	古董、绘画、摄影、雕塑
创意服务	创意服务	研发服务； 软件服务； 视听服务； 信息服务； 广告、市场调研和民意调查服务； 文化、娱乐及文化遗产服务

近20年间，世界创意产品贸易经历了快速增长后，整体贸易规模逐渐稳定。根据最新的UNCTAD数据库统计，2002年至2011年期间世界创意产品贸易发展迅速，创意产品进出口额从4362亿美元迅速增长到9562亿美元，增长了119%，但2011年至2021年期间，世界创意产品进出口额增速放缓，在一万亿美元左右浮动，十年间总增速仅为19.2%。2021年世界创意产品进出口额高达11399亿美元。

由于历史特点、区域位置及文化背景等多种因素影响，各国文化生产和文化服务方面的能力、技术和资源均存在差异，国际文化贸易在发达国家和发展中国家表现出不平衡性。2021 年，发展中经济体创意产品出口额达到 3596 亿美元，占全球创意产品出口额的 58.8%，比 2002 年下降 2.4 个百分点，自 2002 年以来实现年均增速 8.2% 从创意产品类别来看，发展中经济体在设计、工艺品、视听、新媒体、表演艺术和视觉艺术领域的创意出口额保持了良好的增长势头，年均增速普遍超过世界创意产品出口平均增速，尤其是新媒体类出口实现 13.1% 的年均增速；设计类出口占比约为 65.4%，比 2002 年提高了 8.7 个百分点。2021 年，发达经济体创意产品出口额为 2516 亿美元，占全球创意产品出口额的 41.1%，比 2020 年上升 2.2 个百分点，自 2002 年以来实现年均增速 3.6%。设计、新媒体和视觉艺术对创意产品出口增长贡献率最高，其中设计类出口额占比约为 63%，比 2002 年提高了 15.3 个百分点。

中国是创意产品的最大出口国，在世界文化产品市场中具有举足轻重的地位。中国创意产品出口增长迅猛，从 2002 年的 320 亿美元增长到 2021 年的 2340 亿美元，年均增长率 11%，占世界市场份额的 38.3%，比 2002 年提高了 23 个百分点。中国创意产品出口规模约等同于美国、意大利、中国香港、德国、法国、印度、英国、中国台湾、瑞士九个国家和地区创意产品出口额的总和。从相对规模来看，2002 年中国创意产品出口规模约是美国的 1.9 倍，到 2021 年，这一倍数扩大到 6.1。可见，中美之间创意产品出口规模差距在持续增大。

表 6-11 世界十大创意产品出口国家/地区（2002—2021 年）

	2002 创意产品出口额（百万美元）	比重	2021 创意产品出口额（百万美元）	比重
中国	32000.25	15.3%	234049.8	38.3%
美国	17238.21	8.3%	38347.64	6.3%
意大利	16380	7.9%	36557.28	6.0%
中国香港	23130.98	11.1%	31148.16	5.1%
德国	14356.61	6.9%	30234.45	4.9%

续表

	2002 创意产品出口额（百万美元）	比重	2021 创意产品出口额（百万美元）	比重
法国	8643.57	4.1%	26726.32	4.4%
印度	3318.63	1.6%	18805.8	3.1%
英国	13591.93	6.5%	15675.7	2.6%
中国台湾	2836.496	1.4%	15284.86	2.5%
瑞士	5066.468	2.4%	14608.64	2.4%
合计	136563.2	65.5%	461438.7	75.5%

美国是创意产品的最大进口国。2021 年世界创意产品进口额达到 5286 亿美元，自 2002 年以来实现年均增长 4.5%。从分布区域看，美国、德国、法国、英国、瑞士、加拿大等欧美发达国家是主要的创意产品进口国。其中，美国创意产品进口总额高达 1464 亿美元，约为世界创意产品进口总额的 27.7%。中国香港地区创意产品进口规模位居世界第二位，约占世界进口市场的 7.7%。中国大陆地区创意产品进口额为 27.5 亿美元，占世界的 5.2%，位列第四位，但进口规模仅相当于美国的 18.8%。美国、中国香港、德国创意产品进口约为全球创意产品进口总额的 41.8%。

表 6－12　主要国家或地区创意产品进口（2002—2021 年）

国家或地区	创意产品进口额（亿美元）			创意产品进口占全球比重		
	2002	2011	2021	2002	2011	2021
美国	68760	86909	146480	30.2%	18.7%	27.7%
中国香港	16514	36574	40867	7.3%	7.8%	7.7%
德国	14409	29644	33906	6.3%	6.4%	6.4%
中国	2534	14075	27537	1.1%	3.0%	5.2%
法国	10783	24666	27259	4.7%	5.3%	5.2%
英国	20573	34528	25811	9.0%	7.4%	4.9%
日本	11885	21609	19712	5.2%	4.6%	3.7%

续表

国家或地区	创意产品进口额（亿美元）			创意产品进口占全球比重		
	2002	2011	2021	2002	2011	2021
瑞士	7348	18826	17470	3.2%	4.0%	3.3%
阿联酋	N. A.	N. A.	16285	N. A.	N. A.	3.1%
加拿大	7708	14576	14716	3.4%	3.1%	2.8%
合计				70.4%	60.3%	70%

数据来源：UNCTAD 数据库

表 6－13　世界主要经济体创意产品出口（2002—2021 年）

分类	世界			发展中经济体			发达经济体		
	2002	2021	年均增速	2002	2021	年均增速	2002	2021	年均增速
创意产品总计	208485	611308	5.8%	81052	359645	8.2%	127434	251663	3.6%
工艺品	19964	52889	5.3%	10542	42824	7.7%	9422	10064	0.3%
视听	10268	12288	0.9%	979	3550	7.0%	9290	8738	－0.3%
设计	118179	400027	6.6%	57424	241413	7.9%	60754	158614	5.2%
新媒体	10971	66339	9.9%	4183	43421	13.1%	6788	22918	6.6%
表演艺术	2815	6501	4.5%	988	3340	6.6%	1827	3161	2.9%
出版	30322	29630	－0.1%	3268	6482	3.7%	27054	23148	－0.8%
视觉艺术	15966	43634	5.4%	3668	18615	8.9%	12299	25019	3.8%

数据来源：UNCTAD 数据库　　单位：百万美元

注：根据 UNCTAD 划分，发达经济体包括：美国、加拿大、日本、英国、德国、法国、意大利等国家和地区；发展中经济体包括：中国、印度、巴西、韩国、新加坡、中国香港、墨西哥等国家和地区。

二、创意产品贸易虽大不强

（一）中国创意产品贸易顺差与结构失衡并存

我国创意产品贸易顺差持续扩大。2002 年以来，创意产品进口规模增长有限情况下，创意产品出口急速上扬，创意产品贸易顺差持续扩大，从 2022 年的 294.7 亿美元扩大到 2021 年的 2065.1 亿美元。2002 年以来，我国创意产品出口占总商品贸易出口额的比重大约在 6%—8%，表明了我国文化产品出口保持着相对稳定的贸易地位。

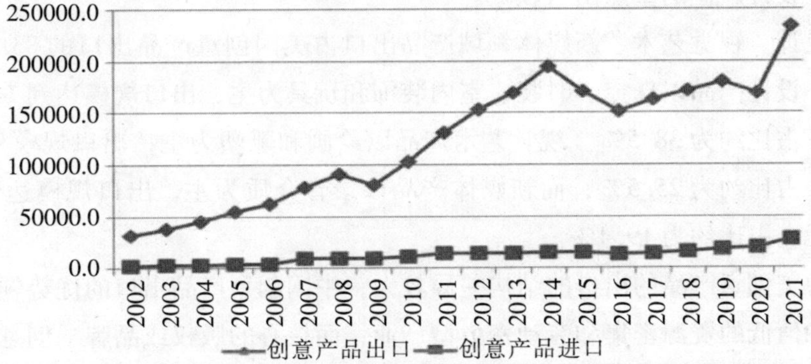

图 6－8　我国创意产品贸易进出口规模（2002—2021 年）

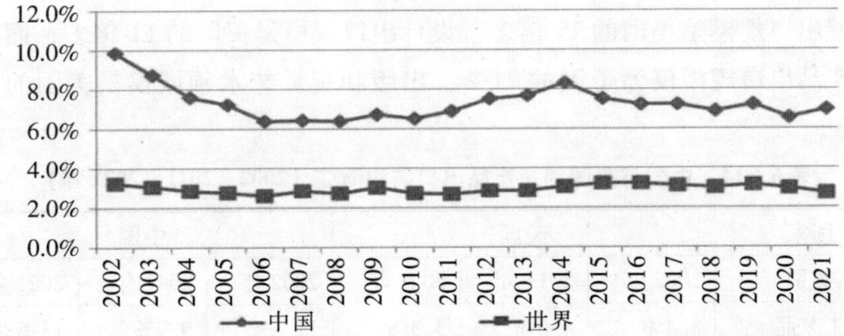

图 6－9　中国与世界创意产品出口占商品出口比重

从产品结构上看，设计、工艺品、新媒体产品和视觉艺术品占我国创意产品出口的97.2%。设计领域占七成，以时装、室内装饰、玩具和珠宝为主，2021年设计产品出口额为1637亿美元，比2002年增长了6倍，约占当年创意产品总出口额的70%，出口规模上保持了高速增长，结构上则保持相对稳定。艺术工艺品以节庆品和纺纱为主，出口规模在2002—2021年增长了近8倍，占比约为13.5%，比2002年提高2.3个百分点。新媒体领域以游戏产品为主，产品出口达到189.5亿美元，比2002年增长了7倍，占比约为8.1%，比2002年提高了0.7个百分点。视觉艺术品，以绘画和雕塑为主，产品出口130亿美元，占比约5.6%。时装、室内装饰、玩具、珠宝是我国设计产业的重点出口领域。

设计、视觉艺术、新媒体领域产品出口占美国创意产品出口的83.4%。其中，设计产品以珠宝、时装、室内装饰和玩具为主，出口规模达到147亿美元，占比约为38.5%。视觉艺术产品以绘画和雕塑为主，出口规模98亿美元，占比约为25.5%，而新媒体产品以录音介质为主，出口规模达到75亿美元，占比约为19.4%。

中美创意产品的出口的结构差异较大，中国创意产品出口的优势领域多为附加值低的资源密集和劳动密集型产业，而核心的版权或品牌、创意设计等高附加值环节通常不是在我国完成，设计出口规模大而不强的特点突出。在影视、音乐、出版物、绘画、雕塑等文化创意浓度较高的领域，中国创意产品与美国还有很大差距。从细分领域的出口规模对比看，中国在艺术工艺品领域出口规模是美国的25倍多，设计出口规模是美国的11倍多，而视听相关产品出口规模仅为美国的71%，出版和视觉艺术领域仅是美国的一倍左右。

表6-14　中国与美国创意产品出口结构演变（2002、2011、2021年）

国家	美国			中国		
类别	2002年	2011年	2021年	2002年	2011年	2021年
工艺品	8.4%	4.0%	3.3%	11.2%	9.9%	13.5%
视听	6.4%	11.4%	4.0%	0.5%	1.1%	0.5%
设计	35.8%	35.5%	38.5%	71.2%	72.4%	70.0%

续表

国家	美国			中国		
类别	2002 年	2011 年	2021 年	2002 年	2011 年	2021 年
新媒体	8.8%	12.6%	19.4%	7.4%	8.0%	8.1%
表演艺术	1.8%	1.5%	1.6%	1.3%	1.1%	0.9%
出版	21.8%	14.7%	7.7%	1.7%	2.0%	1.5%
视觉艺术	16.9%	20.4%	25.5%	6.8%	5.5%	5.6%
合计	100.0%	100.0%	100.0%	100.0%	100.0%	100.0%

（二）地理分布集中于中华文化圈

从出口分布看，中国创意产品的出口地主要是欧美市场，前十大贸易伙伴国和地区占了中国创意产品出口总额的75%以上，其中1/3流向美国，其次流向中国香港地区、日本，最后是流向英、意、法、德、荷等欧洲6国。例如，根据国家版权局统计，2019年全国出版物版权输出共14816项，其中新加坡、韩国、日本和中国港澳台地区占30.1%。美国、英国、德国、法国、加拿大占比约15%。演艺服务出口地区包括美国、日本、俄罗斯、韩国、加拿大、欧洲、东南亚、南美少数国家以及我国的港澳台地区，但主要市场还是在美国、日本和西欧等文化市场需求量大的国家和地区。这主要是由于语言和传统文化以及生活习惯的原因。从中国文化贸易对象或目的地看，出口市场中，美国、英国、德国、法国、荷兰和日本位居前列；进口市场主要有德国、法国、美国和日本等国家。

我国创意产品贸易的进口地有一半来自发达国家。日本、美国、中国香港、韩国、新加坡、德国、中国台湾、意大利、法国、丹麦，这十大贸易伙伴占了中国创意产品进口总额的70%以上。我国图书版权贸易对美国的逆差约为17：1，而与港澳台、新加坡、韩国等汉文化圈的图书版权贸易逆差相对较小。可见，由于创意产品在文化认同性方面要求很高，所以我国出口的许多创意产品大多流向单一，中国的图书版权产品主要在中华文化圈内流动，不利于中华文化的传播，对世界文化贸易的格局和世界文化发展的格局的影响力有限。

（三）贸易竞争力多维分析

衡量中国创意产品和服务的比较优势和国际竞争力最常用的指标是国际市场占有率、贸易竞争力指数和显示性比较优势指数等，这些指标从不同的角度体现文化贸易发展。

1. 贸易竞争力 TC 指数

贸易竞争力 TC 指数，又称产业内贸易指数，由格鲁贝尔和劳埃德 1975 年提出，指的是某一产业净出口与该产业进出口总额的比例，用来描述产业内贸易水平，也经常用于衡量一国某产业的贸易竞争力水平。贸易竞争力指数取值介于 ±1 之间，该指数取值接近于 0 时，说明竞争优势接近平均水平；该指数取值大于 0 时，说明竞争优势较大，而且越接近于 1，该行业竞争力越强；反之，行业竞争力越小。

从 TC 指数值来看，根据 2002—2021 年中国创意产品贸易竞争力指数变化情况，我国极具竞争力的创意产品主要是工艺品、设计、新媒体三个领域，表演艺术和视觉艺术是竞争力第二梯队领域，而在视听产品和出版领域，贸易竞争力较低。

从变化趋势看，我国创意产品 TC 指数总体上较为稳定，从 2002 年的 0.85 小幅降低到 2021 年的 0.79，反映了我国整体创意产品贸易的国际竞争力水平较强。工艺品领域 TC 指数从 0.75 上升到 0.96，出版领域 TC 指数从 0.28 上升到 0.44，工艺品和出版物领域贸易竞争力呈现上升态势。

而竞争优势呈现下降态势的领域包括设计、新媒体、表演艺术和视觉艺术，设计从 0.92 下降到 0.82，新媒体从 0.85 下降到 0.73，表演艺术从 0.87 下降到 0.64，视觉艺术从 0.97 下降到 0.65。视听产品 TC 指数是唯一负值，反映我国在电影、音乐等核心创意产品和服务领域的贸易逆差严重，贸易竞争力极低，对我国文化贸易的稳定发展产生不利的影响。

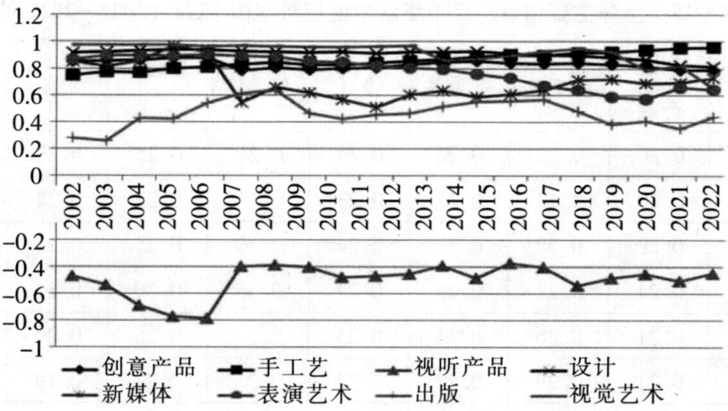

图 6－10　中国创意产品贸易竞争力 TC 指数（2002—2021 年）

数据来源：UNCTAD 数据库

2. 国际市场集中度 HHI 指数

赫芬达尔—赫希曼指数（Herfindahl－Hirschman Index，简称 HHI）

$$HHI = \sum_{i=1}^{N} (X_i/X)^2 = \sum_{i=1}^{N} S_i^2$$

X 代表市场总规模，X_i 代表第 i 个国家或地区创意产品出口规模，S_i 代表第 i 个国家或地区的市场占有率。HHI 指数值越接近 1，说明该行业的出口市场高度集中于某几个国家或地区；HHI 指数约接近于 0，说明该行业的出口市场高度分散，差异化水平很低。各个细分行业 HHI 指数有所下降，说明该行业出口市场的多元化水平不断提高。

2002 年至 2014 年期间，全球创意产品市场集中度持续增高，从 0.2 提高到 0.31，随后经过调整又反弹到 0.36 这一最高水平。从细分领域来看，视听品、新媒体、出版、视觉艺术品 HHI 指数波动比较平稳，表明行业出口市场相对成熟稳定。手工艺、设计、表演艺术产品三个领域 HHI 指数呈现一路走高态势，尤其是手工艺从 0.22 持续上升到 0.58，表明全球市场集中度不断增强。结合中国手工艺产品出口比重的不断上升，说明中国艺术手工艺领域竞争优势正不断增强。

表 6－15　全球主要创意产品市场集中度指数 HHI 指数（2002—2021 年）

	创意产品	手工艺	视听品	设计	新媒体	表演艺术	出版	视觉艺术
2002	0.20	0.22	0.22	0.24	0.26	0.25	0.23	0.32
2003	0.20	0.22	0.22	0.23	0.31	0.25	0.22	0.32
2004	0.20	0.22	0.23	0.24	0.30	0.25	0.21	0.31
2005	0.21	0.24	0.25	0.24	0.33	0.26	0.21	0.32
2006	0.21	0.26	0.24	0.25	0.34	0.26	0.20	0.31
2007	0.21	0.29	0.22	0.24	0.33	0.27	0.19	0.34
2008	0.22	0.31	0.22	0.24	0.33	0.29	0.19	0.33
2009	0.22	0.31	0.22	0.25	0.30	0.29	0.19	0.34
2010	0.24	0.31	0.21	0.29	0.29	0.31	0.19	0.34
2011	0.26	0.33	0.20	0.30	0.29	0.31	0.19	0.34
2012	0.28	0.38	0.21	0.31	0.32	0.31	0.19	0.38
2013	0.30	0.38	0.21	0.34	0.30	0.31	0.18	0.37
2014	0.31	0.39	0.20	0.37	0.29	0.31	0.19	0.36
2015	0.30	0.41	0.20	0.34	0.32	0.32	0.19	0.38
2016	0.28	0.39	0.20	0.31	0.31	0.31	0.18	0.36
2017	0.28	0.43	0.19	0.31	0.29	0.30	0.18	0.37
2018	0.28	0.44	0.18	0.31	0.26	0.30	0.18	0.37
2019	0.28	0.47	0.19	0.32	0.26	0.31	0.18	0.37
2020	0.30	0.50	0.19	0.34	0.26	0.33	0.19	0.35
2021	0.36	0.58	0.21	0.39	0.33	0.34	0.21	0.36
趋势	升高	升高	平稳	升高	平稳	升高	平稳	平稳

3. 国际市场占有率指标

该指标是指一国某产业出口总额占世界该产业出口总额的比例，反映一国产业出口的整体竞争力。1996 年以来，中国保持着世界创意产品最大出口国的地位，且国际市场占有率保持增长态势，从 2002 年的 15.3% 提高到 2021 年的 38.3%。从细分领域来看，艺术工艺品和设计品国际市场占有率分别达到 59.9% 和 40.9%，比 2002 年分别提高了 42 和 21.7 个百分点。表演艺术和视觉艺术等创意产品的国际市场占有率均在 30% 上下，分别比 2002 年提高了 17.2 和 16.3 个百分点。新媒体产品国际市场占有率保持小幅增长，到 2021 年达到 28.6%，比 2002 年高出 7.1 个百分点。视听和出版物虽然出口规模不大，国际市场占有率也较低，但 2002 年以来市场占有率不断提高，到 2021 年分别达到 8.8% 和 11.6%。

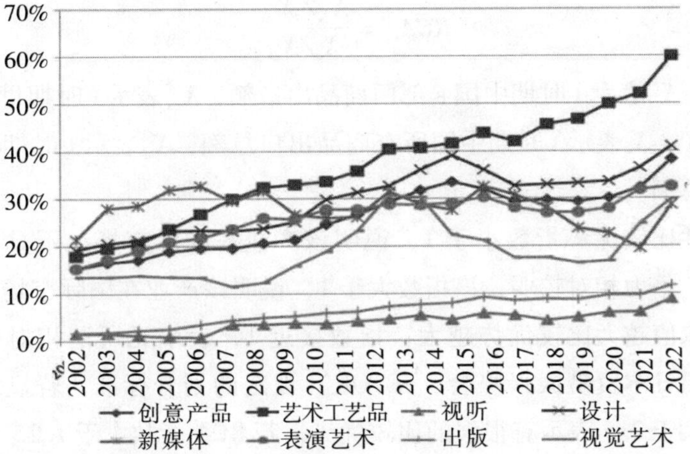

图 6-11　中国创意产品国际市场占有率走势（2002—2021）

表 6-16　中国创意产品国际市场占有率指数（2002—2021 年）

	2002	2007	2012	2017	2021
创意产品	15.3%	19.5%	29.3%	29.7%	38.3%
艺术工艺品	17.9%	30.0%	40.4%	45.6%	59.9%
视听	1.6%	3.4%	4.6%	4.3%	8.8%
设计	19.3%	23.2%	32.7%	32.9%	40.9%
新媒体	21.5%	29.5%	31.4%	28.1%	28.6%
表演艺术	15.3%	23.6%	28.8%	27.0%	32.5%
出版	1.8%	4.5%	7.3%	8.7%	11.6%
视觉艺术	13.6%	11.5%	30.6%	17.4%	29.9%

数据来源：根据 UNCTAD 数据库计算得出。

4. 显性比较优势指数 RCA 指数

显示性比较优势指数，是指一个国家某种商品的出口值占该国所有出口商品总值的份额与世界该类商品的出口值占世界所有商品出口总值的份额的比例。这个指数反映了一个国家某一产业的出口与世界平均出口水平比较来看的相对优势，剔除了国家总量波动和世界总量波动的影响，较好地反映了该产业的相对优势。

$$RCA_t = \frac{X_{cs}/X_{ws}}{X_c/X_w}$$

其中，X_{cs}表示 t 时期中国 s 部门商品出口额，X_{ws}表示 t 时期世界 s 部门商品出口额，X_c表示 t 时期中国所有商品出口总额，X_w表示 t 时期世界所有商品出口总额。

显示性比较优势指数小于 1，说明该产业在国际市场上不具有比较优势，外贸竞争力相对较弱；该指数大于 1，说明该产业在国际市场上具有比较优势，取值越大比较优势越大；指数接近 1，表示无所谓相对优势或劣势。而按照日本贸易振兴协会（JETOR）设定的划分标准，若显示性比较优势指数大于 2. 5 表示有很强的比较优势；若 RCA 指数大于 1. 25 小于 2. 5，则具有较强的比较优势；若 RCA 指数大于 0. 8 小于 1. 25，则具有一般比较优势，若 RCA 指数小于 0. 8，则为比较劣势。

2021 年我国创意产品的显性比较优势指数为 2. 55，低于 2002 年的 3. 06，总体呈现下降态势，但在国际市场上依然具有很强的比较优势。从细分领域来看，工艺品类别比较优势显著，RCA 指数从 3. 57 上升到 3. 99。设计产品虽然 RCA 出现下降态势，但依然在 2. 5 以上，比较优势很强。表演艺术、视觉艺术和新媒体产品处于 1. 25—2. 5 较强显性比较优势的区间，但均低于 2002 年指数水平。视听产品和出版等核心创意产品 RCA 均低于 0. 8，处于严重比较劣势地位。

中美两国对照来看，中美两国在创意产品贸易竞争比较优势方面存在很强的互补性。中国创意产品整体上在国际市场上的竞争优势非常突出，具有较强竞争优势的领域包括艺术工艺品、设计、新媒体、表演艺术和视觉艺术。美国创意产品整体上竞争优势并不突出，但在视觉艺术领域具有非常强的显性比较优势，视听、新媒体、出版领域具有较强的显性比较优势。

表 6－17　中国与美国创意产品细分领域 RCA 指数比较（2002、2021）

国家	中国		美国	
领域	2002	2021	2002	2021
创意产品	3.06	2.55	0.78	0.80
艺术工艺品	3.57	3.99	0.68	0.30
视听	0.33	0.58	1.01	1.58
设计	3.85	2.72	0.49	0.47
新媒体	4.28	1.90	1.30	1.43
表演艺术	3.06	2.16	1.05	1.19
出版	0.35	0.77	1.16	1.28
视觉艺术	2.71	1.99	1.71	2.86

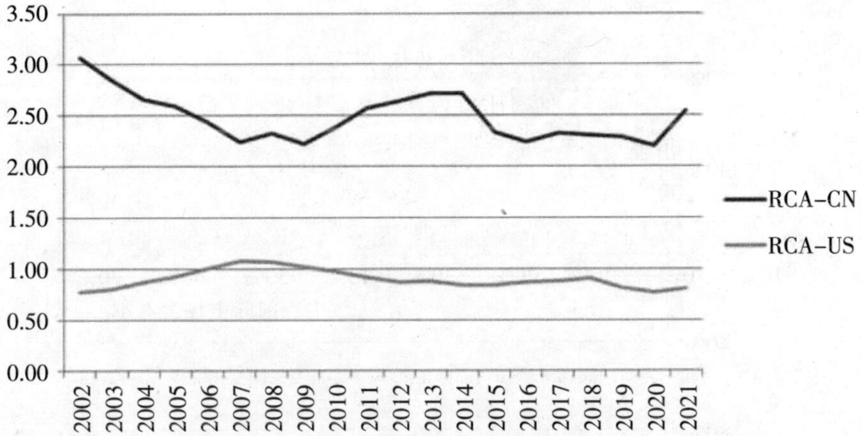

图 6－12　中国与美国创意产品贸易显性比较优势指数 RCA 走势（2002—2021）

数据来源：根据 UNCTAD 数据库计算得出。

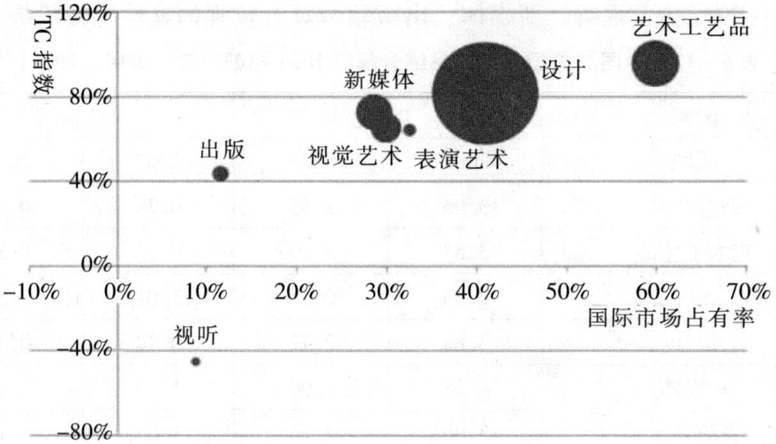

图 6-13　中国创意产品贸易竞争优势领域（2021 年）

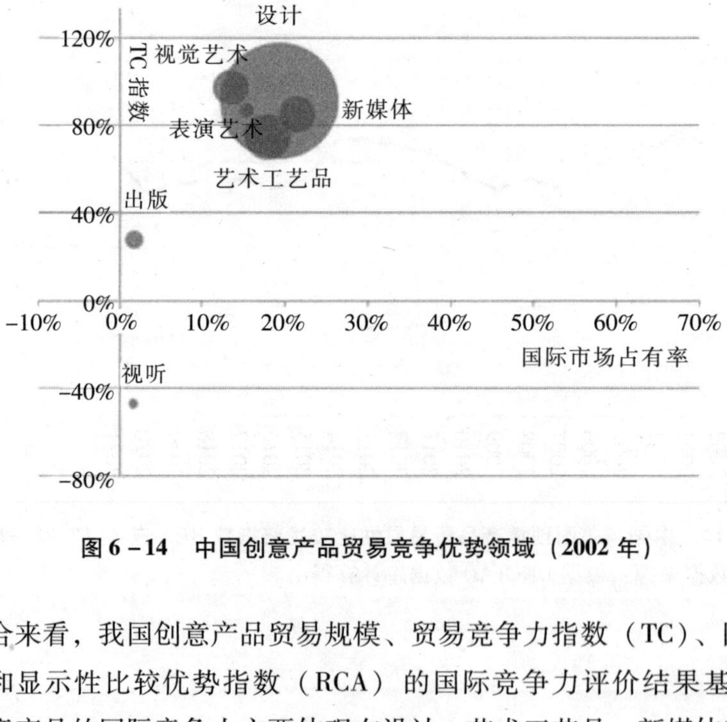

图 6-14　中国创意产品贸易竞争优势领域（2002 年）

综合来看，我国创意产品贸易规模、贸易竞争力指数（TC）、国际市场占有率和显示性比较优势指数（RCA）的国际竞争力评价结果基本一致。我国创意产品的国际竞争力主要体现在设计、艺术工艺品、新媒体和视觉艺术四大类领域出口规模较大，国际市场占有率较高，且贸易竞争力较强。值得关注的是，表演艺术领域虽然市场规模较小，但竞争力较强，市场占有率也较高，也是优势领域。出版领域虽然出口规模较小，但市场占有率持续提高，成长性较好，尚未表现出显著的竞争力。视听领域，出口规模较小，长期处于贸易逆差状态，国际市场占有率有所提升，属于竞争劣势领域。我国文化产业起步较晚，发展速度快，文化产品贸易规模大，市场占有率和贸易竞争力也远远领先，在世界文化市场上占有举足轻重的地位。然而，中国创造、生产和销售的创意产品仍以工艺品和设计等传统的劳动密集型产品加工出口为主，附加值较低，处在全球文化价值链的低端，国际市场的话语权和文化影响力有限，尚未形成标杆性、引领性的优势领域。

三、创意服务贸易呈现结构性逆差

随着世界文化产业的发展和数字技术发展，国际文化服务贸易呈现出新趋势，从创意产品转变为创意服务的“去物质化”现象突出，创意服务出口规模持续上升，2020 年实现 10650 亿美元。创意服务在服务贸易中的份额也在不断上升。所有创意服务在服务出口总额中的份额从 2010 年的 12.3% 增加到 2019 年的 17.4%。

发达国家创意服务出口显著高于发展中经济体，在全球创意服务市场中占据主导地位。虽然两者差距在缓慢缩小，但由于发达国家经济发展基础雄厚，物质与人力资源丰富，资本与技术投入充足，信息技术服务能力较强，在创意服务方面的优势保持稳固。根据联合国贸发会议统计，2020 年发达国家创意服务出口占所有创意服务出口的 82.3%，比 2011 年降低 5 个百分点。美国和爱尔兰是最大的创意服务出口国，分别为 2060 亿美元和 1740 亿美元。相比之下，发展中经济体和转型经济体的文化服务出口规模小，占总服务贸易比重较低，在服务贸易结构上远远落后。

在贸易结构方面，软件服务和研发是出口量最大的两类创意服务，占比约为 39.3% 和 33.2%。其次是广告、市场研究和建筑（14.8%），视听（8.6%），信息（3.5%），以及文化、娱乐和遗产服务（0.5%）。发达国家凭借销售和许可获得了全球研发和视听服务出口的 90% 以上的市场份额。发达国家资本与文化输出的历史悠久，随着大众传媒和文化作品在全球传播，一定程度上垄断了国际文化话语权与全球流行文化内容生产的方向，培育了稳定的文化消费市场。

（一）文化服务贸易顺差持续扩大

我国文化服务出口规模全球第四，但核心领域竞争实力不强。2020 年，中国创意服务出口以 590 亿美元排在德国之后，位列第四，仅相当于美国的 28.6%。从国际市场占有率来看，中国创意服务出口占世界创意服务市场比重从 2010 年的 3.7%，提升到 2020 年的 5.5%。从总体上而言，我国文化服务贸易发展速度较快，也初具规模，但与欧美等发达国家相比，文化服务贸易在国家服务贸易中的比重偏低，仍然处于追赶阶段。2020 年，文化服务出口在我国服务出口中的比重为 21%，比 2010 年提高了 10 个百分点，达到世界平均水平，但距离美国 29.2% 还有很大差距。

联合国教科文组织将文化服务分为核心文化服务和相关文化服务两类。其中，核心文化服务包括影视等作品版权许可、新闻通讯等信息服务、广告服务、建筑等设计服务、文化和娱乐服务等；相关文化服务主要指传播文化的辅助载体贸易，包括计算机技术服务、计算机软件知识产权许可等。

表 6－18　世界十大创意服务出口国 2010—2020 年

	2010 创意服务出口额（百万美元）	占世界比重	2020 创意服务出口额（百万美元）	占世界比重
美国	132084	27.1%	205922.1	19.3%
爱尔兰	41119.33	8.4%	173577.4	16.3%
德国	39070.2	8.0%	74846.84	7.0%
中国	18164.72	3.7%	58825.57	5.5%
英国	33601.38	6.9%	56812.54	5.3%
日本	25547.45	5.2%	47007.97	4.4%
荷兰	26353.95	5.4%	45736.42	4.3%
法国	25276.71	5.2%	32495.1	3.1%
瑞士	14937.63	3.1%	26316.46	2.5%
瑞典	11263.88	2.3%	25994.4	2.4%
合计	367419.2	75.5%	747534.8	70.2%

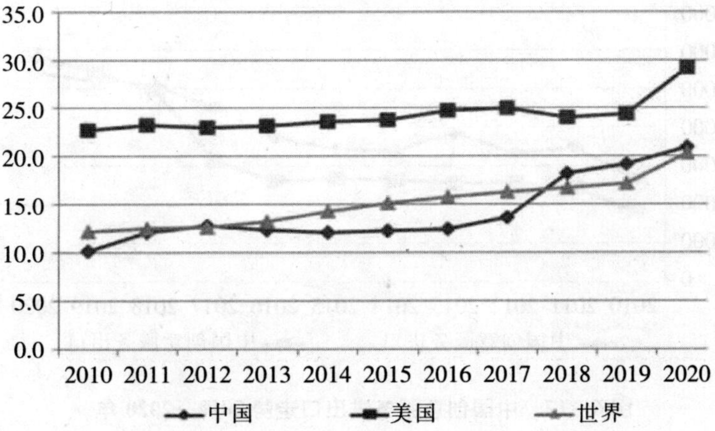

图 6－15　中国与世界创意服务出口占总服务出口比重

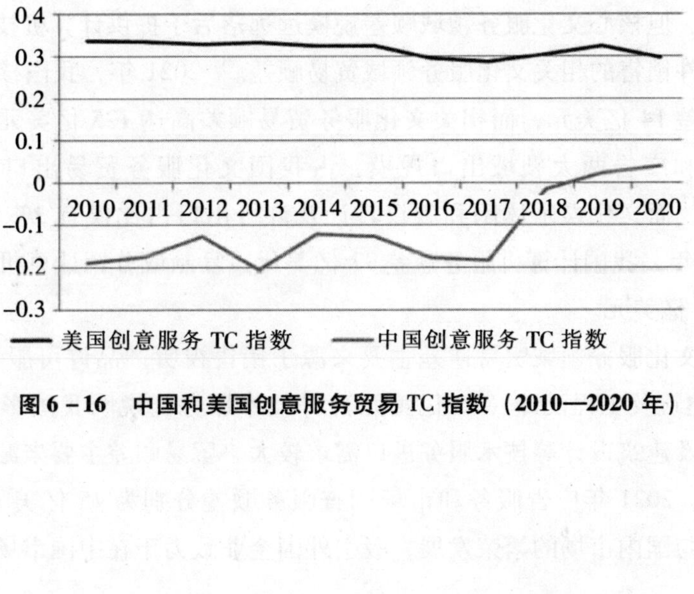

图 6－16　中国和美国创意服务贸易 TC 指数（2010—2020 年）

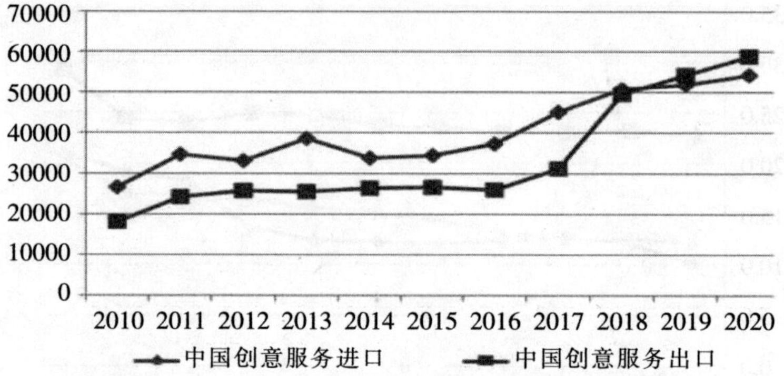

图 6－17　中国创意服务进出口走势 2010—2020 年

（二）核心文化服务出口规模与结构待提升

根据国家外汇管理局统计，当前我国核心文化服务和相关文化服务均呈小额顺差，但核心文化服务领域顺差规模远远落后于提供计算机技术服务和计算机软件销售的相关文化服务领域贸易顺差。① 2021 年，我国核心文化服务贸易顺差 14 亿美元，而相关文化服务贸易顺差高达 125 亿美元。尤其是市场调查和广告两大领域出口规模，占我国文化服务贸易出口比重高达 80% 以上，而文化娱乐休闲和版权转让及许可出口占比仅有 3% 和 12% 左右。2021 年，我国计算机服务顺差 97 亿美元，复制或分销计算机软件许可费顺差 28 亿美元。

核心文化服务领域贸易逆差主要来源于销售视听产品许可服务（21 亿美元）、建筑及工程设计（16 亿美元）等技术服务，说明我国影视音乐产品、汽车及建筑设计等技术服务进口需求较大。贸易顺差主要来源于广告服务和调查。2021 年广告服务和市场调查服务顺差分别为 45 亿美元和 11 亿美元，这与国内市场的繁荣发展，吸引外国企业致力于在中国市场的宣传有很大关系。

2020 年，美国创意服务出口规模超过两千亿美元，占世界创意服务市

① 2021 年中国国际收支报告：我国文化服务进出口规模突破千亿美元．http：//tradeinservices. mofcom. gov. cn/article/lingyu/whmaoyi/202203/132029. html

场比重 19.3%，比 2010 年降低了 7.8 个百分点，但主要是软件服务、信息服务等技术服务领域的市场份额被爱尔兰占据，在核心文化服务领域依然具有很强的竞争实力。《美国经济版权产业报告 2022》（Copyright Industry in US Economy 2022 Report）初步估算了四大核心版权领域：录制音乐、电影、电视和录像、软件出版以及非软件出版物（报纸、书籍和期刊），2021 年对外销售和出口额实现 2303 亿美元，同比增长 6.8%。

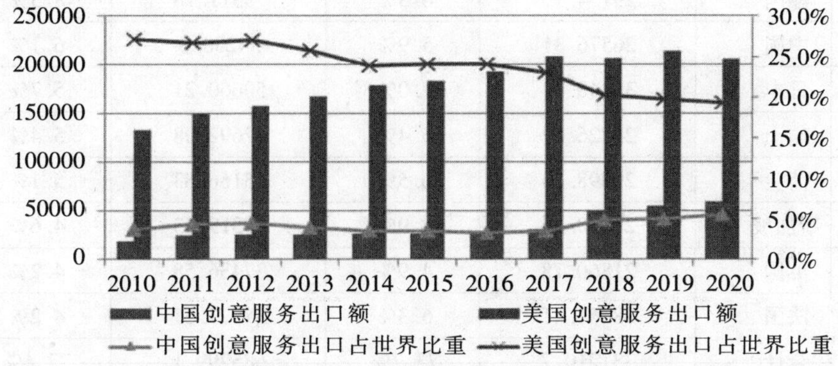

图 6－18　中国与美国创意服务出口及占世界比重

中国是世界第四大创意服务进口国，2020 年创意服务进口额达到 542.3 亿美元，占世界创意服务进口总额的 6.1%。这一比重自 2010 年至今保持相对稳定。从发展态势来看，中国创意服务进口增速不及美国。从发展差距来看，2020 年中国创意服务进口规模相当于排名第一的爱尔兰创意服务进口的 29.3%，是第二名美国的 48.6%。与 2010 年相比，中国与美国的差距缩小了 8.2 个百分点，但与爱尔兰之间的差距扩大了 21.2 个百分点。

美国、中国香港和爱尔兰是我国文化服务的主要贸易伙伴。2021 年，与美国、中国香港、爱尔兰的文化服务贸易额占我国文化服务贸易总额的比重分别为 27%、26% 和 11%，主要是接受或提供计算机服务，境内广告公司或外国品牌境内关联企业收取市场推广费，以及购买汽车及建筑设计服务、视听产品使用权等。新兴市场国家（地区）文化服务贸易额同比增长 23%，主要集中于计算机服务、广告服务以及建筑设计等项目。

表 6－19　世界十大创意服务进口国（2010—2020 年）

	2010 年创意服务进口额（百万美元）	占比	2020 年创意服务进口额（百万美元）	占比
爱尔兰	52672.73	11.7%	185262.2	20.9%
美国	65750.98	14.6%	111691.8	12.6%
德国	29154.75	6.5%	75511.78	8.5%
中国	26576.31	5.9%	54230.6	6.1%
日本	31348.44	7.0%	50660.21	5.7%
瑞士	24226.82	5.4%	47692.08	5.4%
荷兰	29398.23	6.5%	45166.83	5.1%
新加坡	21860.26	4.9%	40319.43	4.6%
英国	21860.78	4.9%	37436.58	4.2%
法国	28361.41	6.3%	37327.61	4.2%
合计	331210.7	73.7%	685299.1	77.4%

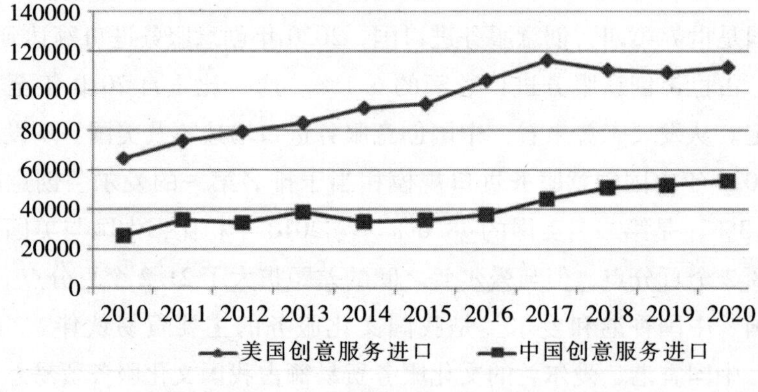

图 6－19　美国与中国创意服务进口对比

四、重点城市文化“走出去”

党的十八大以来，我国文化“走出去”取得了显著成绩，对外文化交流更加深入，对外文化传播渠道更加多元，对外文化贸易规模持续扩大。北京、上海、广东是我国文化“走出去”的第一梯队，在讲好中国故事，传播好中国声音，提升中华文化软实力，提高国际文化话语权等方面肩负着重要使命。通过对比北京、上海和广东三地文化贸易发展水平与结构性特征，正确审视中国文化贸易发展优势与不足，有助于有效发挥丰富的文化资源、扎实的数字经济基础和良好的制度环境优势，增强文化软实力和国际吸引力。

（一）文化产品与文化服务出口的主阵地

上海、北京、广东为我国文化服务出口前三位的城市，文化服务出口规模约占全国的85%以上。从文化贸易发展的世界格局看，当今欧美日等发达国家主导着世界文化服务贸易，通过版权输出、服务外包等方式，占据了全球文化产业价值链上的创意研发设计、内容生产、分销等高端环节。而包括中国在内的诸多发展中国家则发挥资源和劳动力成本优势，负责文化产品的制造生产环节，价值增值率较低。随着文化贸易的快速发展，北京市文化贸易额从2006年的12.65亿美元提高到2018年的60.2亿美元，其中核心文化服务进出口37.8亿美元，以字节跳动、完美世界等为代表的网络视频、网络游戏、网络直播等企业发展势头良好。文化企业纷纷通过出口、项目合作、境外直接投资等多种方式“走出去”，抢占国际市场高地，成为海外中华文化传播的新窗口。中国文化服务出口规模全球市场份额仅有5.5%，处于核心层的文化和娱乐服务、研发成果使用费、视听及相关产品许可费等3项服务逆差严重。上海文化服务出口规模全国第一，约占全国45%，其中广告服务占四分之三。而北京文化服务出口规模约占全国四分之一，虽然增长态势良好，但与上海的落差逐步变大。北京地区文化服务出口16.3亿美元，同比增长23.5%，占北京地区文化出口总量的74%，占全国文化服务出口的比重约为26.4%。其中，广告服务占比过半。值得注意的是，近几年广东文化服务出口取得了显著增长，全国占比约18.4%，紧随北京，2017年上海、广东、北京文化服务出口合计占比87.2%。

广东文化产品和服务出口约占全国2/5。近年来广东文化贸易规模保持了高速增长，2019年广东文化产品和服务出口566亿美元，约占全国五分之二。广东、浙江、江苏三地占我国文化产品出口的 80%，但增长速度开始放缓，面临来自中西部地区的强劲追赶。从结构上看，广东文化产品出口以附加值低的印刷品以及文化设备等硬件产品为主，游戏游艺、玩具等产品出口占有较大的分量。文化出口方式上，加工贸易方式约占一半，一般贸易方式出口占三成。相比之下，北京文化产品出口能力极为有限，不仅出口规模小，比重不足全国 1%，产品出口结构也以玩具、乐器等文化用品、工艺美术品及收藏品为主。而上海文化产品出口规模约是北京的 3 倍，出口结构类似，但文化专用设备出口占五分之一，占比高于北京，且在出口方式上以一般贸易为主，约占六成，海关特殊监管区出口方式占四分之一，加工贸易方式仅占 13%。

（二）市场主体活力推动文化贸易创新

文化产业的繁荣，不仅能更好地满足人民群众的精神文化需求，也能不断提升文化贸易基础。从产业发展规模上看，广东文化及相关产业增加值突破四千亿元，占全国总量的 1/7，而北京与上海文化产业规模相近，约占全国 8%，也是地区经济的重要组成部分。从产业构成来看，上海文化软件服务、广告服务、设计服务为主的文化创意和设计服务占主体地位，而北京软件和信息技术服务、广告和会展服务、艺术品生产与销售服务约占六成。广东省文化信息传输、文化创意和设计、文化休闲娱乐、工艺美术、文化产品和用品生产以及文化专用设备生产等 7 大类产业规模领军全国。

北京传统文化出口以中央文化企业为主力军，而民营企业是数字文化经济出口的中流砥柱。2017 年，北京地区有 31 家中央文化企业和 37 家文化企业被认定为国家文化出口重点企业，占全国的 23%；18 个中央文化企业项目和 18 个市级文化企业项目被列国家文化出口重点项目，约占全国项目总量的三分之一。一批瞄准国际文化市场的外向型民营文化企业异军突起，据 2017 年统计，以智明星通、昆仑游戏、完美世界、猎豹移动为首的原创研发企业网络游戏出口额累计达到 116 亿元，同比增长 93%。如四达时代、华韵尚德、俏佳人等国际文化传播机构，从内容创意到传播渠道实现全产业链覆盖，成为北京文化出口当之无愧的先锋队。广东文化出口主力军是外资企业和民营企业。2016 年，规模以上文化私营企业实现主营业务收入 4578

亿元，占全省规模以上文化企业主营业务收入的 30%，外资企业占全省规模以上文化企业主营业务收入的 36.7%。广东有 25 家企业被评为“国家文化产业示范基地”，多家企业入选全国“文化企业 30 强”，数量均居全国各省市前列。上海依托自贸区优势，发挥国家对外文化贸易基地的集成服务效应，围绕国际文化版权、艺术品、文化装备等贸易领域，聚集了一批外向型文化企业。至 2016 年底，已有 420 多家企业入驻，累计注册资本超过 100 亿元。

（三）数字经济推动文化贸易新发展

随着工业 4.0 技术的应用，生产、分销和消费创意产品和服务的渠道和平台更加多元化，消费市场和生产网络全球化、数字化、智能化特征愈发突出。例如，虚拟现实技术极大增强了网络游戏和表演艺术的沉浸式体验，无人机技术、人工智能极大改变了广告、广播和新闻摄影、电视和电影制作等媒体生产环节。数字出版、动漫、网络游戏、网络文学、数字文化装备等新型文化业态，受众基础广泛，且具有较强的跨文化传播力，成为推动中国对外文化贸易发展的一股重要新生力量。2022 年，广东数字出版产值超 2100 亿元，动漫产值超 600 亿元，游戏业收入 2115 亿元，约占全国 4/5。以先进科技为引领的演艺设备、游戏游艺设备等制造产值占全国 4/5。

北京是数字文化产业发展的领头羊，不仅是全国动漫游戏研发和出口中心，也是网络文化产业的重地，荟聚了全国 71% 的网络文学企业，初步形成以数字化产品、网络化传播、个性化服务为核心的国家级数字内容文化产业集群，拥有一批具有国际竞争力的互联网文化企业。上海数字内容产业贸易发展迅猛，在数字出版、数字游戏、互联网络电视及影视节目贸易等领域占据优势，网络文学占全国市场份额近九成，网络视听产业占全国四分之一。

上海依托自贸区、保税区发展制度优势，构建良好的政策环境和一站式服务，吸引文化艺术类企业落户，大力发展文化贸易，从文物艺术品交易到数字文创，上海自贸区保税区域发挥海关特殊监管区域的功能，持续做大做强文化贸易和文化产业。2021 年以来，上海市商务委员会开展年度十大文化贸易品牌遴选工作①，重点扶持有本土特色和国际范的文化项目和国际品牌，推动红色文化、海派文化、江南文化创新创造，通过新媒体、新科技、新平台，向世界传播中国声音。发挥文化贸易促消费功能，提升文化贸易品牌的社会认知度，激发文化消费市场活力。2022 年度上海十大文化贸易品牌里，以米哈游、莉莉丝、沐瞳为代表的原创手游，以《三体》动画为代表的网络新视听和以阅文集团为代表网络文学，以上海大剧院、上海歌舞团为代表的新演艺，共同引领上海文化贸易领域高质量发展。

表 6－20　上海十大文化贸易品牌（2022 年度）

序号	企业名称	项目名称
1	上海交通大学出版社	《厚土中国》
2	上海外文图书有限公司	阅读上海
3	上海米哈游天命科技有限公司	《云·原神》
4	上海宽娱数码科技有限公司	《三体》
5	阅文集团	《天道图书馆》
6	上海大剧院	《巡演零号站》
7	上海歌舞团有限公司	《朱鹮》
8	上海沐瞳科技有限公司	Mobile Legend：BangBang
9	上海莉莉丝网络科技有限公司	《剑与远征》
10	上海柠萌影视传媒股份有限公司	《超越》

（四）文化贸易与文化产业结构存在错位

北京、上海、广东作为中国文化“走出去”的第一梯队，文化贸易规模、文化产业基础、规模企业集聚、数字文化经济均处于较高的起点，领先于国内。但由于贸易结构错位、服务贸易竞争力弱、产品贸易结构低端化等问题，其文化贸易实力的夯实提升还有较大空间。

① 十大文化贸易品牌发布掀起“出海新热潮”！首届文化贸易集市活动闪现“消费新物种”https：//www. shanghai. gov. cn/nw31406/20230515/6158d5a9b7af423a9103b0ce9db91f67. html

北京地区的文化消费正处于快速升级阶段，文化需求日益多元化和国际化，人民群众对优质文化产品与服务的进口需求与日俱增。而与此同时，北京地区文化产品出口能力没有得到显著提升。文化内容是文化产品和服务能否赢得国际竞争的根本因素。文化内容的吸引力、感染力直接决定了产品和服务的生命力。没有好的内容或创意，文化产品和服务就很难真正走出国门，得到世界的认可。2017 年，北京地区文化产品出口贸易规模仅为 5.8 亿美元，还不足全国文化产品出口规模的 1%，远远落后于广东、浙江、江苏等文化产品生产大省。文化产品的贸易逆差持续扩大，而文化服务的贸易顺差却在不断缩小。内容创造含量较高的出版物、科技含量较高的文化专用设备领域、创意含量较高的工艺美术品及收藏三大领域的贸易逆差较大，而在玩具、乐器等文化用品这类劳动密集型的、低附加值的产品类别上却存在贸易顺差，表明北京地区文化贸易结构错位矛盾突出。

本土企业难以支撑起核心文化服务贸易优势。北京核心文化服务领域的出口优势，在较大程度上依赖外资企业和港澳台投资企业，本土文化企业的竞争力不足。多年来，核心文化服务是北京市文化贸易出口的绝对主力，贡献了近九成的出口额。其中，广告和展览服务贸易占广告宣传类别七成以上，是北京核心文化服务贸易的最大组成部分，但其在为境外机构提供中国境内的广告宣传业务的内资企业仅占 38.9% 的市场份额，其余六成份额为在京的外资企业和港澳台投资企业所控制。无独有偶，文化产品出口大省广东的核心文化产品出口份额中只有 30% 来自私营企业和国有企业，外商投资企业占据 7 成。上海和北京约占全国文化服务出口的七成，且均主要来源于广告服务，这说明我国文化服务出口结构较为单一，严重依赖广告宣传服务，国际竞争力较为脆弱。以版权等知识产权交易和视听复制和分销（播映权）及相关产品的出口总体规模依然较小。虽然北京与上海在出版、动漫游戏、创意设计、文化设备制造等领域培育了一批具有国际竞争力的重点出口企业和品牌，但文化服务领域还依然是受制于人，难以公平参与国际市场竞争。

广东文化产品结构亟待变“软”。在广东文化产品出口中，低附加值的加工制造类产品占据重要地位，难以承受贸易冲击。在中美贸易摩擦的背景下，凭借劳动成本优势的中国文化产品出口遇阻，第 16 类音像设备及其零件、附件、第 18 类乐器、第 21 类艺术品、收藏品及古玩、手工艺品均被列入加税清单。这对传统的广东文化出口企业提出从加工贸易向一般贸易转型的要求。

（五）国际性文化品牌公司有待培育

跨国大型企业是推动对外文化贸易的有力主体，品牌则是文化产品和服务的重要无形资产。若缺乏知名品牌，部分文化产品在国外市场就难以被广泛认可和接受，就只能是国际文化市场中的“配角”。北京市大型文化企业多以央企或市属国企为主体，刚经历过文化管理体制改革、重组等，尽管从规模体量上在国内市场处于比较领先的地位，但还未形成国际性品牌产品、品牌项目和品牌工程，在商业运作、管理体制、原创能力、国际营销能力和国际市场影响力等方面在国际上仍较为落后。北京市文化产业数字化程度仍较低，缺乏具有核心竞争力的大型跨国公司。国有文化公司在部分传统领域的优势地位备受挑战，尚未发挥在新兴领域的引领能力；非公有文化公司在新兴领域比较活跃，但大多数在企业规模、行业影响、技术水平和品牌塑造等方面尚不具备显著的优势，面临着各种国际化发展瓶颈。

北京市文化产业发展处于初级阶段，总体规模较小，与国内其他省市相比大型文化企业虽然较多，但与跨国企业的差距甚远，内生发展动力不足，资金保障不到位，国际文化贸易相关人才缺乏，少有国际知名品牌，国际竞争力较弱。面对不确定的国际市场，受限于文化出海的前期推广宣传成本高、综合运作成本大、寻求融资困难等问题，进军国际市场的热情并不大。尤其是大型国有文化企业通常掌握较优质的文化资源渠道，国内市场份额较大，竞争压力较小，在国内同行中处于佼佼者，基本没有较强的主动意愿去开拓风险较大的国际市场。而新兴民营企业虽然参与国际化竞争意识较强，但受限于规模小、市场信息不足、资金支持、人才储备、海外平台等因素通常难以真正走出国门施展拳脚。如果缺乏对国际市场和国际贸易规则的了解，又极少参加国际上各种贸易洽谈和商品展销，对国际市场需求了解不深，就无法找准市场定位，难以明确业务方向并制定相应的海外营销策略，导致海外市场占有率不高。当前文化市场发展不成熟，缺乏具有较强市场运作能力的中介经纪机构和个人，缺少知晓文化艺术、懂得经营管理、精通文化贸易业务、熟悉 WTO 规则、能熟练应用外语及擅长跨文化沟通的复合型文化贸易人才。

（六）管理体制不顺畅政策保障不到位

体制机制改革滞后，资源缺乏整合，产生体制内耗。在传统文化管理体制改革尚未完善、新兴文化产业又方兴未艾的情况下，政府在文化走出去方面尽管有自上而下的重视与推动，但还是形成了各种“烟囱”林立，政府部门内部或者部门与部门之间沟通不良、规避责任、各扫门前雪等内耗现象。文化出口广泛涉及宣传、发改、文化、经济、科技、教育、农业、海关、外汇管理、统计等十多个部门，部门之间经常性的紧密协调机制尚未建立，整体合力尚未形成。政策需求不明、条块分割、自成体系、分散管理等问题，不仅消耗大量宝贵财政资源、降低企业积极性与活力，而且严重影响了市场信息的有效传递。应建立健全由商务、宣传文化、外交、财税、金融、海关、统计等部门组成的对外文化贸易工作联系机制，加强统筹协调，整合资源，推动相关政策措施的落实，依法规范对外文化贸易工作。

国内国外文化相关机构之间存在信息不对称、信息反馈滞后。国内文化企业和主管部门不能及时、全面地掌握国外文化信息，尤其是我国驻外使领馆、驻外文化处（组）和海外中国文化中心的重要工作信息供给不足；我驻外机构也不了解北京市文化走出去的具体需求和目标。这种信息不畅、不对称现象，造成许多文化企业错失参与国际竞争的发展机会。

尚未建立起相对完善的对外文化贸易的政策扶持体制。有关文化贸易出口保险、知识产权保护等方面的政策法规、对文化贸易出口方面的税收优惠、外汇优惠、版税优惠和收益分配优惠等政策尚未完全配套或落实到位。文化输出审批和外汇审批制度仍延续传统计划经济体制的管理办法，不仅手续繁琐、周期过长，而且透明度和可预见性差，不利于文化产品和服务走向世界。法律法规、金融支持创新、人才政策、外汇管理、海关监管等等环节的扶持政策的系统性与可操作性较差，难以实现多部门联动。因此，有必要从部门协调到法律法规政策保障，再到税收政策，建立鼓励和支持文化企业开展国际贸易、支持其文化产品和服务出口的系统的宏微观政策体系，节约文化贸易中的交易成本，全方位为文化企业“走出去”保驾护航。

（七）“文化折扣”与“文化霸权”形成掣肘

在文化国际贸易中，“文化折扣”（culture discount）是最为常见的一种障碍，指因文化背景差异，国际市场中的文化产品不易被其他国家和地区的受众认同或理解，从而导致其价值的降低。在漫长的历史进程中，文化传统差异、语言障碍、强调文化产品意识形态属性的落后文化观念都是造成跨文化传播的障碍因素。长期以来，我国在文化传统、意识形态、国家利益等方面和西方发达国家之间存在明显分歧。我国的跨文化传播经历了传播观念相对滞后的阶段，宣传色彩浓厚的文化产品导致传播效果不佳，甚至引起国外受众的抵触心理。尤其在图书出版、影视、音乐等以内容创作为主的核心文化领域，很难在国际上唤起国外消费者的兴趣和认同感，文化消费主体影响力局限于东亚文化圈范围。对于中国文化企业而言，如何降低“文化折扣”，让文化产品与服务“走出去”“走进去”，真正进入国际主流文化消费市场，是当前面临的很有挑战性的一个难题。

与此同时，文化霸权（cultural hegemony）或文化帝国主义（cultural imperialism）已成为世界帝国主义突出的表现形式之一。以美国为代表的西方发达国家积极推行文化霸权对他国进渗透和入侵，企图使其他国家接受并认同美国的政治制度、意识形态、生活方式和价值标准。文化产品作为一种特殊的商品，其创造与生产不仅要遵循市场价值规律，还不可避免地会融入创作主体的内在意识形态，这种意识形态往往潜伏在娱乐的表象下，伴随着文化产品的消费而广为传播传递，对人们产生潜移默化的影响。美国文化最强大和最具全球影响力的是其大众文化，注重通过灵活创新形式、技巧甚至内容，努力适应和把握不同文化背景的受众和市场需求，向全球各国输出特定的价值观念。

在“文化折扣”与“文化霸权”的双重夹击下，只有充分体现民族精神气概、挖掘出本土文化底蕴与内涵、彰显出深厚文化创意的作品，才更贴近人们的生活，才能获得更大的文化认同，才更能赢得国际市场的认可与青睐。打造有中国特色的文化产品，在国际市场上树立自己的民族文化品牌，必须全面系统梳理现有文化资源，深入发掘和整合传统文化资源的精髓和亮点，凝聚中国精神、中国力量。

对外文化交流与宣传效果有待改进。为加快文化“走出去”的步伐，政府投入大量资金开展文化外宣活动和对外文化交流活动，但是这些活动是以宣传为目的，围绕外事活动和节庆，以官方派出艺术表演团体和展览单位去国外执行对外文化交流任务为主要形式，活动经费由政府承担，演出或展览也多为免票赠送。这种单向供给式的文化交流受众以海外华人团体为主，很难获得国外受众深层次的文化价值认同，难以达到对外展示形象、讲好中国故事、传播好中国声音的效果。

缺乏良好的统一规划协调机制。由于归口管理、资源统筹缺位等因素，文化和旅游部、宣传部、外事办、侨办、台办、文化局、区县政府等各级组织的文化交流活动容易出现主题重复，类型相近，举办时间集中等问题。在资源有限的情况下，容易造成人力物力财力的极大浪费，导致各类活动散、乱、小，成长性差，影响力较低，难以构建具有国际影响力的文化交流品牌。

外宣工作、对外交流活动与文化走出去之间还没有形成有机结合、良性互动的循环发展机制。长期以来，对外文化工作的资金渠道一直以政府拨款为主，来源单一，经费缺口较大，不仅活动规模、层次和质量受到限制而且欠缺主动性和活力。尤其是多数文化企业是被动参与政府牵头组织的文化交流活动，积极性还比较低。例如，以前音像产品和展览等文化产品多数依靠文化交流形式，而现在亟需改变以政府层面推广为主的状况，向以商业运作为主的模式转变。

亟待探索外宣工作、对外交流与文化企业走出去联袂共赢的模式。对外宣传与对外文化交流的传统行政审批式管理思路亟待向主动服务的思路转变。在充分调研了解企业走出去面临的困难和需求的基础上，探索如何通过外事政策和资源渠道，加快开拓建立文化走出去的商业渠道，解决文化企业走出去的难题。在对外文化交流中的保险、运输、报关等关键环节引入成熟的商业化运作模式，积累掌握经验。运用优惠政策，利用搭建平台、畅通渠道、专项赞助、减免税收、财政补贴等措施调控和鼓励社会、企业以及个人积极参与对外文化交流活动。

第七章 推进国际消费中心城市建设的政策创新路径

国际消费中心城市建设是一项久久为功的系统工程。以新一轮高水平开放发展为契机，用好制度创新优势，推进项目共促、任务共担、政策共享，提升要素配置力、品牌引领力、文化创新力、技术支撑力和制度保障力，以消费引领经济体系加快向供应链、产业链、价值链高端迈进，以消费激发城市发展动能。

第一节 提升要素配置力，以消费服务夯实国际交往功能

一、畅通流通配置通道，提升全球消费供给品质

发挥机场对要素资源的汇集引流功能，增强高品质国际化供给。畅通国际航空货运通道，提升国际产业链供应链稳定性和竞争力，构建畅通的国际商品采购渠道，提升企业跨国采购能力，集聚国际知名品牌资源。围绕消费升级新需求、新特点，满足消费者多样化、个性化、国际化需求，对接国际一流零售服务商和顶尖零售商，引入新模式新业态，推动商业街区业态多元化、品质化发展，提升在全球配置消费资源的能力。

推动国际会展创新发展，以展促贸、以展兴产。发挥北京服贸会、上海进博会、广州广交会以及海南消博会的世界窗口作用和综合溢出效应，畅通国际国内双循环，吸引全球消费精品、服务贸易领域优质品牌和服务落地，提升相关产业的国际化和专业化水平。借鉴成熟的国际会展服务经验，鼓励

与国际知名机构及会展企业联合办展，推动贸易便利化政策创新。

创新流通发展方式，推动市内免税店政策和跨境电商政策创新落地。着力发挥自贸试验区平台作用，不断强化全球资源配置能力。抓住市内免税店政策调整契机，优化服务流程，扩大商品规模与经营范围，搭建扶持国货精品、展示自主品牌、传播民族传统文化的重要平台，提高跨境消费便利度，促进境外消费回流，探索中国特色市内免税店的建设路径。

二、统筹国际国内资源，丰富文商旅体消费供给

科学配置要素，优化国际商业消费功能布局。充分发挥市场对资源配置的决定性作用，优化消费资源的结构布局与层级体系。加快完善消费服务设施，拓展不同层级消费空间的支撑网络，构建层次结构清晰、空间布局高效、功能业态完整、品质的商业消费空间结构，不断满足人民群众美好生活需求。

统筹历史文化资源，提升世界级旅游目的地国际竞争力。推动文旅消费融合升级，加强历史文化资源活化利用，夯实文化根基，串联特色旅游版块，提升旅游公共服务设施水平与服务质量，推出融合古都特色与现代生活的主题线路。针对不同消费需求，丰富文旅消费业态和新产品，扩大优质文旅供给。

加快推进以国际消费中心城市为核心的城市群文旅一体化进程。加强京津冀地区、长三角地区、珠三角地区、成渝地区城市群文化旅游资源整合，促进中心城市与周边城市在观光旅游、文化体验等方面有机高效衔接，加强美术馆、博物馆、文化馆等资源联动和功能联通，创新区域文化市场监管协作机制，联合拓展入境游市场，共同提升文化和旅游发展能级，建设世界级高品质文化旅游目的地。

提升文商旅体消费产品的吸引力与影响力。发挥市场机制作用，创新文化传承手段与传播媒介，挖掘世界文化遗产、非物质文化遗产、中轴线文化遗产等优势资源，加快 IP 创新创意研发，推出可以代表本土元素与现代时尚韵味的特色商品和服务。加快引进和培育国际赛事，补齐场馆设施短板，提升专业化运营水平，理顺管理体制机制，健全做强产业链条，丰富消费

供给。

第二节 提升品牌引领力，促进本土创新，把牢商业话语权

一、建立全产业链全方位政策支持体系

建设优质品牌首店首发发展体系。优化拓展首店首发经济政策，把握产业特性，围绕上下游产业链环节形成全方位支持政策。细化政策配套细则，加快政策落地落实。吸引国内外一线品牌总部机构以及具有全球视野和品牌运作能力的投资商、运营商加快集聚，增强对高能级品牌首店、首牌引进力度和政策配套，建设全球首发、首秀活动平台，打造引领时尚消费潮流的风向标。在新品发布资源对接、活动审批、宣传推广、品牌营销等方面给予便利化服务支持。

引导本土品牌和中华老字号入驻重点商圈。深入挖掘老字号文化内涵，增强产品附加值，以产品创意、服务创新与营销推广传承精湛技艺，推动老字号传统店铺在重点商圈集成展示与服务体验，推动数字化信息化转型，提升本土品牌知名度和影响力。推动优势产业集群与新技术、文化创意、时尚等领域融合发展，增强中高端消费品供给能力，培育全国、全球知名品牌。顺应全球消费者个性化、即时化、数字化、绿色化趋势，围绕“衣、食、住、行、康”等重点行业探索个性化定制、柔性制造等服务型制造新模式，提高中高端消费供给能力，增强供需对接效率。

培育“中国制造”和“中国服务”品牌。优选中国优质商品和服务，大力培育自主品牌，在重塑传统特色品牌、打造中高端品牌等方向上发力。同时，实施品牌国际化战略，鼓励企业开展境外商标注册和国际标准认证，开拓国外市场和销售渠道，扩大中国品牌的国际知名度和影响力。

二、优化品牌创新创业发展环境

发挥商业创新“试验场”功能创新孵化基地运作模式。优化孵化政策，加快培育一批具有核心竞争力的新消费品牌。利用好国际电影节、美食文化节、国际设计周等平台推广新品牌，建设时尚品牌活动风向标。促进服装学

院、舞蹈学院、音乐学院等创意源头与时尚产业端、市场端合作，发挥好策源地作用。

发挥电商渠道优势扶持发展国潮时尚品牌。时尚是推动新消费空间形成的重要力量，时尚产业的品牌价值通常远远超过本身商品价值。以服装为例，由于中国从生产代工到逐步发展自有品牌仅历时三十多年，缺乏历史沉淀，品牌形象整体逊色于成熟的海外品牌。随着国潮品牌形象及品质提升，电商渠道优势显著。阿里研究院发布的《2020 中国消费品牌发展报告》显示，中国本土品牌线上市场占有率已经达到 72%。由线上向线下传递品牌价值，传递中国韵味，彰显中国形象与品质力量。抓住国潮文化产业升级契机，加快集群化、规模化、系列化的开发与转化，挖掘中华文化元素内核，将一种文化态度和生活方式融入大众生活。

三、以消费品牌牵引新场景新模式

促进多元化消费场景融合创新。深度融合线上和线下、商品消费和服务消费、流通和生产等领域，培育和壮大一批有国际知名度的新型消费商圈。立足商业特色和街区布局，聚焦新业态、新模式、新服务，在美妆、食品、服饰定制、健康养老、休闲娱乐等领域的新品牌，融入本土文化元素和新技术应用，通过营造沉浸式、交互体验式、社交化消费新场景，提升消费体验，集购物、休闲、文体、娱乐等功能于一体的综合性新型消费载体，增强商业街区对本地消费者的吸引力，把人气转化为商业流量和品牌影响力。支持新品牌向上下游产业链延伸，夯实发展核心竞争力，促进零售与文化、科技、教育等资源融合，从购物消费端向生产体验端拓展，从单一零售向娱乐休闲、旅游等业态拓展，促进线上线下消费融合化、综合化、国际化发展。

第三节　提升文化创新力，以创意策源引领消费创新

一、增强文化产业融合力与渗透力

打造国际一流的文化创新枢纽。要塑造具有全球竞争力的文化品牌，提升北京、上海、广州等城市在全球文化市场中的资源配置力、市场辐射力、

创新引领力，离不开与经济实力相适应的文化产业体系。充分发挥文化产业优势，促进文化创新与商业创新有机结合，围绕特色历史文化资源和创新文化资源的挖掘、保存、开发和利用，从文化创意、内容生产、传播媒介、消费模式各个环节，全方位引导文化创新向纵深发展，增强文化渗透力，构建起多元的文化内容矩阵和丰富的文化消费载体。

二、优化数字文化产业创新生态

加强创新群落协同演进，滋养文化创新环境。顺应消费需求的升级，破解数字文化产业创新生态发展痛点，推动数字文化产业高质量发展。产业创新活力不仅来源于创新主体群落的内部优化，更来自创新生态系统应用群落中信息、网络等基础设施、人才、资本、制度等要素供给，还仰赖于经济水平提高、文化消费习得等社会文化环境的滋养。充分发挥产业扶持政策的示范性和引领性，强化中央和地方文化企业、政府管理部门、中介组织之间资源统筹与协同，促使产业创新生态系统中研究群落、开发群落与应用群落之间形成协同演进、依赖联结、互生共荣。发挥数字文化产业园、国家级文化产业示范园区、国家文化产业创新实验区、国家文化与科技融合示范基地等重点功能平台，坚持“文化+科技”政策导向，增强专项基金扶持力度，完善园区服务保障，加强国家、市、区、园区四级主管部门在税收、土地、人才、金融等方面的政策衔接，引导数字文化企业进一步向特色鲜明、功能明确、集聚效应彰显的园区聚集。

通过政策引导园区布局文化科技新业态，园区发展特色和发展品质得到保证。一是促进创新主体协同发展，鼓励数字商业模式创新，拓宽价值创造渠道，进而反哺原创内容、优质内容供给的闭环运行机，构建起网络游戏产业链良性自我造血、自我更新、动态演化式生态系统。二是强化聚合效应。以数字出版基地、音乐基地、产业园区为载体，根据功能定位和规划，加强集群联动和协同，聚焦数字内容创意与渠道建设。三是完善标准体系，与数字技术、版权保护技术对接。加快5G、云游戏、虚拟现实、交互娱乐等领域的产品、技术和服务标准研究制定，优化数字文化知识产权保护体系，加快建立标准行业协会，完善数字内容流程和管理体系。

三、以技术为纽带重塑数字文化产业集群竞争力

当前文化科技融合进入新阶段，技术创新在数字文化产业的发展中发挥着重要的基础作用，成为泛娱乐矩阵资源整合的核心纽带。尤其在网络游戏、网络视频、数字音乐等领域，算法和流量是关键。科技创新是企业的核心竞争力，从而成为决定企业布局的第一因素。例如，北京数字文化产业整体布局对西二旗——中关村版块和望京地区两大科技创新热土的有较强的黏性，通过隐性知识和技术人才共享形成松散的网络社区，造就了技术敏感型数字文化企业的不断集聚。

首批五大试点城市在数字文化经济方面走在国内前列，牢牢把握好数字文化产品/服务的四重逻辑和技术驱动特点，抓住国家服务业扩大开放示范区和自贸试验区建设契机，制度创新与政策支持双管齐下，多措并举，充分释放 5G、人工智能、区块链等技术创新对文化内容生产、渠道分发和硬件终端三大体系的支撑作用，促进文化产业链与互联网、物联网深度融合。以规划为先导，优化提升网络游戏基地的相关功能，合理规划数字音乐、网络文学等产业集群，加快培育若干产业链条完善、创新要素富集、配套功能齐全的集聚区，以稳定的产业链和产业生态塑造数字文化经济新竞争力。

政策引导加快形成园区创新网络与产业集聚互促共进机制。创新是集群发展的动力，集群的长远发展依赖于创新的强度，集群的创新能力是支撑产业集群持续发展的主导力量。对创意与知识密集的数字文化产业而言，知识外溢与网络效应的“流动空间”，织密了产业集群的创意与创新网络，不断催生新模式与新业态，创造出源源不断的就业岗位和创业机会，并进一步吸引人才、资本、信息等要素聚集。产业空间集约化、协同创新网络化发展是实现高质量发展的必然要求。北京 CBD——定福庄为核心承载区的国家文创实验区是政府主导型集聚的典范，不仅吸引到一批优秀的数字文化企业，还培育出多个高品质文化园区，形成良性发展。国家文创实验区通过上级政策先行先试、相关政策借鉴平移、产业政策集成创新等方式，构建起较为系统的文化产业政策体系，如 2019 年出台实施的“政策 50 条”，涵盖品牌提升、信用体系、文化科技、文化金融、旗舰企业、精品园区、文化贸易、风

投奖励、上市融资、四板奖励、孵化创新、人才服务、知识产权、服务平台、文化保税等十五个方面。

充分发挥核心城市的示范带动作用，增强与周边城市的文化产业与园区交流互鉴，促进数字文化产业跨区域、跨领域、跨业态融合发展，提升城市群内数字文化产业影响力。坚持开放发展、融合发展、创新发展，积极融入区域发展战略，是数字文化产业义不容辞的使命。将数字文化产业发展融入区域发展战略，与各地战略性新兴产业集群、国际消费中心城市、历史文化名城、国家文化和旅游产业融合发展示范区等发展相衔接，促进产业融合与集聚。以北京为例，海淀区、朝阳区、东城区、西城区依托雄厚的文化资源与科技资源基础处于领先地位，是数字文化产业发展的高地，而石景山、顺义等区则规模有限，实力较弱，远不能相提并论。随着国家服务业扩大开放综合示范区和北京自由贸易试验区建设，园区开放和产业开放成为制度创新的重点领域，尤其是中关村、望京、国家文创试验区、顺义区、通州区等文化园区通过政策体系和管理机制先行先试，打通制约产业发展的堵点痛点，成为文化科技深度融合的示范区和文化科技产业创新发展的先锋队。

四、以文商体旅联盟承载历史文化价值

充分挖掘文化内涵，摸清家底，将散落的历史街区、文物古迹、名人故居、博物馆、美术馆、剧院等特色文化资源有序地串联起来，提炼文化价值，设计出若干主题多元、特色鲜明、有历史记忆和文化脉络的轻探访线路。有机结合商业价值与文化价值，利用好文化资源的溢出效应和协同效应，与商业资源形成协同，壮大区域文商体旅联盟，推进艺术、戏剧、书店、酒店、旅游、金融等领域企业深度协作与商业业态融合，实现资源整合共享、品牌联动。

五、牢牢树立文化地标形象

构建富有创新活力城市形象。牢牢把握打造世界级商圈的文化内核要求，发挥设计之都的优势，通过文化创意与创新推动设计产业生产与消费能级，塑造起引领时尚、文化等潮流世界级商圈形象。发挥影视演艺资源及社

交媒体优势，注重大众化的方式、时代化的表达，与国内外短视频、新媒体平台合作，优化国际形象宣传营销模式，让世界级商圈成为历史人文脉络清晰、承载本土文化底蕴的城市名片，成为传统与现代、经典与潮流、快时尚与慢生活结合的国际化消费地标，走近国际国内游客。

搭建文化交往展示平台。在文商体旅融合发展背景下，商业本身也是非遗技艺传承、文博文创产品展示的重要平台，也是展现中华文化自信的重要窗口。组织形式多样的文化主题活动，定期、不定期举办时装展览、拍卖会、露天音乐会、节庆游行、艺术节、创意集市等丰富多彩的文娱活动，增强街区的社会性和文化性，提升街区时尚文化魅力。弘扬老字号特色商业文化，鼓励跨界合作，让老字号注入文化新内核，推出富有浓郁文化气息和文化特色的优质产品或服务，向年轻化、时尚化转变。

第四节 提升技术支撑力，以新场景提升数字消费能级

一、培育技术应用新场景引领新消费

牢牢把握大数据智能化创新驱动消费升级契机，推动互联网、大数据、区块链、虚拟现实等现代信息技术在“吃住行游购娱”全场景应用。加快数字技术赋能内容创新，引领数字娱乐服务新体验，建设创作者全产业链生态，培育创作者经济。突出技术引领，聚焦消费数据分析挖掘、智能决策、供应链协同等方面，推进新技术对直播电商平台、直播电商服务机构、直播基地等主体赋能，优化综合保障水平，提升服务效能，大力发展数字消费新业态、新平台、新渠道，推动居民消费升级。

充分发挥5G网络在支持元宇宙开发与交互场景的优势，促进在VR游戏、联动直播、娱乐演艺、全景视频游戏（FMV）、剧情向现实交互类游戏（ARG）等方面进行商业化探索。根据五部委2022年10月发布的《虚拟现实与行业应用融合发展行动计划（2022—2026）》，预计到2026年，我国虚拟现实产业总体规模将超过3500亿元。有价值的数字人，离不开扎实高效的底层技术，日益优化的产业生态，拟人化、故事化的虚拟IP和多元化的营销方式。目前核心企业的数字人产品多应用与企业B端场景，如娱乐偶

像、直播带货、品牌营销、数字劳动等，涉及传媒娱乐、商业服务、行政服务、金融银行、品牌营销、游戏等领域。相比之下，直面消费者C端的应用场景仅占36%，如数字藏品的创作与发售、数字艺术创作、数字人联动营销、XR场景呈现等，发展潜力较大。一是数字人智能交互能力较弱，受技术研发和资金基础限制，数字人里AI交互占比仅为40%。二是随着算力支持、交互成本、智能化匹配成本、动捕等场景搭建成本下降，制作数字人的制作成本正在不断降低，将催生出巨大市场需求，并对运营能力提出更高要求。前瞻性地推动虚拟现实、数字人、数字孪生等技术在重点商圈、综合性枢纽等区域，在电商直播、流媒体制作、金融智慧服务、展馆服务、城市服务等领域，支持数字人综艺节目、演唱会、电影等项目开发，打造一批会展、文旅、商业领域的特色场景示范案例。

二、推动传统服务消费数字化

营造具有国际竞争力的消费环境，完善消费相关基础设施建设，完善便捷高效的立体交通网络，提高商业设施的智能化、数字化水平。推动智慧旅游、在线文娱、在线教育、智慧餐厅、智慧体育、智慧医疗健康等服务加速向智能化、便利化、平台化转型，积极提升企业数字化运营能力。拓宽无接触式消费体验，无人配送、无人驾驶等场景落地。发挥平台整合资源优势和智能技术优势，强化产品监测、消费监测、质量监测、信息监测等技术，依托大数据促进相关领域标准和质量体系的制定和完善。

加快商圈运营管理数字化实施进度。推进百货商超、便利店、餐饮等线下商业网点消费渠道、流量、信息、数据的智能融合。将商业监测、客流监测和数据沙盘整合，形成“要运营、可服务、可分析的线上数据”，建立关于街区功能、规模、业态、环境、空间等方面的基础数据库。利用好人工智能算法、大数据和云计算技术，把握零售业变革态势，研判街区消费行为特点，预测消费和客流变化趋势，为商圈实现精准的招商引资、业态调整及日常运营管理提供支持。

三、加快城市商业环境的新兴数字技术应用

加快人工智能、大数据、区块链等新兴数字技术在城市经济空间的布局和应用。美国纽约市依据 2012 年出台的《开放数据法案》（Open Data Law），统一了数据标准，规范了数据产权和数据流转共享全过程，统筹各方资源建立了一个城市数字“生态系统”，实时地收集分析交通系统数据、旅游景点、餐饮卫生、住房租售等相关数据，并结合区域的历史统计数据生成系统分析。加快推进智慧交通设施试点，尽快实现精细化、智能化交通引导，增强与智慧商业空间互融互通。加大 3D 灯光秀、智能景观等应用，提升消费地标吸引力，充分发挥 5G、VR 对运营管理、消费场景营造和消费导引的作用，增强 5G 覆盖力度，拓展多元应用场景，有效串联消费业态，在设施交互、营销推送、服务便利和投诉反馈等方面实现智慧化运作。建立重点商业街区智能监测系统，与消防系统快速关联，提升应对效率。

第五节　强化制度保障力，协同建设国际一流消费环境

一、着力推动政策集成创新发挥服务标杆示范效应

注重促进国际消费相关政策与促进文化贸易、商务服务、跨境投融资、国际人才服务等方面政策的衔接与协同。将一揽子政策落实落细。相关政策的不断更迭，映射出相关产业在不同发展阶段对政策需求的变化，告别“千篇一律”、走向“精准施策”的扶持政策，将对消费发挥更加有效的扶持作用。通过各级政策叠加，出台配套政策，把握政策时效，强化政策兑现，打通“最后一公里”，确保政策有效传导至市场主体，激发市场主体创新动能。

探索建立新型市场监管体系。发挥国际消费政策和制度体系创新的试验田作用，立足“放管服”改革，与“自贸试验区和服务业扩大开放”政策紧密联动，在市场准入、市场监管等方面积极探索，创新出一批切实有效的政策工具，为全国积累一批可复制可推广的经验做法。当前专项治理、集中整治等“运动式监管”尚未完全退出，包容审慎式信用监管正在起步探索。

监管工具、监管方式、监管范围等方面都需要深入全面的改革与支持。加强监管政策协调，减少“监管竞争”，改变过去“多龙治水”、相互竞争的局面，平衡长期、短期之间的关系及系统与局部之间的关系。建立与新消费模式相适应的、以信用为基础的融合式、常态化监管机制，成为效率、服务、标准和诚信的最高标准、最高水平的示范。

二、着力坚持首善标准和质量体系营造良好的消费环境

对标国际标准，在商业零售、餐饮、文娱休闲等领域确立有地域特色的高质量服务标准，健全市场监管和消费维权体系，提升服务品质和消费舒适度，形成“北京服务”“上海服务”“广州服务”等标杆示范效应，营造安全放心的消费市场环境。提升综合执法能力，在食品安全监管、知识产权保护、文化市场综合执法等方面加大惩治力度和监管力度。提高消费申诉响应速度，畅通消费维权渠道，建立高效的消费纠纷解决机制，建设安心消费环境。夯实金融服务政策支撑，增强对特色消费场景、重点、地标性街区、目标消费群体的支持力度，丰富数字人民币试点应用场景。

三、着力提升产业监管效率增强文化软实力

随着新技术新业态的兴起，数字文化产业处于持续文化创新、技术不断进步、跨界融合的动态竞争之中。数字文化企业在新形势下要坚持底线，自觉承担起举旗帜、聚民心、育新人、兴文化、展形象的使命任务。平台型数字文化企业由于天生的垄断基因，逐渐控制了产业“生命线”，不仅拥有了强大的市场势力，成为超额经济利润的攫取者，而且凭借庞大的用户规模与流量，在引导舆论、操控舆论等方面具有极强的影响力。为此，一方面亟需从法律层面构建适应平台经济发展的竞争规则，完善平台佣金、入驻规则、推广策略的适用环境，规范排他性竞争、滥用垄断优势定价等行为，打通从内容创新到渠道分发的链条，让创新生产与创新应用形成生态闭环，使产业上下游实现良性互动。

另一方面，鼓励平台型企业增强主动、担当和首善意识，规划和监督企业履行社会责任，并将其与数字文化产品的策划、制作、推广、运营等全流

程结合起来，形成全方位渗透和正反馈。鉴于网络游戏、网络直播、短视频等数字文化产品有消费成瘾性特点，尤其需要政府对其在产品内容与质量规范、运营管理、青少年保护等方面进行社会性规制。尽快完善网络监管体系，清晰界定监管的法理和法律依据；探索打破虚实壁垒，消灭信息孤岛，弱化内容监管的前置审批力度，重点强化事中事后监管；鼓励主流平台渠道探索建立以创新为导向的产品评价机制，构建符合新时代要求的作品评价体系，主动引导批评舆论，让优质原创游戏实现公平竞争。

充分发挥市场监管与产业政策的有机结合效应，在扶持政策中体现出监管红线的引导性、约束性和惩戒性，引导社会资源向内容创新、创意研发环节集中，强化对渠道平台的市场势力监管，在优化产业组织与创新生态的同时提升网络治理能力。北京、上海、浙江等省市的数字文化产业已经成长为中国文化“走出去”的一股重要力量，在东南亚、西亚、非洲以及欧美市场具有较强竞争优势，不仅是我国掌握国际文化话语权的重要载体，也是推进“一带一路”倡议中有望实现弯道超车的“种子选手”。为此，务必审慎地把握好发展与稳定的关系，在坚持底线的前提下为数字文化产业营造宽松的创新氛围，防止市场监管矫枉过正，贻误产业发展良机。充分认识到现有问题的内生性、系统性、阶段性，随着市场需求转向、技术创新应用和产业结构升级逐渐得以解决；而那些触碰道德底线和法治红线、产生恶劣影响的问题必须通过政府的监管及时纳入治理体系。

四、着力完善社会多元治理能力

发挥社会与市场力量促进商业街区多元治理模式创新，完善街区商会制度，在商户与政府、商户与行业之间架起沟通桥梁，促进街区精治、共治、法治。引导商会搭建商户生态服务联盟，共享商家空间资源、优惠信息、活动资源、宣传资源等，统筹开展系列特色主题的消费品牌活动节展赛事，建设长效消费促进体系。建立市、区、街、运营公司多级联动机制。提升街区管委会下属平台公司的市场化运营能力，突破产权多元化掣肘，创新合作开发与运营模式，引导不同商场主体之间实现空间联动、资源联动和经营联动，强化客户引流、资源共享、营销推广等经营模式的联动运作。

参考文献

[1] AU CC, HENDERSON J V. Are Chinese cities too small? [J] . The review of economic studies, 2006 (3): 549 - 576.

[2] Bethan Bide (2021) Fashion City or Museum of Fashion? Exploring the Mutually Beneficial Relationship between London' s Fashion Industry and Fashion Exhibitions at the Victoria and Albert Museum, GeoHumanities, 7: 1, 217 - 234, DOI: 10.1080/2373566X.2021.1923405

[3] Castells, M. The rise of the network society [M] . Oxford: Blackwell, 1996.

[4] Clark, Terry. "The City as an Entertainment Machine", Amsterdam, Netherlands; Boston, MA: Jai Elsevier, 2010.

[5] Copyright Industries in the U. S. Economy: The 2022 Report, by Robert Stoner and Jéssica Dutra of Secretariat Economists, prepared for the IIPA, December 2022, available at www. iipa. org.

[6] Duranton, G. & Puga, D. From sectoral to functional urban specialisation [J] . Journal of urban economics, 2005 (2): 343 - 370.

[7] EdwardL. Glaeser, Jed Kolko, Albert Saiz. Consumer City [J] . Journal of Economic Geography, 2001, 1 (1): 27 - 50.

[8] Glaeser, Edward, "Consumers and Cities", (joint with Jed Kolko and Albert Saiz) in The City as an Entertainment Machine (Terry Nichols Clark, ed.) Lanham, MD: Lexington Books, 2011.

［9］International Intellectual Property Alliance. Copyright Industries in the U. S. Economy 2022 Report.

［10］Master Card Global Destination Cities Index，2015.

［11］Rothwell R. Government Innovation Policy：Some Past Problems and Recent Trends［J］. Technological Forecasting & Social Change，1982，22（1）：3－30.

［12］SASSEN S. The global city：New York，London，Tokyo［M］. Princeton：PrincetonUniversity Press，1991.

［13］Silicon Vally Index 2021［EB/OL］.［2021－12－23］. https：//siliconvalleyindicators. org/download－the－2021－index/.

［14］Terry Nichols Clark. The City as an Entertainment Machine［M］. Amsterdam：Elsever JAI Press，2011.

［15］The London Plan：The Spatial Development Strategy for Greater London，Greater London Authority. 2021.

［16］陈丽芬．国际著名步行街的建设经验［J］．时代经贸，2018（31）：12－20.

［17］陈涛东，孔军华，金晶．积极财经政策促进航空物流发展［J］．民航管理，2021（2）：50－53.

［18］陈新年．顺应居民消费升级趋势加快构建新发展格局——疏解消费升级难点堵点痛 点的建议［J］．宏观经济管理，2021（3）：24－29.

［19］曹静，冉净斐．推进国际消费中心城市建设的瓶颈与经验借鉴［J］．区域经济评论，2022（2）：74－80.

［20］窦凯．中国数字内容产业国际竞争力比较［J］．统计与决策，2023，39（03）：10－14. DOI：10. 13546/j. cnki. tjyjc. 2023. 03. 002.

［21］方越峦，邓谦．关于广州建设国际消费中心城市的思考［J］．广东经济，2020（11）：36－38.

［22］高阵雨，陈钟，王长锐，等．我国高层次科技人才流动 情况探析：以国家杰出青年科学基金获资助者为例［J］．中国科学基金，2019，33（4）：363－366

[23] 顾振华，高翔．出入境旅游人数增加促进服务业监管趋同——基于44对中外国家数据的实证研究［J］．旅游学刊，2021，36（3）：14-28.

[24] 关利欣．顶级世界城市的消费中心功能比较及其对中国的启示［J］．国际贸易，2022（07）：30-38.

[25] 郭万超，孙博．国际消费中心城市构成要素及北京建设路径［J］．中国国情国力，2022（1）：3.

[26] 海淀人才．北京人才发展战略研究院重磅发布《全球城市人才黏性指数报告（2021）》［EB/OL］．（2021-10-21）［2021-10-28］．https：//www.sohu.com/a/496456040_121106842.

[27] 黄庆华，向静，周密．国际消费中心城市打造：理论机理与现实逻辑［J］．宏观经济研究，2022（9）：5-18+32.

[28] 洪银兴．消费需求、消费力、消费经济和经济增长［J］．中国经济问题，2013（1）：3-8.

[29] 梁威，关利欣，胡雪．消费国际化趋势下的中国对策［J］．国际贸易，2020（02）：32-39.

[30] 刘导波，张思麒．数字经济赋能居民消费：理论机制与微观证据［J］．消费经济，2022（1）：72-82.

[31] 刘丽娴，徐颖洁．十九世纪以来商业文化与当代艺术的交织——聚焦纽约时尚体系［J］．浙江理工大学学报（社会科学版），2020，44（01）：81-87.

[32] 刘社建．"双循环"背景下上海构建国际消费城市路径探析［J］．企业经济，2021，40（1）：5-13+2.

[33] 刘涛，王微．国际消费中心形成和发展的经验启示［J］．财经智库，2017（4）：100-112.

[34] 刘司可，路洪卫，彭玮．培育国际消费中心城市的路径、模式及启示——基于24个世界一线城市的比较分析［J］．经济体制改革，2021（5）：70-77.

[35] 刘元春、张杰．聚焦国际消费中心城市建设［J］．前线，2021，000（005）：89-92.

［36］廖玉姣．国际消费中心城市建设背景下的首店经济发展研究——以重庆为例［J］．重庆社会科学，2023（03）：118－130.

［37］刘娜．新消费的理论内涵、实践样态与创新经验［J］．消费经济，2023，39（03）：3－13.

［38］李锋，樊星，王孝钰．抓住全球最新趋势，打造国际消费城市［J］．科学发展，2018（07）：59－66.

［39］鞠立新．上海如何建设国际消费中心城市［N］．成都日报，2019－12－18（2007）.

［40］毛中根，谢迟．习近平关于消费经济的重要论述——现实依据、理论基础与主要内容［J］．消费经济，2019（6）：3－11.

［41］马玥．数字经济对消费市场的影响：机制、表现、问题及对策［J］．宏观经济研究，2021（5）：81－91.

［42］马建堂：《建设高标准市场体系与构建新发展格局》，《管理世界》2021年第5期。

［43］姜薇，刘士林．消费中心城市：历史逻辑，理论逻辑与现实逻辑［J］．社会科学，2022（2）：87－94.

［44］江小涓、孟丽君：《内循环为主、外循环赋能与更高水平双循环——国际经验与中国实践》，《管理世界》2021年第1期。

［45］千龙网．北京建国际人才社区 扩大在京留学生规模［EB/OL］.（2019－09－13）［2021－11－02］. https：//www. sohu. com/a/340698524_ 161623

［46］任赵旦，王登嵘．新加坡城市商业中心的规划布局与启示［J］．现代城市研究，2014（09）：39－47.

［47］石佩霜．新常态下我国文化服务贸易结构优化的问题与提升路径［J］．对外经贸实务，2017（12）：79－82.

［48］商业周刊．全球人才最爱去这个城市工作，不是纽约 也不是迪拜［EB/OL］.（2018－06－30）［2020－10－28］. https：// www. sohu. com/a/238595755_ 320672.

［49］陶希东．上海建设国际消费中心城市的成效、问题与对策［J］.

科学发展，2020（11）：39 - 46.

[50] 汪明峰，孙莹．全球化与中国时尚消费城市的兴起［J］．地理研究，2013，32（12）：2334 - 2345.

[51] 汪明峰，刘婷婷．全球城市综合商业街区的空间优化——以纽约第五大道为例［J］．全球城市研究，2020，1（1）：120 - 134.

[52] 汪婧．基于熵权法的国际消费中心城市竞争力评价［J］．商业经济研究，2020（21）：189 - 192.

[53] 汪婧．国际消费中心城市：内涵和形成机制［J］．经济论坛，2019（05）：17 - 23.

[54] 王芳，牛方曲，王志强．微观尺度下基于商圈的北京市商业空间结构优化［J］．地理研究，2017，36（9）：1697 - 1708.

[55] 王微．从供给侧建设国际消费中心城市［J］．经济，2021（09）：80 - 84.

[56] 王洪存．构建国际消费中心城市 推动北京城市副中心高质量发展［J］．时代经贸，2018（19）：12 - 14.

[57] 魏颖．新时代我国国际消费中心城市建设思考［J］．产业创新研究，2020（01）：14 - 19.

[58] 魏颖，邱志军．广州商圈与世界级商圈的差距比较［J］．商业时代，2014，000（014）：8 - 10.

[59] 吴军．大城市发展的新行动战略：消费城市［J］．学术界，2014（02）：82 - 90 + 307 - 308.

[60] 吴娟，曹卫东，张宇等．长江经济带消费中心城市时空特征及驱动因素［J］．长江流域资源与环境，2022，31（04）：759 - 769.

[61] 吴军，王修齐，刘润东．消费场景视角下国际消费中心城市建设路径探索——以成都为例［J］．现代城市研究，2022（10）：9 - 15.

[62] 徐荣．发挥临港新片区制度创新优势 提升浦东机场国际航空货运枢纽能级［J］．科学发展，2020（7）：9.

[63] 晏龙旭，王德，张尚武，等．国际大都市中心体系规划的经验与借鉴——基于五个案例城市的研究［J］．国际城市规划，2022（037 -

002）.

［64］杨啸林．疫后全球消费需提质升级［N］．经济日报，2022－01－24（004）.

［65］依绍华，郑斌斌．价值创造视角下百货店商业模式创新——基于日本百货店的经验证据［J］．中国软科学，2021（1）：98－113.

［66］叶胥．消费城市研究：内涵，机制及测评［D］．西南财经大学，2016.

［67］叶胥，龙燕妮，毛中根．多层级消费城市的空间格局及驱动因素——以长三角地区41个城市为例［J］．经济地理，2022，42（05）：75－85.

［68］张淑萍．长三角城市群国际消费中心城市竞争力评价［J］．商业经济研究，2022（10）：44－49.

［69］张立，吴素平，周丹．国内外数字内容产业概念追踪与辨析［J］．出版发行研究，2021（4）：43－47. DOI：10.3969/j.issn.1001－9316.2021.04.008.

［70］孙莹，汪明峰．纽约时尚产业的空间组织演化及其动力机制［J］．世界地理研究，2014，23（1）：130－139.

［71］张小英．国际消费中心城市评估指标体系构建及广州建设方案研究［J］．城市观察，2022（3）：21－36＋159－160.

［72］张淑萍．长三角城市群国际消费中心城市竞争力评价［J］．商业经济研究，2022（10）：44－49.

［73］中岛直人，傅舒兰．东京中心城区的规划历程及其现状——探索迈向成熟都市的阶梯［J］．上海城市规划，2013，No.109（02）：60－67.

［74］周勇．消费中心定位及分类发展研究［J］．浙江工商大学学报，2023（3）：130－142.

［75］周振华．世界城市理论与我国现代化国际大都市建设［J］．经济学动态，2004（3）：37－41.

［76］朱春临．上海国际消费城市建设及打响"上海购物"品牌难点研究［J］．科学发展，2019（4）：45－55.

［77］朱桦．以东京和伦敦为例国际大都市商圈共生的启示［J］．上海商业，2009（02）：16－18

［78］周�．阿联酋迪拜 创新营销吸引世界目光［J］．决策探索（上），2021（11）：78.

［79］赵萍，孙继勇．中国境外消费现状与问题分析［J］．国际贸易，2015（06）：50－54.

［80］赵雪纯，段雪松，郭广伟．中国文化服务贸易存在问题及发展对策研究［J］．价格月刊，2023（05）：56－60.

［81］赵宇，张京祥．消费型城市的增长方式及其影响研究——以北京市为例［J］．城市发展研究，2009，16（4）：83－89.